本书为国家社会科学基金一般项目（批准号：16BFX129）的结项成果。

# 土地经营权抵押融资中抵押权实现机制研究

万广军/著

法律出版社
LAW PRESS·CHINA
北京

图书在版编目(CIP)数据

土地经营权抵押融资中抵押权实现机制研究 / 万广军著. -- 北京 : 法律出版社, 2022
ISBN 978-7-5197-7123-2

Ⅰ. ①土… Ⅱ. ①万… Ⅲ. ①农业用地-土地产权-抵押贷款-研究-中国 Ⅳ. ①F832.43

中国版本图书馆 CIP 数据核字(2022)第173537号

土地经营权抵押融资中抵押权实现机制研究
TUDI JINGYINGQUAN DIYA RONGZI ZHONG DIYAQUAN SHIXIAN JIZHI YANJIU

万广军 著

责任编辑 张 岩
装帧设计 贾丹丹

出版发行 法律出版社
编辑统筹 重大项目办公室
责任校对 王 丰
责任印制 吕亚莉
经　　销 新华书店

开本 710 毫米×1000 毫米 1/16
印张 20　　字数 296 千
版本 2022 年 11 月第 1 版
印次 2022 年 11 月第 1 次印刷
印刷 北京虎彩文化传播有限公司

地址:北京市丰台区莲花池西里7号(100073)
网址:www.lawpress.com.cn
投稿邮箱:info@lawpress.com.cn
举报盗版邮箱:jbwq@lawpress.com.cn
销售电话:010-83938349
客服电话:010-83938350
咨询电话:010-63939796


书号:ISBN 978-7-5197-7123-2　　定价:89.00元
凡购买本社图书,如有印装错误,我社负责退换。电话:010-83938349

# 目　录

引　言／1

第一章　土地经营权抵押权实现相关理论概述／2
　第一节　国内外相关研究的学术史梳理及研究动态／2
　第二节　研究价值／8
　第三节　研究对象、总体框架、主要目标／9
　第四节　研究思路、研究方法和主要创新／15

第二章　农村集体土地权利制度／17
　第一节　我国农村集体土地权利制度变迁／17
　第二节　农村集体土地权利的逻辑起点：所有权／21
　第三节　农村集体土地所有权权属／25
　第四节　农村集体土地所有权属性／29
　第五节　农村集体土地所有权代表／34
　第六节　“三权分置”背景下土地经营权的内涵／39

第三章　土地经营权抵押融资中抵押权实现的制度现状／60
　第一节　土地经营权抵押权实现机制的内在逻辑／60
　第二节　土地经营权抵押权实现的制度探索
　　　　——基于地方试点规范的分析／64
　第三节　土地经营权抵押权实现的制度障碍及地方探索的不足／85
　第四节　土地经营权抵押权的特殊性与“新农地金融困境”／99
　第五节　传统抵押物处置方式在土地经营权抵押权实现中

的适用／110

第四章　土地经营权抵押融资中抵押权实现机制创新／118
　第一节　土地经营权抵押权实现机制创新的必要性／118
　第二节　土地经营权抵押权实现机制创新的价值取向／123
　第三节　土地经营权抵押权的实现与“新农地金融困境”纾解
　　——基于金融机构的视角／129
　第四节　土地经营权抵押融资中抵押物处置方式创新／138

第五章　土地经营权抵押权实现中农村产权流转交易平台研究／145
　第一节　农村产权交易平台设置背景与条件／145
　第二节　农村产权交易平台现状分析／147
　第三节　区域性农村产权交易平台建设探索
　　——以中原农村产权交易所为例／151
　第四节　农村产权交易平台运行效果及存在问题／160

第六章　土地经营权抵押权实现中的利益平衡：优先购买权制度／162
　第一节　土地经营权抵押权实现中优先购买权的制度价值／162
　第二节　土地经营权流转中优先购买权制度现状／168
　第三节　土地经营权抵押权实现中优先购买权制度的完善／176

第七章　土地经营权价值评估机制研究／190
　第一节　土地经营权价值评估问题的提出／190
　第二节　产权强度影响土地经营权抵押价值评估的内在逻辑与路径：理论分析／192
　第三节　土地经营权抵押价值评估的政策规定与实践探索／201
　第四节　土地经营权抵押价值评估机制的构建／211

第八章　土地经营权流转抵押平台模式创新：农村土地银行／214
　第一节　农村土地银行概述／214

第二节　农村土地银行功能定位 / 221
第三节　农村土地银行业务模式及交易规则 / 226

**第九章　土地经营权抵押权实现机制的制度协同 / 238**
第一节　土地经营权抵押权实现机制制度协同的必要性 / 238
第二节　完善土地经营权权利公示制度 / 247
第三节　健全土地经营权抵押融资风险补偿机制 / 255

**参考文献 / 258**

**附　录 / 282**
附录 1　《农村集体土地权益抵押融资管理办法》（立法建议稿）/ 282
附录 2　农村土地经营权抵押贷款情况调查问卷（面向金融机构）/ 288
附录 3　农村土地经营权抵押融资现状调查问卷（面向土地经营权人）/ 293
附录 4　/ 300

# 引　言

长期以来，我国金融资源在城乡之间的配置严重不均衡。以2003年《农村土地承包法》的实施为标志，调整农村集体土地承包经营关系的规范逐步健全，土地承包经营权抵押问题开始进入理论研究者的视野。但由于我国法律关于土地承包经营权抵押的禁止性规定，司法实践中对此也采取否定态度。因此，关于土地承包经营权抵押问题的早期研究，多集中在土地承包经营权抵押的合法性、必要性与可行性上。2013年党的十八届三中全会通过了《中共中央关于全面深化改革若干重大问题的决定》，明确规定土地承包经营权可以用于抵押融资。正如学者所言，“赋予集体土地转让权，意味着集体土地权益具备了通过市场交换转化为资本的渠道；赋予其抵押权，集体土地才能有效地融入金融市场，获取金融资源”。① 之后，中央在农村土地制度顶层设计上实现突破，构建了所有权、承包权、经营权“三权”分置的农村集体土地制度，提出要“稳步推进土地经营权抵押试点，探索建立抵押资产处置机制”，为破解农村土地经营权抵押融资困局奠定了最为关键的制度基础。地方试点也已开始探索土地经营权抵押物的处置机制，在这一背景下，关于农村土地经营权抵押制度的理论探索和制度设计成为重要研究对象。但抵押权的实现一直被视为农村土地经营权抵押制度实施过程中的最大障碍，也是地方探索中急需解决的主要问题。因此，理论研究和制度设计需细化中央政策，创新抵押物处置方式，构建低交易成本的抵押权实现机制，保障农村土地经营权的抵押融资功能。

---

① 盖凯程、于平：《农地非农化制度的变迁逻辑：从征地到集体经营性建设用地入市》，载《农业经济问题》2017年第3期。

# 第一章　土地经营权抵押权实现相关理论概述

## 第一节　国内外相关研究的学术史梳理及研究动态

### 一、学术史梳理

学术界关于农村土地抵押权实现的研究脉络如下：2003 年以前，由于土地承包经营关系主要依靠相关政策调整，原《担保法》不允许土地承包经营权抵押，相关成果主要研究的是农村集体土地抵押融资的合法性问题。支持者强调土地承包经营权作为集体土地用益物权的一种形式，具有可抵押性，① 反对者认为抵押权实现后，土地用途管制及受让人范围会被突破，不利于农业发展。作为官方意见，全国人大法工委民法室持反对观点，认为为了保护耕地，保持农业持续、稳定、协调地发展，有必要禁止以耕地抵押。也有学者以"集体土地用益物权抵押权实现后，农村土地的性质和用途可能会被改变"为理由，反对集体土地用益物权抵押，该观点认为，抵押权人行使抵押权时会面临很多疑问，如受让人是否应限于集体经济组织成员？如何监督和保证受让人仍按原有土地性质和用途去利用土地？

2003 年《农村土地承包法》实施，调整农村土地承包经营关系的

① 参见陈小君：《论传统民法中的用益物权及其现实意义》，载《法商研究（中南政法学院学报）》1995 年第 4 期；钱明星：《论我国用益物权的基本形态》，载《私法》2002 年第 1 期。

法律规范逐步健全，[①] 但原《物权法》延续了原《担保法》的相关规定，仍然禁止土地承包经营权抵押融资，最高人民法院司法解释也明确规定，“承包方以其土地承包经营权进行抵押的，应当认定无效”。[②] 该阶段，涉及土地经营权抵押权实现的相关研究主要围绕以下几个方面：第一，关于抵押融资的必要性与可行性。反对者认为，抵押权的实现将使承包人失去生活保障，造成社会不稳定，导致土地荒芜闲置。赞成者认为农村土地承包经营权可用于抵押。[③] 原《担保法》规定耕地使用权不得用于抵押，《农村土地承包法》起草过程中，土地承包经营权能否作为抵押物是争议较多的一个问题，最终立法未作规定。立法者担心，这样可能使农民失去土地保障，即抵押权实现时，承包人就要失去土地承包经营权，从而失去生活保障，造成社会不稳定。赞成者认为，土地承包经营权流转的结果是承包人现实地失去承包土地，而抵押的结果仅是承包人有失去承包土地的可能，在法律上允许土地承包经营权的流转却不允许抵押的规定很难自圆其说，其认为抵押权的实现不会改变土地的集体所有性质，应修订相关法律，赋予农民土地承包权抵押功能，以提高农民融资能力，强化农民的财产权利。[④] 关于土地经营权抵押权实现的重要意义，相关研究认为土地承包经营权抵押权实现难是制约农村土地金融制度创新和农村土地融资功能发挥

---

① 相关规定比较简单，主要体现在以下规范性文件中：2002 年《农村土地承包法》第 49 条；2005 年《农村土地承包经营权流转管理办法》（已失效）第 34 条；2005 年最高人民法院《关于审理涉及农村土地承包纠纷案件适用法律问题的解释》（法释〔2005〕6 号）第 21 条以及 2007 年原《物权法》第 137 条。

② 参见原《物权法》第 184 条规定：耕地、宅基地、自留地、自留山等集体所有的土地使用权不得抵押，但法律规定可以抵押的除外；该规定延续了原《担保法》第 37 条的规定。司法解释也不认可土地承包经营权抵押，如最高人民法院《关于审理涉及农村土地承包纠纷案件适用法律问题的解释》（法释〔2005〕6 号）第 15 条，相关规定直接影响司法裁判的结果。

③ 参见朱培、陶信平：《试论不动产用益物权的抵押》，中国民商法实务论坛 2002 年会议论文。

④ 参见钱忠好：《农村土地承包经营权产权残缺与市场流转困境：理论与政策分析》，载《管理世界》2002 年第 6 期；温世扬：《农地流转：困境与出路》，载《法商研究》2014 年第 2 期；黄祖辉等：《成都市城乡统筹发展中的农村土地产权流转制度创新研究》，载《中国土地科学》2012 年第 1 期。

的最主要因素。[①] 第二，关于抵押物处置方式。有学者认为，可以通过拍卖、招标、委托或指定中介机构协议出让三种方式处置作为抵押物的土地承包经营权。也有学者认为，土地承包经营权抵押权的实现不能采取折价方式，可以采取拍卖、变卖、强制管理方式。[②] 还有学者认为，土地承包经营权抵押物具有独特性，应当有相应灵活的抵押权实现方式，包括转移抵押物占有并以其孳息偿债、直接取得土地承包经营权、拍卖以及当事人约定的方式。有学者主张建立土地承包经营权抵押权实现的变更机制，应抵押权人的请求，土地流转中心将设定抵押的土地承包经营权挂牌交易，以所得价款优先清偿抵押权人债权。[③] 第三，关于影响抵押权实现的因素。研究认为农村土地所具有的保障功能、抵押登记制度不健全、抵押评估不规范、土地流转市场缺失、流转范围及用途管制等因素影响了抵押权的实现。关于土地承包经营权抵押实现的限制条件，相关研究强调在拍卖、变卖土地承包经营权时，需要对受让人身份加以限制。同时，抵押权的实现不能超出土地承包经营权流转范围，应受用途管制的限制。[④] 第四，关于土地承包经营权抵押实现配套措施的研究。有学者主张设立土地合作金融机构，允许其自营土地以降低抵押权实现成本，[⑤] 有学者认为在土地承包经营权抵押实现过程中应考虑抵押人利益的保护，因抵押权的实现而丧失经营权的抵押人可以享有优先承租权。[⑥] 第五，关于抵押权实现时物上代位权的研究。有学者认为征地补偿费属原土地承包经营权的代位物，抵押权人有优先受偿权。代位物范围包括土地承包经营权补偿和“一

---

① 参见童彬：《农村土地经营权抵押制度研究——以制度困境、主要模式、风险控制和处置机制为路径》，载《社会科学家》2014 年第 10 期。

② 参见房绍坤：《论土地承包经营权抵押的制度构建》，载《法学家》2014 年第 2 期。

③ 参见周维德：《农村土地承包经营权抵押：困惑及实现》，载《广西社会科学》2014 年第 11 期。

④ 参见史卫民：《土地承包经营权抵押制度探析》，载《经济体制改革》2009 年第 5 期；陈文学、高圣平：《土地承包经营权抵押流转研究》，载《社会科学研究》2010 年第 6 期。

⑤ 参见左平良、余光辉：《土地承包经营权抵押与农村金融担保制度创新》，载《学术论坛》2005 年第 8 期。

⑥ 参见黎翠梅：《农村土地承包经营权抵押贷款制度探讨》，载《软科学》2008 年第 2 期。

并抵押”的地上青苗及其他附着物补偿，安置补助费等非土地承包经营权补偿。①

自党的十八大以来，国家明确赋予土地承包经营权抵押功能，在这一背景下，相关研究主要围绕以下几点：第一，关于抵押权实现的重要意义。有学者认为，抵押物处置变现难是制约农村土地经营权抵押融资的主要原因，抵押权的实现事关农村土地金融制度创新。② 第二，关于抵押物处置方式的进一步研究。有学者认为，土地承包经营权的处置不能采取折价的方式，可以采取拍卖、变卖、强制管理方式，③ 强制管理是将抵押物转包或出租，并以其收益清偿债务，清偿完毕将土地经营权归还抵押人。④ 第三，关于抵押权实现制度的健全。有学者主张修改现行法律，对抵押权实现的条件、方式、受让人身份和资格、转让价格评估等予以规范。⑤ 还有学者主张土地经营权抵押权的实现可以直接适用“实现担保物权案件”这一非讼程序。⑥ 第四，关于农村产权抵押融资相关试点经验的研究。⑦ 有学者认为，制约农村产权抵押贷款的主要原因是农村产权改革不到位、产权交易市场不完善、抵押物处置变现难和确权颁证滞后等。⑧ 建议完善集体土地用益物权评

---

① 参见房绍坤、王洪平：《论土地承包经营权流转后征地补偿费的归属与分配》，载《吉林大学社会科学学报》2012 年第 3 期。

② 参见童彬：《农村土地经营权抵押制度研究——以制度困境、主要模式、风险控制和处置机制为路径》，载《社会科学家》2014 年第 10 期。

③ 参见房绍坤：《论土地承包经营权抵押的制度构建》，载《法学家》2014 年第 2 期。

④ 参见高圣平：《承包土地的经营权抵押规则之构建——兼评重庆城乡统筹综合配套改革试点模式》，载《法商研究》2016 年第 1 期。

⑤ 参见赵振宇：《基于不同经营主体的农地承包经营权抵押问题研究》，载《管理世界》2014 年第 6 期。

⑥ 参见高圣平：《农地金融化的法律困境及出路》，载《中国社会科学》2014 年第 8 期。

⑦ 参见黄祖辉等：《成都市城乡统筹发展中的农村土地产权流转制度创新研究》，载《中国土地科学》2012 年第 1 期。

⑧ 参见王兴稳、纪月清：《农地产权、农地价值与农地抵押融资——基于农村信贷员的调查研究》，载《南京农业大学学报（社会科学版）》2007 年第 4 期；惠献波：《我国农地抵押融资实践及制度构建——基于德国经验的启示》，载《西华大学学报（哲学社会科学版）》2014 年第 2 期；张健平：《我国集体土地用益物权抵押制度研究》，安徽大学 2013 年硕士学位论文，第 4 ~ 5 页；叶敏：《农村产权流转过程中强制推行法律意见书制度的建议》，载《山东农业大学学报（社会科学版）》2011 年第 1 期。

估制度等抵押权实现的保障措施，组建农地抵押贷款专业机构；完善农村产权抵押融资中抵押权实现的相关立法，建立利益平衡机制，保护农户利益。

国外研究认为，相对于一定土地抵押融资规模来说，当抵押物处置的交易成本非常高时，土地抵押的“增信”作用会非常有限。① 域外抵押权的实现途径主要有两种立法例，英美法系国家多采当事人自救主义模式，大陆法系国家多采司法保护主义模式；抵押物处置主要有公开拍卖、担保物接管、担保权人取消回赎权、占有抵押物并以其孳息清偿和强制管理等方式；强调设立土地银行是解决农地融资问题的重要手段。② 虽然农地抵押制度本质上是各国特殊国情下的产物，但基于我国农村土地经营权的稳定性，其与国外的土地抵押具有类似特征，以农地抵押为核心的农地金融制度在国外已发展多年，域外关于农地抵押权实现的立法例及研究成果可以为我国所借鉴。

## 二、相关研究动态

党的十八大以来，中央在集体土地改革领域出台了一系列文件，构建了“三权分置”的农地制度，引导集体土地用益物权有序流转，明确现阶段流转交易品种，建设集信息发布、农村产权交易、法律咨询、资产评估、抵押融资等功能为一体的农村产权流转交易平台。从逻辑关系来看，抵押是一种融资担保手段，集体土地抵押并不必然导致集体土地用益物权的流转，但集体土地抵押权的实现必须仰赖高效便捷的集体土地产权流转交易市场，进入流转交易市场的前提是集体土地用益物权确权颁证。全国集体土地用益物权颁证工作已基本完成，③ 集体土地用益物权进入流转市场的前提条件已经具备。2014 年 12 月 30 日国务院办公厅印发了《关于引导农村产权流转交易市场健康

---

① See Torero, *Do Property Titles Increase Credit Access Among the Urban Poor? Evidence from a Nationwide Titling Program*, Department of Economics, Harvard University, 2006: 24 – 25.

② See TV Dijk & D. Kopeva, *Land Banking and Central Europe: Future Relevance, Current Initiatives, Western European Past Experience*, Land Use Pol. 2004. 07.

③ 《农业农村部：全国农村土地确权颁证率达到 96%》，载农业农村部网，http://www.moa.gov.cn/xw/shipin/xwzx/202011/t20201111_6356114.htm。

发展的意见》(国办发〔2014〕71号),极大地促进了我国农村产权流转交易市场的发展。在此背景下,集体土地用益物权抵押融资现象大量增加,需深入研究建立集体土地抵押权实现机制,及时应对政策实施过程中出现的各种问题。

在已有文献中,有部分成果是将集体土地用益物权作为整体对象开展研究,以"农村产权""农地产权""农村土地权利""集体土地用益物权"来涵盖各种集体土地权利形式。综观现有研究成果,集体土地用益物权抵押已日益受到理论界的重视,相关研究成果为研究集体土地抵押权实现机制提供了诸多有价值的参考。但现有研究对集体土地抵押权实现机制的探讨还处于起步阶段,无论是研究数量还是研究质量都有待提高,关于农村土地抵押权实现机制的探讨有以下特点:

第一,在研究视角上,分类研究多,整体研究少。已有成果多是对各类集体土地抵押权的实现进行分别研究,较少将农村土地经营权、"四荒"地使用权、集体建设用地使用权、林权或宅基地使用权作为统一研究对象进行整体研究;关于抵押权实现的研究多是从一般意义上展开,较少关注农村土地抵押权实现的特殊性。传统抵押权实现途径和抵押物处置方式无法解决农村土地经营权抵押权实现问题,使农村土地融资功能受到严重制约。

第二,在研究方法上,定性研究多,定量研究少。已有成果大多是对集体土地抵押权的实现进行定性的理论分析,缺少对流转交易市场、立法、司法实践情况、金融机构的调研,对现行地方试点规范性文件、试点地区基层人民法院涉及抵押权实现案例、抵押权实现机制运行效果的实证分析更少。

第三,在研究内容上,附带研究多,专门研究少。已有成果在研究集体土地用益物权抵押融资问题上,研究重点集中于抵押融资的必要性和可行性、抵押物范围、抵押障碍和制约因素等基本问题,抵押权的实现只是附带提及,没有给予抵押权的实现机制对于抵押融资制度的重要意义足够关注。对抵押权实现中的重点、难点问题如抵押权实现途径、抵押物处置方式、抵押权实现中的利益平衡及制度协同等问题只是偶有涉及,缺乏系统、全面、专门性的研究,更没有给出具有可行性、预见性、可操作性的制度设计方案。

根据现有文献及我国集体土地用益物权抵押融资实践，以下几个方面的研究亟待深入：

第一，集体土地抵押权物上代位制度研究。学术界关于抵押权物上代位问题的研究较多，但由于集体土地用益物权的特殊性，因集体土地用益物权而产生的各类农业补贴（种植补贴、良种补贴、农机购置补贴、农业保险费补贴等）、征收补偿、保险金、损害赔偿金、违约金能否作为物上代位物，简单地直接套用以往研究成果并不能解决集体土地抵押权物上代位问题。

第二，集体土地抵押权实现途径研究。健全的集体土地用益物权流转交易市场是抵押物处置、抵押权顺利实现的前提，应对地方试点中出现的各类流转交易平台进行比较研究，同时借鉴域外经验，研究能够统筹实现流转与抵押功能的新型集体土地用益物权流转交易市场。

第三，集体土地抵押物处置方式研究。在传统抵押权理论研究基础上，在折价、变卖、拍卖处置方式之外，创新适合集体土地用益物权特点的新的抵押物处置方式。

第四，关于集体土地用益物权抵押融资试点的实证调研。针对地方试点规范及其运行效果的调研分析，对国内主要集体土地用益物权抵押融资试点出台的规范性文件进行统计分析，形成规范样本。通过问卷调查、走访、座谈，选择国内集体土地用益物权抵押融资典型试点，对行政、立法、司法机关及金融机构进行调研，注重农村土地抵押权实现中的制度协同，掌握规范出台背景、运作效果，选取涉及集体土地抵押权实现的典型案例，了解司法判决中遇到的问题。

## 第二节　研究价值

### 一、学术价值

抵押权的实现是债权实现的一种方式，是抵押权担保功能发挥作用的最重要环节。学术界从不同视角对集体土地用益物权抵押的研究较多，但却很少关注集体土地抵押权的实现问题，缺少专门研究。本书选择农村土地抵押权实现机制作为研究对象，可以引起学术界对农村土地抵押权实现问题的重视，有利于拓展农村土地用益物权法律制度研究的视野和空间；在传统抵押权实现途径与抵押物处置方式的基础上，研究探索适应农村土地经营权特殊性的抵押权实现机制，有利于充实抵押权理论内涵。

### 二、应用价值

根据党的十八大后出台的一系列中央政策的精神，为解决“三农”融资困境，逐步放开各类集体土地用益物权抵押限制成为大势所趋，需要适时修改相关法律法规，解决政策与法律规定不协调现象。通过对我国农村土地经营权抵押融资试点规范的统计分析及运行效果的实证分析，归纳出集体土地抵押权实现机制的现状和不足，研究影响抵押权实现的因素，有利于从立法层面对农村土地经营权抵押融资制度进行顶层设计；选取集体土地用益物权抵押融资纠纷案例，从程序法的角度研究集体土地抵押权实现问题，可以为解决集体土地抵押权实现纠纷提供司法实践借鉴；提出建立农村土地银行这一农村产权流转交易新平台，统筹实现集体土地用益物权流转和抵押功能，可以为集体土地用益物权抵押融资试点地区行政主管部门提供决策参考。

## 第三节　研究对象、总体框架、主要目标

### 一、研究对象

抵押权实现是抵押权制度的重要一环，学术界虽然已关注集体土地抵押权实现问题，但对集体土地抵押权实现机制的重要作用还不够重视，也未对其进行专门、系统的研究，因此，本书选择土地经营权的抵押权实现机制作为研究对象，结合我国农村土地经营权抵押融资试点探索和集体土地用益物权制度改革实际，在调查研究各地方试点经验及其实施成效的基础上，通过对我国典型试点地区集体土地抵押权实现规范的实证分析，探讨抵押权的实现路径、抵押物处置方式、抵押权实现过程中的利益平衡及制度协同等问题，就尝试构建高效便捷、公平有序的集体土地抵押权实现机制展开研究。

## 二、研究框架

第一，关于集体土地抵押融资试点地区抵押权实现机制的实证研究，农村土地抵押权实现的现状分析。结合相关法律规定及理论研究成果，梳理抵押权实现途径和抵押物处置方式的立法演进；选择省级农村土地经营权抵押融资试点，归纳分析相关地方规章和规范性文件，了解制度设计背景、实施效果及抵押权实现的影响因素；选择省级试点地区基层人民法院，选取整理其全部农村土地经营权抵押融资纠纷案例，分析抵押权实现在司法实践中遇到的问题及原因。

选择国内5~6个具有代表性和典型性的集体土地用益物权抵押融资试点，通过问卷调查、走访与座谈等方式，对集体土地抵押融资行政主管部门、流转交易市场、开展集体土地用益物权抵押融资业务的金融机构进行实地调研，了解其集体土地抵押权实现机制的制度设计背景、实施效果及集体土地抵押权实现成本。深入集体土地用益物权抵押融资试点地区司法机关调研，选择5~6个典型试点地区基层人民法院，选取整理其近五年来集体土地用益物权抵押融资纠纷案例，关注和跟踪最新案件进展，结合走访涉案抵押人和抵押权人，对集体土地抵押权实现案件中的案由、争议焦点、法律适用及判决结果进行分析。从程序法的角度研究集体土地抵押权实现问题，为制定在更大范围内适用的规范性文件及修订相关法律、法规提供司法实践借鉴。收集整理近年来各地方试点出台的地方规章和规范性文件，对其进行统计分析和归纳总结，结合实地调研，分析各地规范中抵押权实现的具体规定，总结其科学合理、运作成熟的规定，为全国立法提供规范样本。以上调研材料及其分析结果，将作为后续研究中设计集体土地抵押权实现机制与提出政策、立法建议的重要依据。

通过对典型试点地区的调研分析，提出农村土地经营权抵押权实现机制。其基本思路是“在调研中发现问题——从理论上揭示和分析问题——提出并论证问题的解决机制”，因此，如何设计有针对性的调研方案，如何利用好调研资料、规范性文件样本和司法案例是本书研究的难点之一。收集整理国内全部省级集体土地用益物权抵押融资管理办法，分析对比其中抵押权实现的相关规定，选择省级地方规章作为研究对象的原因在于：按照集体土地制度改革的一般逻辑和经验，能够在全省范围内出台统一适用的集体土地用益物权抵押融资管理办法，一种情况是，该项改革已经经过省内市县区试点，有了成功可行的经验，才扩展至全省范围内推行。出于各种原因考虑，地方试点一般不会贸然在全省范围内推行一项集体土地制度改革探索，这样做的政治风险和社会风险均比较大。另一种情况是，某项集体土地制度改革，经国务院或原国土资源部在全国选择若干试点，经探索取得一定经验，有了一些成熟做法，认为可以推广，与省政府签订集体土地改革协议，在全省推广。无论属于哪种情况，我们都可以得出判断，能够在全省推广的集体土地制度改革政策，是具备推广基础的。因此，省级地方规章是有实践基础的，也是相对成熟的，具有代表性，比孤立的市、县、区规范性文件更具价值。省级规章还承担着另一任务，要为该项改革在全国范围内的推行先试先行，在试点探索中发现问题。因此，省级规章还要具有一定的前瞻性和预见性，不能是市、县、区试点经验的简单模仿和复制。正是由于省级规章起着承上启下的作用，更接近于未来全国统一立法，以其作为研究对象更具实践意义和理论意义。尤其要关注各省近期出台的集体土地用益物权抵押融资规范性文件，结合党的十八大以后中央政策精神，了解和把握实践探索的新方向。

第二，新型集体土地用益物权流转交易、抵押融资市场研究。对地方各类农村土地经营权流转和抵押融资平台进行比较研究，分析其局限性，现有的农村土地经营权流转交易市场无法通过功能拓展来最终实现抵押权，常需要地方政府以财政资金设立的担保公司或风险基金来兜底。以农村土地银行作为土地经营权流转交易、抵押融资创新平台，统筹实现农村土地经营权流转和抵押功能。探讨土地银行功能定位、业务范围及其在农村土地抵押权实现中的作用和运行机制。但由于国内相关研究文献较少，也缺乏地方实践探索，因此，如何通过制度设计，保障农村土地抵押权经由农村土地银行顺利实现是本书研究的另一难点。借鉴域外立法中的土地银行以及农地金融制度，建立能统筹实现农村土地经营权流转和抵押功能的高效便捷平台——农村土地银行。集体土地用益物权抵押可以满足“三农”融资需求，丰富集体土地用益物权流转形式，促进流转市场发展。流转交易市场的完善对抵押权实现的意义重大，便捷高效的流转交易市场为抵押权的实现提供了保障，有效流转市场的缺失一直是制约抵押物处置变现的因素，2014 年 12 月 30 日国务院办公厅关于引导农村产权流转交易市场发展的文件发布，指导地方试点探索农村产权流转交易市场建设的新形式。对地方各类集体土地用益物权流转和抵押融资平台进行比较研究，分析地方集体土地产权交易所或集体土地用益物权流转交易市场的局限，提出建立农村土地银行以统筹实现集体土地用益物权流转和抵押功能。农村土地银行能有效地促进农村土地资源的优化配置，能为“三农”提供资金融通服务。欧美和亚洲一些国家及我国台湾地区为提高农村土地资源利用效率，先后设立土地银行，取得了良好效果。从其他国家和地区的实践来看，土地银行对于发展现代农业、实现农业规模经济、完善土地承包经营权流转市场、改善农村金融生态环境、实现农地使用权的资本化和市场化具有重要作用。完备的法律制度无疑是我国农村土地银行得以正常运行的保障，为保证农村土地银行法律制度更具有可操作性，实现农村土地银行法律制度与农村产权相关法律制度的协同，本书重点探讨土地银行的法律性质、功能定位、资本构成、业务范围及监管措施等问题，研究农村土地银行抵押融资担保方式、土地银行债权的优先受偿权等问题。应注重我国农村土地银行法律制度的可操作性，我国设立农村土地银行法律制度的路径需经历区域试点—经验总结—全国立法的渐进过程。应先在区域经济中试点（比如可以在中原经济区先试先行），试点阶段农村土地银行的调整规范主要由地方性法规和部门规章组成，时机成熟时再上升为国家立法。

第三，集体土地抵押物处置方式研究。抵押权变现的难易程度是金融机构确定抵押率的重要参考因素，基于农村土地经营权的特点，以折价、变卖、拍卖等方式将抵押物变现的时间长、成本高，制约农村土地融资功能。研究更适合农村土地抵押权实现的新方式，完善最高人民法院《关于适用〈中华人民共和国民事诉讼法〉的解释》（法释〔2022〕11 号）第 490 条关于强制管理的规定，由农村土地银行作为强制管理人，解决农村土地经营权不能经由折价、拍卖、变卖方式变现的问题。2014 年 11 月 20 日，中共中央办公厅、国务院办公厅印发的《关于引导农村土地经营权有序流转发展农业适度规模经营的意见》（中办发〔2014〕61 号）明确要探索建立抵押资产处置机制。将中央政策顶层设计细化，探索建立抵押资产处置机制，在现行法律法规规定的抵押权实现方式之外，依托农村土地银行，研究强制管理、出租（含返租）、收储、回购（集体土地所有权人）、托管、信托、入股等其他更适合农村土地经营权抵押权实现的方式。抵押物不能或不宜变现的，可以由土地银行强制管理，以所得收益偿还债权人。不同的处置方式在具体集体土地用益物权上的适用也不同，如林权抵押时，由于林权抵押融资多为短期1～3年，而林木生长周期较长，短则几年，长则几十年，如果债务人到期不能偿还债务，抵押权人如何就尚未成材的林木行使抵押权？以集体土地用益物权抵押融资，抵押物价值贬损或灭失时，集体土地抵押权实现过程中的物上代位物（保险金、赔偿金、违约金、补偿金）问题；集体土地用益物权及其相关自物权、衍生权利抵押权的实现问题；以集体土地用益物权出资入股形成的股权，以集体土地用益物权出资加入农民专业合作社、合伙企业形成的分红收益权，将集体土地用益物权出租形成的租金收益权等，以上集体土地衍生权利抵押时抵押权如何实现，实现抵押权后，抵押物受让人是否可以成为合伙人、公司股东、农民合作社成员？因抵押权实现而突破《农民专业合作社法》对农民以外成员的上限要求时如何解决？这些问题都需要通过研究解决。

第四，影响集体土地抵押权实现的因素分析。研究在抵押权实现过程中地方政府的角色定位及其对抵押权实现的影响（政策制定者、市场引导者、直接参与者）；研究抵押权设定模式（直接抵押、担保公司或土地银行反担保、抵押人互保、土地抵押协会担保等）对抵押权实现的影响；研究法律法规和政策对集体土地用益物权的用途管制对抵押权实现的影响；探讨法律法规和政策对集体土地用益物权受让人的限制对抵押权实现的影响；研究抵押期间抵押物的流转对抵押权实现的影响；研究“房地一体”原则对集体土地抵押权实现的影响以及“房地一体”原则是否适用于林地和林木。

第五，抵押权实现过程中的利益平衡研究。利益平衡是抵押权顺利实现的关键因素之一。允许集体土地用益物权抵押，虽注重了土地的财产功能，但弱化了其社会保障功能，因此就应当有能够替代或者补充土地社保功能的社会保障措施。农村土地经营权抵押后，其社会保障功能弱化，如何在抵押权实现程序上达成相关主体利益平衡是本研究的又一难点。在抵押权实现程序上关注债务人和第三人利益的保护，以达到抵押权人、抵押人、抵押物受让人之间利益的衡平。研究抵押物处置过程中的优先权问题，包括优先权的类型、优先购买权和优先承租权不同特点、优先权的主体、优先权的行使程序等。优先权的行使主体应是抵押人，包括原承包人、集体经济组织、农民专业合作社。

第六，抵押权实现的制度协同问题研究。制度协同是抵押权实现机制有效运行的保障，制度协同对集体土地抵押权的实现至关重要，需完善集体土地用益物权确权登记、抵押登记、抵押物价值评估、征信系统、农业保险、抵押协会、担保公司等配套措施，解决实践中存在的政策与法律不协调问题，实现与其他制度的协同配合，以保障集体土地抵押权实现机制的良好运行，保证抵押权实现机制的实施效果。

第七，集体土地抵押权实现机制的政策及立法建议。当前，我国集体土地用益物权抵押融资实践中存在以下不协调：一是中央政策和法律法规之间的不协调。近年来，国家出台一系列政策，鼓励和引导集体土地用益物权抵押融资，但相关法律中关于集体土地用益物权抵押的禁止性规定依然没有修改，相对滞后，司法机关在案件审理过程中，面临法律适用的两难选择。二是地方实践和中央政策之间的不协调。地方实践常常逾越中央政策精神进行集体土地用益物权抵押融资探索，为规避合法性质疑而走迂回路线，达到集体土地用益物权抵押融资的目的。三是集体土地用益物权主体的抵押融资需求和金融机构放贷意愿之间的不协调。集体土地用益物权主体的融资需求在抵押物范围、抵押率的限制消除后才能得以实现，而金融机构出于成本收益考虑，放贷意愿较弱。四是集体土地抵押权设定与抵押权实现之间的不协调。由于集体土地用益物权流转交易市场不完善，致使金融机构抵押权实现路径不畅，抵押物处置变现成本高。不合理的制度设计往往徒增交易成本，影响制度功能的充分发挥，集体土地抵押权实现制度的设计应着重于提高交易效率。应综合理论研究成果与地方实践经验，变政策引导为法律制度规范，变行政干预为市场配置，变单项规定为统筹规划。坚持科学立法，以提高交易效率、降低交易成本为原则，适时修订农村土地承包经营权法相关法律法规，由国务院制定统一的《集体土地用益物权抵押融资管理办法》，其中专章就农村土地经营权抵押权的实现作出规定，实现科学立法，解决集体土地用益物权抵押政策与法律法规的冲突。在理论研究层面，以中央政策为引导，在农村产权全面流转背景下，深入研究集体土地用益物权抵押融资涉及的具体问题，探索建立便捷高效、公平有序的集体土地抵押权实现机制。

### 三、研究目标

长期以来，我国金融资源在城乡之间的配置严重不均衡，抵押物偏少、抵押融资难成为制约农村发展的“瓶颈”，学术界与实务界一直在呼吁解禁集体土地用益物权抵押融资。党的十八大以来，中央在集体土地改革领域出台了一系列文件，赋予了农民更多财产权利，中央政策在集体土地用益物权抵押制度顶层设计上的突破，是对我国社会结构变革环境下“人地关系”和农业经营主体变化的回应，为破解集体土地经营权抵押困局创造了关键的制度基础。抵押权的实现是抵押权最重要的效力，也是抵押权人最主要的权利，由于农村土地经营权等集体土地用益物权抵押物的特殊性，传统抵押权实现方式不能解决集体土地抵押权的实现问题。因此，本书研究的主要目标是：细化中央政策，建立便捷高效、公平有序的集体土地抵押权实现机制，保障债权人能够以较低交易成本实现抵押权，激励和吸引金融机构进入集体土地用益物权抵押融资市场，解决农村产权抵押融资难问题。

## 第四节　研究思路、研究方法和主要创新

### 一、研究基本思路

首先，通过对典型试点地区抵押权实现规范、司法判例的实地调研，掌握地方规范的出台背景、实施效果及存在的问题；其次，通过

理论分析，研究新型农村土地经营权流转交易和抵押融资平台及抵押物处置方式；最后，综合地方实践调研分析与理论研究，构建便捷高效、公平有序的农村土地经营权抵押权实现机制，并对政策出台及相关立法提出建议。

## 二、具体研究方法

第一，实地调研方法。选择农村土地经营权抵押融资典型试点，通过问卷调查、走访与座谈等方式，对农村土地经营权抵押融资行政主管部门、流转交易市场、金融机构进行实地调研，了解其抵押权实现制度的设计背景、实施效果，对调研资料进行实证分析。

第二，案例分析方法。收集全国农村土地（承包）经营权抵押融资纠纷案例，跟踪最新案件进展，进行类型化梳理，对集体土地抵押权实现案件中的案由、争议焦点、法律适用及判决结果进行分析，从程序法的角度研究集体土地抵押权实现问题。

第三，综合分析方法。运用法学、社会学、经济学、管理学、统计学等多学科的理论与方法，对集体土地抵押权实现机制涉及的相关理论进行阐释、论证。

## 三、本研究的主要创新

第一，研究视角具有特色。将农村土地经营权、“四荒”地使用权、集体建设用地使用权、林权或宅基地使用权作为统一研究对象进行整体研究，在抵押权实现机制上统一探讨，为当前暂未允许抵押的集体土地用益物权类型留下制度接口。

第二，学术观点创新。提出以农村土地银行作为流转交易平台，统筹实现集体土地用益物权流转与抵押，借助农村土地银行，以强制管理方式处置抵押物，注重抵押权实现机制的可操作性、渐进性、利益衡平及制度协同性。

第三，研究方法创新。注重对典型试点地区流转交易、立法、司法的全方位调研，对全国现行地方试点规范性文件进行统计分析，对调研资料进行实证分析，关注抵押权实现机制的运行效果。

# 第二章　农村集体土地权利制度

## 第一节　我国农村集体土地权利制度变迁

1950年颁布的《土地改革法》规定实行土地私有制，赋予农民土地所有权，农民作为土地所有人，对农用地或建设用地都当然享有土地使用权；在“初级社”时期，农民保留土地所有权，以土地使用权入股，集体享有土地使用权；1956年颁布的《高级农业生产合作社示范章程》，把社员私有的主要生产资料转为合作社集体所有，农民对土地的所有权与使用权均转移至集体；农村土地合作社运动进入公社化时期后，人民公社取代集体经济组织成为农村土地的所有权人和使用权人；按照1962年《农村人民公社工作条例（修正草案）》的规定，土地所有权和使用权由人民公社回到集体经济组织手中；直至1982年《宪法》才规定在坚持土地由集体经济组织所有的前提下，由农民享有集体土地使用权。后经1986年《民法通则》和1987年《土地管理法》进一步完善，形成沿用至今的集体土地所有权制度。2003年实施的《土地承包法》和2007年的原《物权法》都肯定了该土地所有权形式。新中国成立后，我国农村集体土地权利的变迁情况可见表2.1。

**表2.1　中华人民共和国成立后农村集体土地权利变迁情况**

| 时间阶段 | 所有权归属 | 使用权归属 |
|---|---|---|
| 新中国成立初期 | 农民 | 农民 |
| 初级社 | 农民 | 集体 |
| 高级社 | 集体 | 集体 |

续表

| 时间阶段 | 所有权归属 | 使用权归属 |
| --- | --- | --- |
| 人民公社 | 人民公社 | 人民公社 |
| 1962 年《农村人民公社工作条例（修正草案）》 | 集体 | 集体 |
| 1982 年《宪法》至今 | 集体 | 农民 |

综上所述，梳理特定历史时期的文件，可以发现土地承包经营权经历了从一种违背大政方针的“私下约定”逐步转变为合法权利的过程，通过《民法通则》（已失效）和《土地管理法》上升为法定权利。但关于土地承包经营权的制度目的、法律性质、权利位阶、具体权能、救济途径等更为具体的理论问题，则未能得到很好解决。原《物权法》的颁布使关于土地承包经营权性质的纷争暂告一段落，但农民土地权利虚化仍是一个未解的难题。中国现行土地承包经营权制度存在的突出问题是制度功能超载和法律权能缺失并存，这和周其仁教授“还权赋能说”的基本理论缘由在宏观方向上是一致的。针对农村集体土地权益保障不充分，农村集体经营性建设用地不能与国有建设用地同等入市、同权同价的问题，2019 年修改的《土地管理法》破除了集体经营性建设用地进入市场的法律障碍，为推进建设用地城乡统筹扫清了制度障碍。[①] 农村集体土地经营权是设立在土地承包经营权之上的新型次级用益物权，[②] 作为近年来农村土地制度改革的立法亮点之一，“三权分置”政策在 2018 年《农村土地承包法》的修正中获得了法律表达后，在《民法典》草案以及 2020 年出台的《民法典》中得到了进一步完善。[③]《民法典》物权编完善了农村集体土地权利相关制度，落实了农村承包土地“三权分置”改革的要求，增加了土地经营权的规定，删除了农地使用权不得抵押的规定，以适应“三权分置”后土地经营

① 参见乔思伟：《七大突破值得关注！——自然资源部法规司负责人解读〈中华人民共和国土地管理法〉》，载《南方国土资源》2019 年第 10 期。

② 参见于飞：《从农村土地承包法到民法典物权编：“三权分置”法律表达的完善》，载《法学杂志》2020 年第 2 期。

③ 参见 2018 年《农村土地承包法》第二章第五节设置专节对土地经营权作出规定，根据笔者统计，多达 30 个条款中 40 次提到土地经营权；《民法典》第 339 ~ 342、381 条等 5 个条款中 6 次提到土地经营权。显然，这是中央“三权分置”改革政策在立法上的体现。

权入市的需要。①

如图 2. 1 所示，农村集体土地物权包括土地所有权、用益物权和担保物权。农村集体土地所有权是由土地农民私人所有权经过初级社、高级社、人民公社等阶段逐步转化而来的。从农村集体土地各类物权之间的关系来看，所有权具有占有、使用、收益、处分四项权能，其中使用权能独立出来形成农村集体土地用益物权，实现所有权与使用权的分离；农村集体土地担保物权是以农村集体土地使用权作为担保（抵押）而形成的。因为我国法律禁止土地所有权的流转，所谓农村集体土地权利的流转实际上只是使用权的流转，分为初次流转和再次流转。流转形式包括出让、出租、作价入股（出资）、抵押等形式，经由出租、出资形式让渡农村集体土地使用权后，原权利人相应取得债权和股权。以上权利组合构成农村集体土地权利体系，在权利登记时，农村集体土地所有权、使用权、抵押权、地役权以及依照法律法规规定需要登记的其他土地权利，都需要记载于土地登记簿上予以公示。

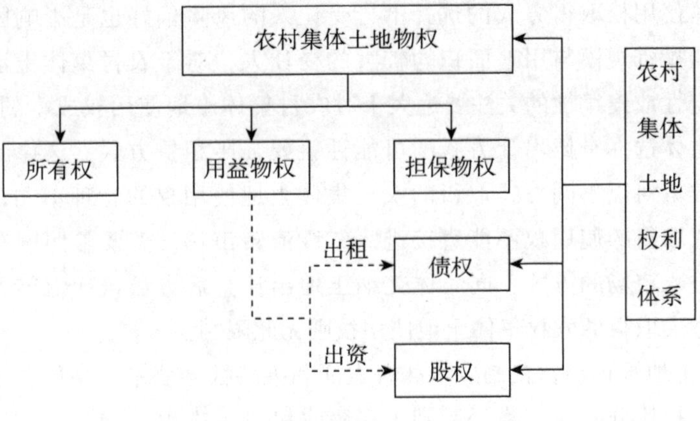


**图 2. 1　农村集体土地权利体系**

在土地集体所有制下，农民拥有土地使用权，但不同类型集体土地使用权的取得方式及权能不尽相同。其中，土地承包经营权可以通过家庭承包方式获得；土地承包经营权作为法律已明确赋予农民之权，其处分权能一直受到限制。党的十八届三中全会《中共中央关于全面

① 参见全国人大常委会副委员长王晨 2020 年 5 月 22 日在第十三届全国人民代表大会第三次会议上所作的“关于《中华人民共和国民法典（草案）》的说明”。

深化改革若干重大问题的决定》旨在完善承包经营权的处分权能，对体现其财产属性、实现其融资功能意义重大。但因其突破了现行法律规定，因此需要修法解决。① 即使承认土地承包经营权有一定的处分权能，其交换价值的实现手段亦相当有限。《农村土地承包法》和原《物权法》都没有明确规定土地承包经营权是否可以通过作价的方式出资入股或进行抵押以实现该项权利的自由流转。从一定意义上来说，正是由于对土地承包经营权使用和转让的诸多限制，才导致了农民收入偏低的状况长期难以得到明显改善。②

在土地转让问题上，“四荒”地通过拍卖方式转让使用权；集体建设用地使用权的取得方式和取得程序则受到使用权人身份的影响，凭借成员权，农民建造住宅用地可以类似国有土地划拨的方式无偿从集体经济组织处取得；对于集体经济组织公益事业用地和公共设施用地，由于使用权主体与所有权主体一致，因此，也采用无偿出让方式；其他主体使用集体建设用地只能通过出租、有偿出让等方式取得。当然，在具体使用权取得方式的选择上，受让人的风险偏好也是影响因素之一。如投资规模与用地面积均较大的受让人，对于农村集体土地使用权稳定性或连续性的关注要远大于对农村集体土地使用权成本的考虑，这类主体选择有偿出让方式的可能性就要强于租赁方式。法律法规及相关政策对以不同方式取得的农村集体土地使用权的管理不同，以无偿方式取得的使用权不能直接进入二级流转市场，需要参照国有划拨土地进入市场的方式，向集体交纳土地出让金后方可再次流转；对以有偿方式取得的农村集体土地使用权则无此限制。

“土地承包经营权制度承载着表征和维持社会公平的功能。土地承包经营权均分的现实格局起到了保障农民最基本生活需求的作用，其负面效应是导致土地细碎化现象严重。”③ 笔者认为，从土地细碎化的深层次社会经济原因来看，解决土地细碎化的方式也需要考虑这些因

① 参见陈小君：《我国农村土地法律制度变革的思路与框架——十八届三中全会〈决定〉相关内容解读》，载《法学研究》2014 年第 4 期。

② 参见赵万一、汪青松：《土地承包经营权的功能转型及权能实现——基于农村社会管理创新的视角》，载《法学研究》2014 年第 1 期。

③ 参见赵万一、汪青松：《土地承包经营权的功能转型及权能实现——基于农村社会管理创新的视角》，载《法学研究》2014 年第 1 期。

素，用其他措施替代或填补农民对公平的诉求和均田思想，可以在均分或均等化上深入，实现由实物形态的均分到权利形态的均分。土地承包经营权是农民固有利益中最为重要的部分，对农民依附于农村土地的利益可以做以下理解：第一，人民公社时期，集体经济是农村最主要的经济形式，集体经济组织以土地为依托组织生产经营活动，集体收益主要依靠集体劳动而来。其与承包经营的区别在于生产经营活动的组织方式不同，集体经济时期农户对集体土地的利益是一种共同共有关系，而承包经营之后农户的利益是按份共有，农民对自己承包地的这一份权利构成承包经营权。第二，人民公社时期，农民个人财产利益表现形式是以参与集体生产经营换取“工分”，再用“工分”作为等价物从集体分得集体收益的，因此，这一时期农民同样存在个人财产利益，只是这种利益和农村土地的关系与承包经营体制有所不同而已。第三，党的十一届三中全会后，实行家庭联产承包责任制，2014年中央一号文件《关于全面深化农村改革加快推进农业现代化的若干意见》构建了“三权分置”制度，农民对土地的利益更多地表现为经济或财产利益，即土地经营权。但也有身份利益在内，“三权分置”后的承包权就应是一种不能流转和抵押的身份权利。①

## 第二节　农村集体土地权利的逻辑起点：所有权

广义的集体土地权利除涵盖狭义集体土地权利外，还包括由集体土地物权所衍生的债权、股权和知识产权。例如，以集体土地用益物权出资或入股而取得的分红权或股权；土地信托是指将农民对土地的使用和处置权利，量化成资产权利，并委托土地信托机构集中管理，因集体土地用益物权出租、信托而产生的收益权，其性质为债权；建筑物与土地附着物所有权，即房屋、林木、农作物所有权等。伴随农村经济、社会的发展和集体土地制度改革的进程，会出现新的、以集体土地为依托的权利形式，集体土地权利体系也会更加丰富。如知识

① 参见赵万一、汪青松：《土地承包经营权的功能转型及权能实现——基于农村社会管理创新的视角》，载《法学研究》2014年第1期。

产权；在实施农民集中居住和城乡建设用地增减挂钩试点地区，农民安置房建设用地有的属于集体建设用地，也有的属于国有划拨土地，农民对此类土地的使用权也应属于集体土地权利。另外，以上权利体系只是理论上的应然状态，因受到现行法律和政策的约束，有些农村产权的权能并不完整，但会随着城乡统筹进程的推进而逐步完善。

尽管各类集体土地权利在取得方式、权利内容、权利主体、权利演变路径等方面都有差异，但也存在很多共性，如都处于因应统筹城乡发展要求、改革集体土地制度的宏观背景中，各集体土地权利均不同程度地受到我国集体土地制度的制约，存在外部利润，各权利主体都有制度创新意愿。因此，有必要将集体土地权利作为一个权利体系，在法律法规或政策层面就其共性问题作出统一规范。从集体土地权利体系可以看出，广义的集体土地权利呈现不同层次，包括核心层、基础层、扩展层（见表 2. 2）。

**表 2. 2　集体土地权利分层**

| 集体土地权利 | |
|---|---|
| 核心层 | 集体土地所有权 |
| 基础层 | 土地承包经营权（以招标、拍卖、公开协商等方式获得的“四荒”地承包权和以家庭承包方式获得的土地承包权），实施“三权分置”后为承包权和土地经营权 |
| | 集体经营性建设用地使用权 |
| | 宅基地使用权 |
| | 担保物权 |
| 扩展层 | 集体土地用益物权出资形成的股权 |
| | 集体土地用益物权租赁、信托形成的债权 |
| | 建筑物及土地附着物所有权（包括房屋、林木和农作物所有权） |
| | 房屋使用权出租而产生的债权 |
| | 林木和农作物收益权 |
| | 房屋所有权及使用权设定抵押而产生的担保物权 |
| | 房屋所有权或使用权出资形成的股权 |

注：笔者根据相关法律规定整理。

核心层只有集体土地所有权，基础层由集体土地用益物权和集体土地担保物权构成，核心层和基础层属于狭义集体土地权利的范畴，扩展层由集体土地物权的衍生权利组成，土地经营权处于基础层。不同层次的集体土地权利之间存在内在的逻辑联系，从而构成一个完整的土地权利体系。处于不同层次的集体土地权利间的关系如下：处于核心层的集体土地所有权是整个集体土地权利体系的权源，没有该权利，其他权利将失去依托。法律和政策对处于核心层的集体土地所有权权能的制约，与基础层及扩展层其他集体土地权利受限之间存在因果关系。集体土地所有权权能缺失与我国集体土地制度的功能定位有关，后者体现对经济体制的要求和对集体土地制度的价值追求。

对于法学和经济学等不同学科语境中的农村集体土地权利，有学者认为，"产权的含义和所有权在本质上是相同的，只不过产权是一个比传统所有权更为广义的财产权概念"。[①] 笔者的理解是：经济学范畴中的产权与法学意义上的权利有交集但不重合，产权概念的概括性强，但不如所有权、使用权等法学概念指向明确、逻辑体系严密，而所有权、使用权等概念的外延则远远小于产权概念。农村集体土地产权是一个权利束，每一个具体的权利就如同森林中的一棵树，此权利与彼权利之间的联系在于它们都扎根于"产权"这片土壤；而在以逻辑严密、语言准确为特点的法学语境下，农村集体土地的所有权、使用权或抵押权等权利虽然可以分别为不同主体所拥有，但它们都来自"物权"这条根。

农村集体土地制度涉及土地所有权归属、土地集体所有权的法律性质以及集体土地所有权的代表等问题，这些问题在逻辑上并不属于同一层次。无论土地国有还是集体所有，由于所有权主体不是具体的自然人，而是组织体，那么在法律制度设计上就要有一个组织机构来代表所有权主体行使所有权。我国法律规定由国务院代表国家行使国有财产所有权，国务院授权国有资产监督管理委员会代表国家履行出资人职责。但反观我国的集体所有权，至今尚未找到一种较为可行的

---

① 周林彬：《物权法新论——一种法律经济分析的观点》，北京大学出版社 2002 年版，第 343 ~ 344 页。

制度来解决集体所有权的行使问题。因此，在理论界，对集体所有权的质疑一直不绝于耳。其中有些观点混淆了集体土地制度相关问题间的逻辑关系，将农村集体土地的所有权权属、集体所有权的性质和集体所有权的代表等问题混为一谈，使集体土地制度问题变得更为复杂。实际上，国有、私有还是集体所有的问题是关于土地所有权权属之争；而谈到集体所有的土地是全体村民共同共有、按份共有还是法人所有，则是关于具体特定所有权的权利性质之争；至于是由集体经济组织、村委会，还是由新成立的其他组织机构来代表集体行使土地所有权，则是集体土地所有权的代表问题。很显然，从逻辑层次上来看，集体土地所有权的权利性质和集体土地所有权的权利代表问题，是在确认土地集体所有的前提下才会涉及的更深层次的问题。

在我国，自土地国家所有和集体所有制度确定以来，一直为国家根本大法所坚持，一系列涉及农村集体土地的法律法规和政策文件共同构成了农村集体土地制度。随着我国经济社会的发展，城乡“二元”分割体制下的农村集体土地制度暴露出诸多缺陷，其中，集体的性质、所有权的代表和集体成员权利的保护等问题都饱受争议。而农村集体土地使用权的流转、收益分配等问题也都与农村集体土地所有权制度直接相关。因此，学术界和实务部门提出了多种方案试图解决这些问题，有学者认为集体土地所有权的归属是集体土地制度的本源性问题，解决集体土地主体虚置、使用权权能受限等问题的根本办法就是完善集体土地所有权制度。在学术研究中，集体土地私有化、国有化、现行集体所有制改良等方案成为具有代表性的主要观点。当然，国家政策对这些方案的选择和采纳情况，将对农村集体土地权利体系产生重要影响。

虽然笔者认为有些学者提出的集体土地私有化及国有化方案值得商榷，但是有一点比较认同，那就是要充分认识农村集体土地所有权问题的重要性。将农村集体土地所有权问题作为农村集体土地制度研究的逻辑起点，是打开一系列农村集体土地问题的“钥匙”。农村集体土地所有权问题涉及农村集体土地权属、所有权代表、所有权的确权登记以及权属纠纷的解决等问题。由农村集体土地所有权的使用权能独立出来的农村集体土地使用权是农村集体土地权利体系中最为活跃的部分。作为法经济学派的主要代表人物，波斯纳就曾认为：如果市场交易成本过高而抑制交易，那么权利应赋予那些最珍视它们的人。农村集体土地使用权的出让、出租、作价出资、转让与抵押是农村集体土地价值发现的重要途径。农村集体土地使用权的流转带来了价值评估、流转市场平台建设、流转形式的演化、流转收益的分配以及流转行为的监管等问题，而这一切都是以农村集体土地所有权制度的完善为“原点”的。有学者在对成都市统筹城乡改革的经验进行了调查研究后认为，“确权是土地流转的前提和基础，成都的实践提醒大家注意，在全国还有比土地流转更根本、更基础的工作有待完成，这就是对农村各类土地和房产资源普遍的确权、登记和颁证”。① “确权”对象包括农村集体土地所有权和各类由土地所有权所衍生的用益物权。

## 第三节　农村集体土地所有权权属

在法学基本理论中，一般从物质属性角度将所有权分为动产所有权和不动产所有权；从所有权主体的角度分为个人、集体和国家所有权。农村集体土地所有权制度首先要研究和解决的就是所有权主体问题，即农村集体土地所有权是归属农民个人？还是归属集体组织或国家？“现行征地制度的弊病要害正是其基本架构是建立在模糊的集体土地产权基础上。”② 集体土地所有权问题已经成为集体土地权益受侵害的体制性原因。2007 年的原《物权法》出台前，有学者曾建议：“在《物权法（草案）》‘所有权’中增加保护农民集体土地所有权的条款，结束农民集体土地财产权上存在的所有制歧视状态。”③ 有学者从乡村变局考查中国转型，认为有两个维度至为关键，一个是农民与土地的关系，另一个是农民与村庄的关系。第一个维度是乡土中国的“根”，

① 北京大学国家发展研究院综合课题组：《还权赋能：奠定长期发展的可靠基础——成都市统筹城乡综合改革实践的调查研究》，北京大学出版社 2010 年版，第 49 页。

② 靳相木：《解析征地制度改革的主流思路》，载《中国农村经济》2008 年第 2 期。

③ 高圣平、刘守英：《集体建设用地进入市场：现实与法律困境》，载《管理世界》2007 年第 3 期。

第二个维度是乡土中国的“魂”。[①] 笔者非常认同该观点，一方面，只有对乡土中国的土地问题有着深厚的感情，才能有如此深刻的认识；另一方面，也从社会学研究角度，体现了集体土地问题，尤其是集体土地权属问题的重要性。所有权问题是农村集体土地制度研究的逻辑起点，而所有权权属又是农村集体土地所有权问题的根本。

## 一、农村集体土地所有权权属观点评介

第一，私有化主张。集体土地的私有化是近年来被国内外学术界和媒体频繁提起的一个话题，集体土地私有化的主张大多以下列三个理由作为支撑：其一，集体土地私有化有利于保护农民利益；其二，集体土地私有化有利于扩大农业生产规模，提高农业效率；其三，集体土地私有化可以完善中国的产权制度。其中，杨小凯、文贯中、陈志武等海外华人经济学家的观点较为直接，认为实行同等私有化以后，在市场经济条件下可以促进土地升值、农民收入和地方财政收入增长，从根本上解决农民对政府的依附关系，有利于推动政治体制改革。考虑《宪法》规定，国内学者的土地私有化主张则相对较含蓄和温和，多表述为“给农民更大的土地权利”。也有学者提出，“现有集体所有制在终极所有权、占有权、使用权各层次上分别属于不同的主体。农地产权的改革方向应该在不同层次具有‘公有’或‘私有’的不同性质”。[②] 在我国，对于集体土地私有化问题，反对的声音一直是学术界的主流，如陈锡文、温铁军、杨继瑞、李昌平、贺雪峰等在学术界较为有影响的学者，都认为农村集体土地私有化在中国目前是不可取的，原因在于：“首先，实行农地私有化，动摇社会主义制度在农村的经济基础；其次，实行土地私有化，农民如何获得集体土地所有权？最后，实行土地私有化，势必导致土地的兼并和集中。”[③] 有调查结果显示：“多数农民并没有土地私有化的愿望，赞成土地私有化的人只占受访者

① 参见刘守英、王一鸽：《从乡土中国到城乡中国——中国转型的乡村变迁视角》，载《管理世界》2018 年第 10 期。

② 石莹、赵昊鲁：《从马克思主义土地所有权分离理论看中国农村土地产权之争——对土地“公有”还是“私有”的经济史分析》，载《经济评论》2007 年第 2 期。

③ 杨继瑞：《中国农村集体土地制度的创新》，载《学术月刊》2010 年第 2 期。

总人数的27%。”[1] 因此，集体土地私有化就成了“一个学者比农民更热心的话题”。[2]

第二，国有化观点。集体土地国有化观点认为：可以将集体土地所有权不通过征收形式，直接转变为国家所有。对此，赞成与反对的“阵营”都很强大，理由也基本上是针锋相对，学术争议较“私有化”观点更为激烈。支持者认为：从国家对土地市场进行宏观调控的角度来看，土地所有权有两个层次，无论是何种土地所有制，国家意义上的所有权都是其中之一。农村集体土地所有权应当包括国家所拥有的终极所有权。[3] 简单的土地私有化方案及按份共有方案都是不符合我国目前实际的，实行农村集体土地国有化是成本最低、社会震荡最小，而又符合我国社会主义发展要求的制度变迁的路径。将集体土地收归国家所有后，赋予农民永佃权，对吸引国内外资本投向农村、提高农村土地资源利用效率、保障工业化与城市化的发展都有积极意义。[4] “农村集体土地国有化的变革方案因其天然的正当性、现实的必要性而具可行性。”[5] 反对集体土地国有化的观点认为：“无论是权利的来源，还是现行的制度设计，国家土地所有权并不是集体土地所有权的上位阶概念，两者之间并不存在隶属关系。”[6] 因此，农村集体土地国有化主张缺乏可行性。因为该方案很难实现土地规模效益，其后果要么是因地租过高而加重农民负担，要么是因地租过低而降低农村土地使用

---

① 杨学成、赵瑞莹、岳书铭：《农村土地关系思考——基于1995～2008年三次山东农户调查》，载《管理世界》2008年第7期。

② 杨学成、赵瑞莹、岳书铭：《农村土地关系思考——基于1995～2008年三次山东农户调查》，载《管理世界》2008年第7期。

③ 参见罗丹、严瑞珍、陈洁：《不同农村土地非农化模式的利益分配机制比较研究》，载《管理世界》2004年第9期。

④ 参见宋旭明：《我国农村集体土地所有权制度之积弊及其改革》，载《江西社会科学》2009年第5期；邓大才：《论农村土地所有权的归属》，载《财经问题研究》2002年第2期；马小勇：《理性农民所面临的制度约束及其改革》，载《中国软科学》2003年第7期。

⑤ 颜运秋、王泽辉：《国有化：中国农村集体土地所有权制度变革之路》，载《湘潭大学学报（哲学社会科学版）》2005年第2期。

⑥ 高圣平、刘守英：《集体建设用地进入市场：现实与法律困境》，载《管理世界》2007年第3期。

效率。[①] 陈锡文认为实行土地国有化，土地管理将难以进行，如果政府直接管理土地，则管理成本会变得很高，如果政府委托乡镇机构代为管理，由于缺乏激励机制，管理的效率也会很低。此外，农村土地由集体所有上升到国家所有所带来的政治上的震动也是无法估量的。[②]

第三，集体所有改良模式。"土地具有生产功能、保障功能、资产功能、生态功能和公益功能，我国的土地制度不仅已经成为我国经济社会协调发展的最重大问题和最突出矛盾，而且还将在未来相当长的一段时期内与我国的农村经济发展、城市规划布局、国家宏观经济调控以及社会保障体系构建等关系国计民生的重点领域紧密联系在一起。土地完全私有化和完全国有化分别可能带来的重新调整与配置的低效率和农产品生产与供应的低效率，将对目前的经济发展模式形成巨大的冲击，它们都不是我国土地制度的理想选择模式。"[③] 而土地集体所有权的改良模式是在学术界基本取得共识的一种观点，从近年来我国土地制度的变迁过程来看，该模式显然也被政策制定者所接纳。如陈锡文就认为集体所有制应长期稳定。[④] 因为，"任何一种制度变革必须综合考虑新制度的执行成本和社会成本"。[⑤] 而对现有的集体土地制度加以完善，"落实和保护农民已有的土地法权是一种成本低、风险小的改革思路，比'推倒重来'的私有化要好得多"。[⑥] 有学者还注意到现有集体土地制度在中国渐近转轨大背景中的保险功能，"所谓渐进转轨就是没有彻底迅速地抛弃旧体制的因素，这意味着它们在转轨中必然要发生作用，但人们却本能地不去考虑它们是否会有积极作用"。[⑦] 该

---

① 参见杨继瑞：《中国农村集体土地制度的创新》，载《学术月刊》2010 年第 2 期。

② 参见陈锡文：《中国农村改革——回顾与展望》，天津人民出版社 1993 年版，第 53 页；赵阳：《共有与私用——中国农地产权制度的经济学分析》，三联书店 2007 年版，第 42 页。

③ 黄祖辉等：《我国土地制度与社会经济协调发展研究》，经济科学出版社 2010 年版，第 347 ~ 349 页。

④ 参见陈锡文：《现行土地政策的症结》，载《中国改革》1998 年第 8 期。

⑤ 杨继瑞：《中国农村集体土地制度的创新》，载《学术月刊》2010 年第 2 期。

⑥ 杨学成、赵瑞莹、岳书铭：《农村土地关系思考——基于 1995 ~ 2008 年三次山东农户调查》，载《管理世界》2008 年第 7 期。

⑦ 裴小林：《集体土地制：中国乡村工业发展和渐进转轨的根源》，载《经济研究》1999 年第 6 期。

制度使乡村集体组织不会破产，更重要的是它使两亿农户不会失去土地的使用权和生存的基本保障。笔者赞同以上观点。因为土地集体所有权的改良模式不但认识到集体土地制度改革的渐进性，而且还考虑到并充分利用了既有集体土地制度的合理成分，在此基础上完成对其本身的渐进改革。

### 二、农村集体土地多元所有权权属结构

依《民法典》《土地管理法》相关规定，在我国，作为农村土地所有权主体的是乡（镇）、村和组（村民小组）集体，这种土地多元所有结构呈现以下特点：

第一，因为乡（镇）、村和村民小组多层级集体分别作为相应土地的所有权人，那么在一个乡（镇）范围内，就存在一个乡（镇）土地所有权主体，若干村土地所有权主体，而村民小组土地所有权主体就更多。

第二，在一个乡（镇）范围内，村民小组集体同上一层级的村集体之间，村集体同上一层级的乡（镇）集体之间，其所有权并非完全独立，具有多级成员权关系。

第三，农村集体土地的这种多元所有权结构和多层级成员权关系，导致乡（镇）集体内部土地所有权的行使存在多重委托—代理关系。

## 第四节　农村集体土地所有权属性

集体建设用地所有权的权利属性与所有权代表问题具有关联性，从法理上来说，如果将集体建设用地所有权界定为单独所有权，意味着集体被视为独立法人，则该法人的相应组织机构就可以作为集体建设用地所有权的代表；如果将集体建设用地所有权界定为共同所有权，就缺乏明确的所有权代表。

近代民法将所有权分为两大类，即单独所有权和共同所有权。单独所有权又可以分为自然人单独所有权和法人单独所有权，但无论是自然人所有还是法人所有，单独所有权的权利主体是唯一的；共同所有权对外也是一个整体排他性的权利，而从共同所有权内部来看，是

多个主体对权利客体共同享有的所有权。在我国立法中，关于土地集体所有权的权利性质，原《民法通则》第74条第2款规定："集体所有的土地依照法律属于村农民集体所有，由村农业生产合作社等农业集体经济组织或者村民委员会经营、管理。已经属于乡（镇）农民集体经济组织所有的，可以属于乡（镇）农民集体所有。"2004年修改后的《土地管理法》第10条的表述与之相同，"农民集体所有的土地依法属于村农民集体所有的，由村集体经济组织或者村民委员会经营、管理；已经分别属于村内两个以上农村集体经济组织的农民集体所有的，由村内各该农村集体经济组织或者村民小组经营、管理；已经属于乡（镇）农民集体所有的，由乡（镇）农村集体经济组织经营、管理"。2019年再次修改的《土地管理法》第11条延续了以上规定。原《物权法》第59条第1款则规定："农民集体所有的不动产和动产，属于本集体成员集体所有。"由此可以看出，从原《民法通则》到《土地管理法》再到原《物权法》，法律制度坚持和肯定"土地集体所有"的态度一直没有变化。所谓的"农民集体所有"和"成员集体所有"所指向的权利主体是同一群体，除了立法用语更为规范外，没有实质不同。

真正引起学术界长期争议的是土地集体所有权的权利属性，即法律所规定的"集体土地所有权"到底是单独所有权还是共同所有权？学术界对集体土地所有权的权利属性的高度关注并非没有原因，因为法律规定了土地归"农民集体"或"本集体成员集体"所有，却不对"集体"进行严格界定，是"有意的制度模糊"。以至于学术界出现了"共同共有""按份共有""法人单独所有""集合共有""劳动者联合共有"等多种理解。

## 一、农村集体土地"共有权说"

从字面意思来看，集体所有权是指由集体组织对某项财产享有的所有权。理论界对"集体"的概念理解不同。赵阳认为，中国农地制度的结构长期处于一种"分置"状态，或者说"产权残缺"状态，他将这种中国特有的公共产权制度描述为"共有私用"制度，即农地的所有权是村（组）内全体村民"共同所有"的，但实际使用权却是个体所有的。[①] 另有观点认为，集体土地所有权应属于按份共有，“因为市场体制的不完善、土地配置低效以及公共品供给不足制约着‘共有私用’绩效的优化；而‘按份共有’是集体土地的最适产权安排模式，该模式具有产权明晰、治理结构合理、风险规避以及交易费用低等优势”。[②] 但是该种观点忽略了一个关键因素，那就是在土地公有制条件下，“任何个体对‘共有之物’都缺乏所有权所必要的排他性”。[③] 而王利明教授在《民法典》学者建议稿中对集体土地所有权的界定则与其有差异，该建议稿第761条规定：“集体所有权，是指集体组织的成员对依法属于集体所有的财产，共同享有占有、使用、收益和处分的权利。”[④] 显然，在“集体所有说”与“成员所有说”之间，该学者建议稿倾向于“成员所有说”，认为集体是由其成员组成的，集体所有应当指集体组织成员共同共有。该观点与我国原《民法通则》第74条所采纳的“集体所有说”不同。该建议稿采纳这一观点的主要理由是：首先，“集体所有说”采纳的是一种集体所有概念。“集体”和“团体”概念在语义上是等同的，而团体在法律上可以是法人或合伙组织，难以界定“集体”的内涵。其次，“成员所有说”强调集体组织成员所有。即由成员共同享有所有权，但财产又不可实际分割为每一个成员所有，也不得将财产由成员个人予以转让。明确集体所有实际上是一种特殊的共同共有，既有利于将集体所有与国家所有相区别，同时又可以将集体所有与公司所有权和合伙财产相区别。强调集体所有为成员共同共有，有利于加强集体企业内部的民主管理，使企业的利益与成员的利益密切结合。最后，成员共同所有意味着集体财产与成员利益有了更密切的联系，否则就成为抽象的类似小全民的所有，但集体成员又不能对集体财产擅自转让、分割，否则等同于个人所有。“成员

---

① 参见赵阳：《共有与私用——中国农地产权制度的经济学分析》，三联书店2007年版，第95页。

② 朱新华、马璐璐、张金明：《农村集体建设用地的最适产权安排——一个新制度经济学分析视角》，载《经济体制改革》2010年第1期。

③ 郑雄飞：《从“他物权”看“土地换保障”——一个法社会学的分析》，载《社会学研究》2009年第3期。

④ 王利明：《中国民法典学者建议稿及立法理由——物权编》，法律出版社2005年版，第158～160页。

所有说”也为其他学者所赞同。① 有学者提出的“集合共有说”与“成员所有说”具有内在的一致性，② 此处不再赘述。

## 二、农村集体土地“总有权说”

“总有”是指不具备法人资格的团体，以团体的名义共同所有某财产所有权的形式。“总有说”认为集体土地所有权是一种新型的所有权形态，是农民集体享有的单独所有权。③ 是将一定社区范围内有农村户籍的全体成员看作一个整体，该“整体”虽然不具有法人资格，但可以作为社区范围内土地的所有权人，依法对集体土地享有全面支配权。在这种新型的“总有”制度框架中，“集体成员对集体土地享有占有、使用和收益权，并且依法按照平等、自然的原则来行使对集体土地的所有权”。④ “总有”之所以被称为是一种新型的所有权形态，在于总有和法人所有一样都是单独所有权形式，不同的是法人所有权下的权利主体具备法人资格，而“总有”中的权利主体不具有法人资格。但“总有”所具有的单个权利主体的特点又使其与“共有”有明显的不同。

在原《物权法》制定过程中，以梁慧星教授为负责人的课题组所拟定的《物权法》建议稿第 88 条第 1 款，对集体土地所有权作了如下规定：“宪法及法律指定的国有以外的农村和城市郊区的土地属当地全体居民共同所有。”⑤ 该建议稿给出的立法理由是：《物权法》应该规定集体土地的所有权性质，但现实中并不存在一个叫“农民集体”的组织体，原有“三级所有，队为基础”的人民公社体制已不存在，现行体制中的乡（镇）人民政府属于基层政权，不属于“农民集体”组织体，村民委员会属于政治性的自治组织。将乡（镇）人民政府或村

---

① 参见温世扬：《集体所有土地诸物权形态剖析》，载《法制与社会发展》1999 年第 2 期。

② 参见胡吕银：《集合共有：一种新的共有形式——以集体土地所有权为研究对象》，载《扬州大学学报（人文社会科学版）》2006 年第 1 期。

③ 参见丁关良、周菊香：《对完善农村集体土地所有权制度的法律思考》，载《中国农村经济》2000 年第 11 期。

④ 韩松：《论总同共有》，载《甘肃政法学院学报》2000 年第 4 期。

⑤ 梁慧星：《中国物权法草案建议稿——条文、说明、理由与参考立法例》，社会科学文献出版社 2000 年版，第 269 ~ 271 页。

民委员会确定为集体土地的所有权主体，显然与《宪法》和《土地管理法》的规定不符。因此，本条规定"属当地全体居民共同所有"，凡当地居民均属于该地集体土地所有权的共有人。对于该建议稿中的观点，有人认为"这实际上是用共有权制度取代集体所有权制度的立法主张"。[①] 这显然是一种误解，"当地全体居民"作为一个整体，由该"整体"来享有"宪法及法律指定的国有以外的农村和城市郊区"土地的所有权，正是参考了民法上的"总有"理论。

## 三、农村集体土地"法人所有权说"

土地公有制在市场经济条件下可以有多种实现形式，法人可以作为国家和集体之外的第三种土地所有权主体。法人成为土地所有权的主体，绝非法律的随意创制，而是有其深刻的经济动因。"在资源配置中以企业代替市场，就是以一个独立意志替代多个独立意志，将资源的配置交由一个独立的意志、而不是交由若干独立意志通过谈判交易产生，从而节省谈判成本。"[②]"土地法人所有权实质上是土地集体所有权在市场经济条件下的新表现形式，同样是土地公有制的实现方式。"[③] 并不会动摇土地公有制。有学者进一步明确提出了农村土地"集体法人所有权"模式的基本制度框架，即采用股份制改造思路，"在土地价值形态上实行农民集体所有制，而在土地实物形态上建立集体法人所有权制度"。[④]"法人所有说"是对"总有说"中权利主体缺失独立法人资格状况的一种弥补，但也因此成为受质疑的理由，因为要建立土地法人所有权制度，首先，应赋予原农民集体法人资格，即按照市场经济体制中法人制度的要求对农民集体进行改造，由此而产生的法人资格登记的工作量和成本都将非常惊人。其次，"以 1998 年为例，当

---

① 周林彬：《物权法新论——一种法律经济分析的观点》，北京大学出版社 2002 年版，第 366 页。

② 周林彬：《物权法新论——一种法律经济分析的观点》，北京大学出版社 2002 年版，第 343 ~ 344 页。

③ 陈甦：《城市化过程中集体土地的概括国有化》，载《法学研究》2000 年第 3 期。

④ 李国英、刘旺洪：《论转型社会中的中国农村集体土地权利制度变革——兼评〈物权法〉的相关规定》，载《法律科学（西北政法学院学报）》2007 年第 4 期。

时全国共有739,980个行政村，自然村（或村民小组）的数量则高达150万个。村民小组的绝对数量非常庞大，权属登记是一件非常困难的事情”。[①]《民法典》第261条第1款关于农民集体所有财产的归属，规定农民集体所有的不动产和动产，属于本集体成员集体所有。该规定为农村集体土地“法人所有权说”提供了立法支撑。

## 第五节 农村集体土地所有权代表

学术界经常提起的集体土地所有权虚位问题，其实质就是集体土地缺少明确的所有权代表。完善集体土地所有权代表制度就必须探寻可以有效行使集体土地所有权的组织形式，这是一个合约选择问题。有学者认为“农村集体土地所有权有乡（镇）集体经济组织所有、村集体经济组织所有、村民小组集体经济组织所有三种形式”。[②] 该观点混淆了集体土地的所有权权属与所有权代表。

### 一、集体土地所有权代表相关法律规定

1991年9月19日，福建省人民代表大会常务委员会农村经济委员会就村民委员会和村经济合作社的权利和关系划分问题，向全国人民代表大会常务委员会法制工作委员会请示，后者在1992年1月31日《关于村民委员会和村经济合作社的权利和关系划分的请示的答复》中称，依照《民法通则》（已失效）第74条第2款、《土地管理法》第8条第1款和《村民委员会组织法》第4条第3款的规定，集体所有的土地依照法律规定属于村农民集体所有的，应当由村农业生产合作社等农业集体经济组织经营、管理，没有村农业集体经济组织的，由村民委员会经营、管理。该答复中所依据的《土地管理法》于1986年6月25日通过，其第8条规定：“集体所有的土地依照法律属于村农民集体所有，由村农业生产合作社等农业集体经济组织或者村民委员会经营、

① ［荷］何·皮特：《谁是中国土地的拥有者？——制度变迁、产权和社会冲突》，林韵然译，社会科学文献出版社2008年版，第263～264页。

② 黄涛：《论集体土地所有权制度之完善——兼评物权法草案第八十八条》，载《甘肃政法学院学报》2001年第2期。

管理。已经属于乡（镇）农民集体经济组织所有的，可以属于乡（镇）农民集体所有。村农民集体所有的土地已经分别属于村内两个以上农业集体经济组织所有的，可以属于各该农业集体经济组织的农民集体所有。”在1988年12月29日修正《土地管理法》时，该条没有变化。1999年1月1日实施的《土地管理法》第10条规定：“农民集体所有的土地依法属于村农民集体所有的，由村集体经济组织或者村民委员会经营、管理；已经分别属于村内两个以上农村集体经济组织的农民集体所有的，由村内各该农村集体经济组织或者村民小组经营、管理；已经属于乡（镇）农民集体所有的，由乡（镇）农村集体经济组织经营、管理。”该规定也为2004年8月28日《土地管理法》第二次修正所坚持。2007年出台的原《物权法》同样肯定了土地管理法中关于集体经济组织和村民委员会关系的定位。

曾有学者认为《村民委员会组织法》改变了这种格局，以村民委员会取代集体经济组织，作为集体土地所有权代表的首选。其实不然，因为从该法的历次修改情况来看，1988年6月1日起试行的《村民委员会组织法》第4条第3款规定：“村民委员会依照法律规定，管理本村属于村农民集体所有的土地和其他财产……”1998年11月4日，《村民委员会组织法》进行了大幅修改，2010年10月28日进行修正，但对集体经济组织和村民委员会权利的划分依然未变，与《土地管理法》和原《物权法》的相关规定是一致的。

## 二、集体经济组织和村民委员会的权利划分

从村级集体经济组织来看，实务中名称并不统一，称村经济合作社或村农工商公司等，有数据显示，全国80%～90%的村有上述组织。[①] 1995年中国农业年鉴的数据与此基本一致，显示截至1994年年底，全国已设集体经济组织的乡（镇）占总数的66%，已设集体经济组织的村则占总数的90%。[②] 对于没有设置集体经济组织的集体，集体

① 参见赵阳：《共有与私用——中国农地产权制度的经济学分析》，三联书店2007年版，第10页。

② 参见中国农业年鉴编辑委员会：《中国农业年鉴》，中国农业出版社1995年版，第123页。

土地所有权由村委会行使，这自然毫无疑问。问题在于，第一，如果集体存在多个集体经济组织，应由哪一个来行使集体土地所有权；第二，在存在的集体经济组织中，真正成为独立实体的只占很小比例，往往与村民委员会在资源控制上同构。2010年6月22日，全国人大法律委员会副主任委员刘锡荣在第十一届全国人民代表大会常务委员会第十五次会议上，所作的全国人大法律委员会关于《中华人民共和国村民委员会组织法（修订草案）》修改情况的汇报中披露："全国有约60%的行政村的村委会和村集体经济组织是合一的，有近40%的行政村另有村集体经济组织。"那么在超过一半的村"政社合一"的情况下，集体经济组织和村民委员会之间出现职能与权利的交叉和冲突就在所难免。

村民委员会的角色定位是学术界讨论的焦点，有人认为："村民委员会代行集体经济组织职能是村民自治制度下的现实选择，村民可以对集体资产管理情况实施有效监督，这样可以避免支付政治民主与经济民主的双重成本。"① 按照我国法律规定，在法定体制中，村民委员会是村民自我管理、自我教育、自我服务的基层群众性自治组织。但是在事实体制中，村民委员会却"扮演着远比上述定义重要得多的角色，承担着政府代理人、集体财产法定代表人、集体公共事务管理人三重职能。近年来的农村问题从表面来看是因土地集体所有制所引发的，但本质上，村委会三位一体的矛盾角色才是农民财产和利益保护陷入危局的真正原因"。"每一个人都非常清楚村干部的官有多小，但是没有一级机构能够清楚地勾勒出村干部的权利究竟有多大。"② 在由村委会代表集体行使集体土地所有权的情况下，选举村委会成员就是在选择能够使集体建设用地资产保值增值的财产管理人。"农村的村民选举是一种再分配制度的调整，选举方式与村民的利益密切相关。"③ 村民委员会成员的提名方式可以说明这一问题，由村民提名，是村民

① 郑有贵：《村社区性集体经济组织是否冠名合作社——以福建省仙游县村经济合作社为例》，载《管理世界》2003年第5期。

② 陈剑波：《农地制度：所有权问题还是委托—代理问题?》，载《经济研究》2006年第7期。

③ 史耀疆等：《选举提名方式与土地管理体制：村民对村领导行为及其绩效的评价》，载《经济研究》2004年第9期。

选举权的应有之义，而由党支部和乡镇政府提名或指定的方式显然不能反映村民意愿。从提名方式可以看出，表面上是村民在行使成员权来选举全体成员利益的代表人和社区事务的管理人，但提名方式的变更使该选举成为（乡镇）政府任命政府事务代理人的途径。

“村委会在内部机制上仍然是集党务、政务、经济于一体的混合体，其主要任务仍是完成乡镇政府指派的任务，这势必导致村委会行动目标的多元化。”① 针对目前村集体经济组织和村委会权利混同的状况，有必要分别界定二者的职能，有学者建议：“分别建立村委会行政法人和村、组集体经济产权法人的治理结构。”② “剥离村级自治组织的经济职能，仅保留其社会职能，使之成为类似于城市街道办事处的基层社区管理机构。”③ 改组后的村委会作为一个纯粹的行政事务或基层群众自治组织，主要承担行政、集体公共事务，即实现“政社合一”的分离。作为资源要素的集体建设用地所有权和使用权在村委会的控制下摆脱，那么国家经由乡（镇）政府—村委会途径对集体土地的控制也将终结。然而，集体土地摆脱政府控制，成为由集体享有完全所有权的物权，一定就能带来土地资源配置效率的优化和集体成员福利的改善吗？至少从目前农村的制度框架和社会现状来看，我们还得不出肯定的答案。根据贺雪峰对农村长期观察和调研的结果可知，“更大的土地权利”恰恰会使集体土地资产效率下降和福利减损。④

## 三、集体建设用地所有权代表制度创新主张

为明确集体建设用地所有权代表，有学者提出要设置一个法定的集体建设用地所有权代表机构，即“以乡（镇）为单位成立一个农民集体土地资产管理中心，作为土地的所有权代表主体，任何交易都要

---

① 杨继瑞、帅晓林：《农村集体建设用地合理流转的支撑体系：权益分配抑或外部环境》，载《改革》2009 年第 12 期。

② 李芳芳、包兴：《健全农地产权规范农村集体建设用地流转》，载《宏观经济管理》2010 年第 2 期。

③ 马小勇：《理性农民所面临的制度约束及其改革》，载《中国软科学》2003 年第 7 期。

④ 参见贺雪峰：《地权的逻辑——中国农村土地制度向何处去》，中国政法大学出版社 2010 年版，第 3 页。

经过这个中心，全权代理土地的流转交易”。[①] 但笔者认为，该设计并不具有可操作性，表现在以下几个方面：首先，集体土地资产管理中心的法律地位不明确。以乡（镇）为单位成立的集体土地资产管理中心，与集体经济组织、村委会、乡（镇）政府之间的关系难以明晰，尤其是该中心与乡（镇）政府之间容易造成人员和事务的混同。即便经过注册成为具备独立法人地位的组织，也很容易为乡（镇）政府控制，并进而成为其谋取私利的工具。其次，从功能定位来看，该中心是该乡（镇）范围内集体土地唯一的管理主体，既是集体土地所有权代表，又是集体土地使用权流转交易的中介，定位混乱。该观点对农民集体土地资产管理中心的组织机构、人员产生、权利配置、决策机制等问题都付之阙如。再次，关于成立农民集体土地资产管理中心的设想，所面临的最大问题在于，以中心作为乡（镇）范围内土地的所有权代表主体，将从根本上颠覆现有的集体土地“三级所有”体制，等于剥夺了村、组两级集体经济组织的土地所有权，农民所享有的土地权利也将不复存在，这是难以想象的，如果予以实施，必将遭到农民的强烈抵制，甚至会引发群体性事件。最后，从该观点所设计的土地利益分配格局来看，“首次流转的土地收益应在集体土地所有者、乡镇人民政府、县级人民政府、集体资产管理中心和土地主管部门中合理分配”。[②] 实际上，在集体土地使用权初次流转时，除了应依法缴纳相应的土地交易税外，乡（镇）、县级人民政府、集体资产管理中心和土地主管部门直接参与流转收益分配，既不存在经济理由，也无法理基础支撑，也就是说，此类主体不具备参与分配的资格，该分配方案是对集体经济组织及其成员利益极大地侵害。以上问题会给农民集体土地资产管理中心的运作带来难以逾越的障碍，该观点并不可取。

在地方集体土地制度改革试点实践中，关于集体土地所有权代表，也曾经有过激烈的争议。以成都市为例，有提议认为可以借鉴国务院国有资产监督管理委员会的模式和运作机制，成立乡（镇）资产管理

---

① 姜广辉等：《盘活存量集体建设用地的政策思考与措施设计》，载《农村经济》2003 年第 11 期。

② 姜广辉等：《盘活存量集体建设用地的政策思考与措施设计》，载《农村经济》2003 年第 11 期。

委员会，对主要包括土地在内的乡（镇）资产实施管理，对外统一作为集体资产的代表。后来因为该方案的可操作性较差而被否定。至于有学者建议："设立农民集体大会作为所有权主体，再由农民集体大会选举一个较为固定的组织，作为农民集体的代表行使所有权有关的事务。"① 就更不具有实践意义了。笔者认为，原《物权法》与《民法典》相关立法草案建议稿中提出的思路，可以作为确定集体土地所有权代表原则。在该类专家建议稿中，虽然未指明集体土地所有权的代表，但规定了集体土地所有权代表人的产生方式。梁慧星教授负责的课题组所起草的建议稿中，规定由"所有人选定的机关依法行使所有权"，无论是何种组织，均必须经过所有权人全体认可方可成立，才符合本条所谓"由所有人选定的机关"；② 而在由王利明教授负责的课题组所起草的建议稿中，规定"集体所有权由本组织内的成员选举产生的机关依法行使"。③ 关于土地承包经营权权利主体的表述，原《民法通则》表述为农村承包经营户，《土地承包法》表述为本集体经济组织成员，原《物权法》表述为土地承包经营权人。从法律概念的表述上能够看出立法的态度，体现出逐步规范、内涵不断扩展等特点。原《民法总则》第 96 条规定，农村集体经济组织法人、城镇农村的合作经济组织法人、基层群众性自治组织法人为特别法人，《民法典》第 99 条也规定农村集体经济组织依法取得法人资格。《民法典》第 262 条对集体所有不动产所有权作出规定，由村、乡镇集体经济组织行使所有权。

## 第六节　"三权分置"背景下土地经营权的内涵

### 一、土地经营权概念及特点

#### （一）土地经营权的概念

2014 年，中共中央办公厅、国务院办公厅发布《关于引导农村土

---

① 邵彦敏：《"主体"的虚拟与"权利"的缺失——中国农村集体土地所有权研究》，载《吉林大学社会科学学报》2007 年第 4 期。

② 梁慧星：《中国物权法草案建议稿——条文、说明、理由与参考立法例》，社会科学文献出版社 2000 年版，第 269 ~ 271 页。

③ 王利明：《中国民法典学者建议稿及立法理由——物权编》，法律出版社 2005 年版，第 161 页。

地经营权有序流转发展农业适度规模经营的意见》（中办发〔2014〕61号），提出要“坚持农村土地集体所有，实现所有权、承包权、经营权‘三权分置’，引导土地经营权有序流转”，土地经营权作为一个全新概念首次在中央文件中出现。按照中央文件要求，集体所有权、农户承包权、土地经营权在土地流转中的相互权利关系和具体实现形式是需要进一步研究并加以厘清的重点，在此基础上稳步推进土地经营权抵押融资试点，探索建立土地经营权抵押物处置机制。有学者认为，如果要从法律上给土地经营权作一个定义，那就是现有的集体、现有承包人之外的其他人，依法取得农村耕作地并开展耕作性经营活动的权利。该权利具有主体是现有农村土地承包经营权享有者之外的另一个民事主体、权利期限受到约定的期限限制、权利内容限于农业耕作等特点。① 笔者认为，该研究给了“土地经营权”一个相对合理的概念界定，但将权利主体限定于“现有农村土地承包经营权享有者之外”，有待商榷。因为土地经营权的主体并不仅限于集体、现有承包人之外的其他人，还可以是集体经济组织或原承包人。所以该观点并未反映土地经营权的内涵，与农地“三权分置”改革的目的也不符。

有学者将土地经营权的类型从产生源头上进行划分，依照产生方式不同而划分为“租赁权类型、入股形成的经营权和物权性质的经营权”，② 笔者认为，土地经营权是一种法定用益物权，依法律规定而产生，至于该权利被权利人用于租赁、出资入股抑或抵押，只是该权利在流转方式上的区别，并不因此而有权利类型的区别。当然，不容否认的是，在现行法律框架尚无法律规定支撑这一权利之前，它只是体现在中央及地方政策中，因此，中央集体土地政策亟待立法回应。但这是立法完善的问题，不影响“土地经营权”的内涵及类型界定。如有学者就认为“产权是一种权利束，可以采取不同的方式分割给不同的主体。将一物完全确定为一个主体所有常常是无效率的，因为不同

① 参见孙宪忠：《推进农地三权分置经营模式的立法研究》，载《中国社会科学》2016年第7期。

② 孙宪忠：《推进农地三权分置经营模式的立法研究》，载《中国社会科学》2016年第7期。

主体的优势有利于对具体权利的最有效行使”。[①] 中央集体土地制度改革政策创造性地提出“三权分置”措施正体现了这一理念。

（二）土地经营权的特点

第一，土地经营权是一种附期限的权利。权利期限受到两个因素的影响，一是承包权人土地承包权的期限，中央集体土地政策规定为长久不变或永久不变，但能否因此认定土地承包权人的承包权也是永久不变？恐怕不尽然，因为中央政策是宏观抽象的，是农村土地制度的大政方针，土地承包经营权需要依据微观而具体的承包合同获得或确定。如果宏观政策或集体经济组织承包方案有调整，土地承包期限有变，必然会影响土地经营权期限。二是在土地承包期内，土地承包权人与土地经营权人约定了承包期限，经营权流转到期，或者是土地经营权人违反了关于流转土地用途管制的法律规定或合同约定而提前到期。有学者将土地经营权的产生方式表述为“是土地承包经营权人将其享有土地承包经营权的耕地出租、转包或者入股5年以上，并经登记成立”。[②] 笔者认为，将土地经营权的产生与其流转方式相联系，本就范围较窄，如果再加上期限限制，过于强调土地经营权的期限性，土地经营权的普遍适用性将大打折扣。将导致无法认定使用期限为5年以内、使用方式为出租、转包或入股的农用地的权利属性。

第二，土地经营权是一种标的特殊的权利。关于土地经营权的标的，有人认为应仅限于以承包方式获得的集体农用地，也有人认为还应包括“四荒地”和国有农用地，有学者根据《关于引导农村土地经营权有序流转发展农业适度规模经营的意见》（中办发〔2014〕61号），认为土地经营权创设的目的是想实现农村集体土地所有权、农户承包权和土地经营权的“三权分置”。鉴于此，土地经营权应限制于农村集体所有的土地而排斥国家所有农民集体使用的土地，至于将来是否将此类土地纳入土地经营权得以存在的范围，尚需未来政策或法律

① 柯华庆：《法律经济学视野下的农村土地产权》，载《法学杂志》2010年第9期。

② 陶钟太朗、杨遂全：《农村土地经营权认知与物权塑造——从既有法制到未来立法》，载《南京农业大学学报（社会科学版）》2015年第2期。

认可。[①] 笔者认为，不应该将土地经营权限于集体所有土地而排斥国家所有农民集体使用的土地，虽然中央政策提出“三权分置”理念和土地经营权的概念是为解决农村集体土地在流转中出现的困境，但不应将国有土地排除在土地经营权内涵之外。集体土地和国有土地权利内涵的关联性是一致的，即集体土地包括土地集体所有权、土地农户承包权、土地经营权，国有土地包括土地国家所有权、集体土地使用权、土地经营权，其关联性在于农户承包权和土地经营权是被《民法典》确认为用益物权的土地权利，而国有土地集体使用权也是一种用益物权，其权能之一即土地经营权也可以被抽出，成为一种独立的权利。从另一角度来看，土地经营权作为一种政策性新设权利，其合法性有待相关立法来确认，以符合物权法定原则。包括《土地管理法》在内的相关法律在确认这一新型权利时，如果还有从土地所有权归属、权利用途等角度施加的限制，那么这种新型权利就会面临必要性的质疑。所以基于以上理由，不妨将土地经营权的内涵作扩展理解，不仅仅局限于集体所有土地。

第三，土地经营权是一种附用途限定的权利。尽管土地经营权的标的存在争议，但无论何种标的，都附加了用途的限制。从权利的期限和用途限制的关系来看，土地经营权的期限与用途有关联，违反用途限制会触发期限条件从而使该权利提前到期。“土地经营权人不得滥用土地经营权，因滥用行为造成耕地损坏的，土地承包经营权人有权要求土地经营权人赔偿；土地经营权人的行为可能造成耕地性质变更或者灭失的，土地承包经营权人可以终止土地经营权。”[②] 当土地经营权用于抵押融资时，因行使抵押权而享有土地经营权的主体包括原承包人、农户、专业合作社、土地银行及其他金融机构，还包括通过拍卖而竞拍到土地经营权的人及依强制管理而行使管理权的主体，均不得滥用土地经营权，不得有违反农用地用途管制的行为。

---

① 参见陶钟太朗、杨遂全：《农村土地经营权认知与物权塑造——从既有法制到未来立法》，载《南京农业大学学报（社会科学版）》2015 年第 2 期。

② 陶钟太朗、杨遂全：《农村土地经营权认知与物权塑造——从既有法制到未来立法》，载《南京农业大学学报（社会科学版）》2015 年第 2 期。

## 二、土地经营权的发展

农村土地经营权的出现与我国土地制度的发展密不可分，随着生产力和社会经济的不断发展，我国土地制度也不断变革，由“两权分置”到“三权分置”，农村土地经营权出现并在法律层面得以确立。整体而言，整个发展过程可以划分为如下三个阶段：

### （一）“两权分置”的历史演进

中华人民共和国成立之后的前30年，由于社会状况变化较快，我国的土地制度变化较为频繁。中华人民共和国成立前夕，1949年9月通过的《中国人民政治协商会议共同纲领》明确规定，保护土改中农民得到的土地所有权，实现耕者有其田。这一思想在1950年颁布的《土地改革法》中得到体现，土地所有权完全分给广大农民。之后，农民的积极性大幅提高，粮食产量逐年提升。1954年至1956年，我国通过社会主义改造确立了社会主义性质的土地制度，收回了土地所有权，土地性质归为集体所有。在这一阶段，先后出现了互助组（农户间搭伙开展互助性生产）、初级合作社（集体劳动，评工记分）和高级合作社（生产资料归合作社所有，按劳分配）等形式，经历了土地从“农民私有”到“集体公有”的渐进转变过程。1957年之后，农业合作化发展进入高潮期，但是由于多种原因的影响，粮食供给有限甚至出现了粮荒，所以我国政府又以加强发挥集体生产的优越性为目的开展了第三次土地改革。此次改革形成了“三级集体所有制”形式的土地制度，土地归人民公社、生产大队和农村生产小组集体所有。这一制度也引发了一系列问题，导致农民身份变得复杂，也给利益分配增加了负担。整体而言，这一时段的土地使用制度具有无偿使用、无限期使用和不准转让等三大特征，土地的所有权和使用权没有分开，在一定程度上导致了无偿占用、乱占、多占集体土地等负面效果。

随着国家各项事业逐步走向正轨，上述土地制度的局限性逐渐显现，土地制度的改革势在必行，我国政府开始稳步推进土地制度的创新和改革。起初原有合作社形式的土地制度在实践中出现了较多问题：第一，“大锅饭”式的集体平均主义，导致出现“干多干少一个样”的局面，大大削弱了广大农民的劳动积极性；第二，农业发展水平低，难以适合大规模的农业化经营；第三，在合作社情况下，劳动者对劳动对象的责任心较低。上述负面影响导致农民和土地的潜力被大大限制，农业和农村的发展长期滞后。基于这一状况和部分地区的大胆尝试，1978 年，我国开始再次进行土地改革，实行家庭联产承包责任制，将土地产权分为所有权和使用权。具体而言，土地的所有权仍归集体所有，使用权则由集体经济组织按户均分给农户自主经营，集体经济组织负责承包合同履行的监督、公共设施的统一使用和调度，形成了一套“统分结合”的双层经营体制。家庭联产承包责任制消除了长期存在的高度集中和经营方式过分单调的弊端，使农民既是生产者又是经营者，充分调动了农民的生产积极性。1986 年，我国颁布了《土地管理法》，成立了国家土地管理局，明确了使用权和所有权的分离；1987 年 4 月，国务院提出使用权可以有偿转让，同年 11 月，国务院批准国家土地管理局的报告，同意在深圳市、上海市等地进行土地使用制度改革试点。但是仍然禁止农村集体所有土地进行流转和使用权的转让；2002 年 8 月，第九届全国人大常委会第二十九次会议表决通过了《农村土地承包法》，在法律上明确了“两权分置”的土地制度；2004 年，国务院颁布《关于深化改革严格土地管理的决定》（国发〔2004〕28 号），规定在符合规划的前提下，村庄、集镇、建设镇中的农民集体所有建设用地使用权可以依法流转。同时，在广东省、浙江省、江苏省等地开展农村建设用地使用权流转的区域试验。2008 年 10 月，中共中央通过了《关于推进农村改革发展若干重大问题的决定》，提出要按照依法自愿有偿原则，允许农民以转包、出租、互换、转让、股份合作等形式流转土地承包经营权。这一政策的出台，对保障农民对承包土地的占有、使用和收益权，加强土地承包经营权流转、管理和服务，建立健全土地承包经营权流转市场具有关键的推动作用。至此，我国基本上形成了比较成熟的“两权分置”的农村土地制度。

“两权分置”，又称“两权分离”或“两权分设”，这一土地制度主要包括以下内容：首先，坚持农村土地的“公有制性质不改变、归集体所有”这一前提为基本“红线”。其次，把土地承包经营权与所有权进行分离，将土地承包经营权赋予农户，实行家庭联产承包责任制。土地承包经营权的取得分为原始取得和继受取得。原始取得分为家庭承包和以招标、拍卖、公开协商等方式进行承包，取得后需要签订承包合同，县级以上地方人民政府要向土地承包经营权人发放土地承包经营权证。继受取得是指在土地承包经营权的流转中，受让人通过转包、互换、转让等其他方式，依法从承包人手中取得土地承包经营权，流转的期限不能超过承包期的剩余期限。而且没有经过依法批准不能将承包地用在非农业建设中。但是通过招标、拍卖、公开协商等其他方式进行承包荒地等农村土地的，其土地承包经营权可以转让、入股、抵押或以其他的方式进行流转。“两权分置”的核心是要在联产承包责任制下尽可能地提高农民的生产积极性，强调效率优先、兼顾公平。整体而言，“两权分置”的土地制度结构能够较好地适应当时经济体制落后和社会生产力低下的社会状况，是我国农村土地改革史上的重要进步。

在土地承包经营权的融资抵押方面，根据原《物权法》的规定，在“两权分置”下土地承包经营权可以抵押方式进行流转，但对抵押物有一定的限制。原《物权法》第 133 条规定：通过招标、拍卖、公开协商等方式承包荒地等农村土地，依照农村土地承包法等法律和国务院的有关规定，其土地承包经营权可以转让、入股、抵押或者以其他方式流转。该规定不仅适用于荒地，也适用于荒滩、荒沟、荒山的土地承包经营权；最高人民法院《关于适用〈中华人民共和国担保法〉若干问题的解释》（法释〔2000〕44 号）第 52 条规定：当事人以农作物和与其尚未分离的土地使用权同时抵押的，土地使用权部分的抵押无效；最高人民法院《关于审理涉及农村土地承包纠纷案件适用法律问题的解释》（法释〔2005〕6 号，2020 年修正）第 15 条也规定：承包方以其土地承包经营权进行抵押或者抵偿债务的，应当认定无效。因此在“两权分置”背景下，通过家庭承包的土地，虽然承包户拥有承包经营权，但是不能以土地承包经营权进行抵押融资。

（二）“三权分置”的政策探索

“两权分置”下的农村土地制度激发了农民从事农业生产的积极性，在一定时期内有效促进了农业经济的发展，但是随着我国生产力的进一步提升，以及工业化、城镇化等现代化进程的深度推进，农村的整体形势出现了较大的变化，导致这一土地制度显现出一定的局限性。首先，随着我国改革开放的逐步推进，经济快速增长，社会经济结构发生重大变化，劳动力逐渐向第二、第三产业转移，向经济发达城市和沿海城市转移，直接导致大量的农村劳动力外出务工。有些农民工甚至常年外出务工，农作物产量下降，有些地方出现了部分耕地闲置的状况，土地的利用效率极低。其次，土地资源质量的提升以及生产条件的改善使提升土地产出率成为亟须解决的问题，土地由分散向集中的趋势逐渐形成，规模化的农业生产条件逐渐成熟。最后，农村金融服务短缺、融资难成为制约农村和农业发展的一个重要因素。对于农民而言，土地是其拥有的最基础和最主要的生产资料，但是对土地承包经营权抵押融资的禁止，限制了土地经济价值的有效实现。因此，如何激活农村土地资源、同时创新涉农金融业务，促进普惠金融实现，实现农业发展和乡村振兴，推进农业和农村的可持续发展，成为下一步的发展方向。

为了适应社会发展的新形势、新变化，破除农村土地"两权分置"制度的局限，我国政府不断出台指导性政策文件，开始进行一系列的"三权分置"实践探索。2013 年 11 月，党的十八届三中全会通过的《中共中央关于全面深化改革若干重大问题的决定》明确提出"赋予农民对承包地占有、使用、收益、流转及承包经营权抵押、担保权能"。2014 年中央一号文件《关于全面深化农村改革加快推进农业现代化的若干意见》指出，将承包土地的承包权与经营权分置，构建"三权分置"的新型农地权利体系，并且提出允许将土地经营权作为抵押物向金融机构融资贷款。在这一文件中，"土地经营权"这一概念首次出现，并正式区别于"土地承包经营权"被固定下来。2015 年中央一号文件《关于加大改革创新力度加快农业现代化建设的若干意见》在 2014 年中央一号文件的基础上进一步规定：要重视修改农村土地承包相关法律的时间紧迫性，从法律上确定好"三权"之间的关系，完成好土地经营权抵押的试点工作。2015 年 8 月国务院发布《关于开展农村承包土地的经营权和农民住房财产权抵押贷款试点的指导意见》（国发〔2015〕45 号）、同年 12 月第十二届全国人大常委会第十八次会议上表决通过《全国人大常委会关于授权国务院在北京市大兴区等 232 个试点县（市、区）、天津市蓟县等 59 个试点县（市、区）行政区域分别暂时调整实施有关法律规定的决定》，明确提出赋予“两权”抵押融资功能，维护农民土地权益，并在全国232个试点开展试验，探索具体的策略和方法。2016年3月，中国人民银行、原银监会等部门印发了《〈农村承包土地的经营权抵押贷款试点暂行办法〉的通知》（银发〔2016〕79号），多部门开始联合发力，出台政策推动试点实践探索。2016年10月，中共中央办公厅、国务院办公厅发布《关于完善农村土地所有权承包权经营权分置办法的意见》，进一步进行完善指导。2017年10月，党的十九大报告提出要巩固和完善农村基本经营制度，深化农村土地制度改革，完善承包地“三权分置”制度。2018年中央一号文件《关于实施乡村振兴战略的意见》再次提出落实完善承包地“三权分置”制度的政策要求，同时明确了承包土地经营权融资担保的权能。

整体而言，在这一阶段，我国政府通过政策引导开始进行“三权分置”制度的改革探索，取得了较好的效果。第一，明确提出了“土地经营权”的概念，并通过实践探索逐步进行完善和明确。第二，在全国开展了大范围的土地经营权抵押贷款的实践探索，形成了一些较好的经验，实现了一定程度上的突破，为下一步立法提供了有效的经验支撑。第三，在政策引导和开展试点的同时，也逐步开始了法律层面上的改革完善。从2015年的一号文件中可以看出，我国政府已经意识到相关法律不符合我国土地制度改革的方向，因此，2015年3月，立法机关将《农村土地承包法》的修改列入2015年的立法计划，开始着手从法律层面明确“三权分置”土地制度，实现土地制度的更深层次变革。

### （三）“三权分置”的制度形成

在国家各个层面政策的指导下，无论是理论层面还是实践层面，我国都对“三权分置”制度进行了充分的探索，这也直接促进相关法律体系的初步形成。

首先，《农村土地承包法》的修订，从特殊法层面界定了农村土地集体所有权、农户承包权以及土地经营权之间的权利关系，基本确立了“三权分置”的土地制度，同时也明确了土地经营权的融资功能。2017年10月，经过前期较长时间的征求意见和实践探索，《农村土地承包法修正案（草案）》提交审议，正式开启《农村土地承包法》修订的大幕。草案在明确保持土地承包关系稳定并长久不变的基础上，肯定了“三权分置”对于保护农民土地承包经营权、保护新型经营主体的土地经营权，以及促进农业农村现代化的重要作用。同时，草案一审稿还明确了不得以退出土地承包权作为农民进城落户的条件，明确规定是否保留土地承包经营权，由农民选择而不代替农民选择。2018年10月，经过对一审稿一年的论证和修改，草案二审稿提交全国人大常委会第六次会议审议。草案二审稿明确了土地承包经营权和土地经营权可以分离，农村集体经济组织成员承包土地后，享有土地承包经营权，可以自己经营，也可以保留土地承包权，流转其承包地的土地经营权，由他人经营。同时，进一步对土地的所有权、承包权、经营权三项权利作了更加具体的细化，完善了土地经营权的内涵，规定了土地经营权登记及融资担保制度。二审后，全国人大常委会法制工作委员会全文公布草案第二次审议稿并征求社会公众意见，同时多部门联合召开座谈会，听取相关部门和专家学者的意见，形成三审稿并于2018年12月提交审议。草案三审稿明确了对进城落户农户合法权益的维护并加以补充，将有关规定修改为“承包农户进城落户的，引导支持其按照自愿有偿原则依法在本集体经济组织内转让土地承包经营权或者将承包地交回发包方，也可以鼓励其流转土地经营权”。2018年12月29日，关于修改《农村土地承包法》的决定经第十三届全国人大常委会第七次会议表决通过，我国农村土地制度演进史翻开新的一页，开启了农村土地法治新时代。

## 三、“三权分置”下经营权与承包权的关系

2016年中共中央办公厅、国务院办公厅印发《关于完善农村土地所有权承包权经营权分置办法的意见》，指出“农村土地集体所有权是土地承包权的前提，农户享有承包经营权是集体所有的具体实现形式，在土地流转中，农户承包经营权派生出土地经营权”。对实施“三权分置”后集体土地所有权、农户承包权和土地经营权的关系给出了初步界定。关于土地承包经营权与土地承包权的关系，有学者认为“土地承包经营权包含土地承包权，亦即土地承包权为土地承包经营权的固

有内容”。[①] 但也有人认为“土地承包经营权包含土地承包权已造成理论上的混乱与纷争，导致土地承包经营权的功能超载，妨碍土地承包经营权的有序流转，影响承包人土地权益保护等不利影响，两者必须分离”。[②] 笔者认为，集体土地承包权主体仍应该限于集体经济组织成员身份，农业生产者、专业合作社可以作为土地经营权的主体；农业经营体系改革创新，仍需固守本集体经济组织成员平等地取得土地承包权和经营权的原则，原因在于目前的集体土地仍需承载社保功能。失去“平等地取得土地承包权和经营权”这一基点，必定有集体经济组织成员利益被以程序正义方式剥夺的情况发生，或受到所谓基层民主决策程序的侵害；如果可以通过民主决策程序形成土地承包方案，而该方案可以不用考虑成员的平等性，发包方将可能以该权利作为利益寻租来源，非集体经济组织成员将会与发包方串通，损害成员权益；“三权分置”就是中央在考虑农户流转土地后可能失去社会保障的情况下而进行的制度创新。“三权分置”后，承包权以承包土地这一资格为内涵，此权利因身份而产生，权利的取得仍需考虑集体成员身份。此权利因身份变化而变化或丧失，不能以转让、继承或出资入股方式流转。“三权分置”理念是对集体土地所有权、农户承包权、土地经营权界限和内涵的初步界定。落实承包权并以此为基础“放活”土地经营权的流转，土地经营权具备从土地承包经营权中分离出来的法理基础，从而实现“三权分置”。“保护承包权以求公平，用活经营权以求效率，实现公平与效率的有效统一。”[③]

关于土地经营权的物权化和法律命名，有学者认为“原来的土地承包经营权本身就包括经营权，立法要重新创设一个新的经营权，会使农民产生‘原承包经营权中的经营权消失了’的疑虑，因此，在新政策和新法律方案中，一定不要改变土地承包经营权这个概念，以免出现政策性的混乱。中央文件中所说的土地经营权，如果在立法上确

---

① 崔建远：《物权：规范与学说——以中国物权法的解释论为中心》（下册），清华大学出版社 2011 年版，第 510 ~ 511 页。

② 丁文：《论土地承包权与土地承包经营权的分离》，载《中国法学》2015 年第 3 期。

③ 张红宇：《农业规模经营与农村土地制度创新》，载《中国乡村发现》2013 年第 2 期。

定为物权，则可以命名为‘耕作权’或者‘耕作经营权’”。[①] 笔者认为，新设权利并不是原权利没有了，而是权利细分了，由土地承包经营权变成了土地承包权和土地经营权，在未流转之前，该两项权利并存于承包户手中。其中，承包权是身份权，不能转让，有学者认为“土地承包权是具有身份性质的土地权利，是基于集体成员身份，以家庭为单位取得的民事权利，带有强烈的人身权属性”。[②] 经营权是财产权可以转让，这也是“三权分置”的应有之义。至于“耕作经营权”这一概念，笔者认为，“耕作经营权”与“土地经营权”并无太大差异，而且如果要采纳此概念，仍然需要界定“耕作经营权”与“土地承包经营权”的关系，说明其权利来源以及该权利是否需要登记、如何流转等问题。另外，在现有法律体系中出现此一新概念，也不易为研究者和农户理解与采用。

有学者认为，土地承包经营权不是从土地所有权这一“权利束”中分离出来的权利，而是所有权人行使所有权的表现，认为“以所有权权能分离论证‘三权分离’的正当性，不符合他物权设立的基本法理；将土地承包经营权分离为土地承包权和土地经营权，缺乏法理支撑；‘三权分置’论曲解了稳定土地承包关系与土地承包经营权流转之间的关系；‘三权分置’后无法说明和体现土地承包权的内容”。[③] 该观点与通说的主要分歧在于其认为流转的仅是土地经营权，而土地承包权仍由原农户享有的观念难以自圆其说。笔者认为此说不妥，原因在于：其一，从权利期限来看，该观点没有考虑一个问题，即土地承包权是依据政策或法律规定来确定权利期限的，而土地经营权是通过合同约定来确定合同期限的。在“长久不变”的政策背景下，土地承包权如该文所言，已经接近于永佃权，是没有权利期限的，土地经营权此时仍与承包权绑定，则土地承包经营权的流转将使承包权和经营权一并流转，而这二者的权利期限并不一致。其二，从权利性质来看，

---

① 孙宪忠：《推进农地三权分置经营模式的立法研究》，载《中国社会科学》2016年第7期。

② 赖丽华：《基于“三权分置”的农村土地经营权二元法律制度构造》，载《西南民族大学学报（人文社科版）》2016年第11期。

③ 高圣平：《新型农业经营体系下农地产权结构的法律逻辑》，载《法学研究》2014年第4期。

土地承包权是基于成员权（集体经济组织成员）而产生的，带有身份性，可以视为身份权，而经营权则是一种财产权。其三，至于文中所说“本集体经济组织成员转让其土地承包经营权后，虽然丧失了土地承包经营权，但其作为本集体经济组织成员的身份没有变，其仍可以作为本集体的一员对集体所有的财产享有成员权”，更是有待商榷。原因在于，集体经济组织成员权的主要内涵或表现形式就是享有土地承包权，若集体无其他资产，那么该成员在转让土地承包经营权后，实际上成为除宅基地外一无所有之人，其成员权基本不复存在。实际上早在20世纪90年代，就已经有经济学者把农地权利理解为一种“权利束”，认为在家庭联产承包责任制的框架下，农村集体土地产权结构被分解为土地所有权、承包权和经营权三种权利。但遗憾的是，该三种权利“分置”的观点并未被学界认同，也未引起实务界的重视，在《农村土地承包法》和原《物权法》等立法中也未获得采纳。①

“土地经营权和农村地权‘三权分置’的提出，是对现有法律制度的突破，尚无既有法律规范对其规制。应该在原《物权法》‘用益物权’章中对土地经营权进行相应的制度设置。”② 笔者认为，土地经营权是土地承包经营权在三权分离之后出现的，政策是其主要表达方式和出现的主要原因。但未在立法层面确立该权利，依照物权法定原则，似乎不妥。但从法经济学角度来看，可以将原来的土地权利看作一个“权利束”或“权利群”，在原混同状态下，土地用益物权是以一个权利形式存在或表现的，即土地承包经营权。由于土地承包经营权和土地所有权的关系，无论是从法学还是从经济学角度来看，界限都是清晰的，合二为一的是承包权和经营权，被当作一个权利看待。中央政策提出的“三权分置”理念之所以被认为是重大理论创新，其价值在

① 参见郑风田：《我国现行土地制度的产权残缺与新型农地制度构想》，载《管理世界》1995年第4期；廖洪乐：《农村改革试验区的土地制度建设试验》，载《管理世界》1998年第2期；黄祖辉、陈欣欣：《农地产权结构和我国的家庭农业》，载《农业经济问题》1998年第5期；张红宇：《中国农村土地产权政策：持续创新——对农地使用制度变革的重新评判》，载《管理世界》1998年第6期；谷书堂：《创建社会主义市场经济的产权理论》，载《经济学家》1999年第1期。

② 陶钟太朗、杨遂全：《农村土地经营权认知与物权塑造——从既有法制到未来立法》，载《南京农业大学学报（社会科学版）》2015年第2期。

于将承包权与经营权分开，单独将土地经营权提出，使之与农村土地所有权、土地承包权并列存在。承包权由一个权利主体享有（农户基于身份或合同获得该权利），经营权可以由同一农户享有，也可以由其他主体如受让人、抵押权人、承租人等享有。因此，“三权分置”的制度贡献就在于实现了土地经营权流转的同时，又不影响农户的承包权，做到了兼顾发展与稳定，统筹效率与安全。但有学者认为“转包、互换、出租、转让、入股或抵押”是产生土地经营权的方式，个人觉得这种理解欠妥，这些只是土地经营权的流转方式而不是权利产生方式。实现土地经营权的流转才是这些方式的目的，也是中央“三权分置”政策的贡献所在。如果说这几种形式是产生土地经营权的方式，那么转让、入股等形式中原权利人转让的标的是什么？用于出资入股的又是什么？因此可知，流转的标的就是权利本身。

## 四、土地经营权的法律性质及其可抵押性

“三权分置”改革是中央农村集体土地制度的重要创新举措，我国农村土地“三权分置”改革的实践正在不断地进行，明确土地经营权的性质是此次改革的重点内容，土地经营权逐步由政策概念纳入法律规范。而要将土地经营权纳入法律体系中，必须明确其法律性质，但遗憾的是，“三权分置”改革的政策文件一直没有明确土地经营权的性质。由于立法任务紧迫，2018 年修订的《农村土地承包法》在土地经营权的性质认定方面不够清晰。这是实践中诸多认识混乱和观点分歧的根源。学术界对此展开激烈讨论，存在较大争议，概括来说产生了“物权说”“债权说”“综合权利说”“两权说”等观点。①

“物权说”认为应当积极回应“三权分置”的改革，在现行法律中增加一种新的物权——土地经营权。土地经营权是用益物权，是经营权人对集体所有土地享有的占有、使用、收益的权利。在“三权分置”的法律实践中，特别需要将土地经营权依法确定为物权，因为中央文件把土地经营权确定为“可转让”“可抵押”的权利，只有将这种权利

---

① 参见安慧、韩中豪：《土地经营权抵押融资风险研究综述与展望》，载《郑州轻工业学院学报（社会科学版）》2020 年第 6 期。

依法确定为物权，才能满足这样的要求。[①]“债权说”认为土地经营权的本权是基于土地流转合同而产生的，为意定本权不是物权，土地经营权产生于土地经营权流转合同，是一种独立于土地承包经营权的债权，具有债权的请求性和相对性。[②]“综合权利说”认为土地经营权既不能纳入物权规范体系，也不能纳入债权规范体系。因为土地经营权并非具体化的单一权利，而是包括土地承包经营权在内的各种农地使用权的总称。[③]“两权说”认为土地经营权的性质因土地流转形式不同而不同。依据《农村土地承包法》第 37 条的规定，确权确地形成的土地承包方式分离出来的土地经营权具有债权性质，而确权不确地的土地承包方式分离出来的土地经营权具有物权性质。[④]

在上述四种观点中，“综合权利说”和“两权说”的问题显而易见。“综合权利说”的问题在于将土地经营权定义为各种农地使用权组成的集合性权利，不利于厘清农地产权的具体内容，不能充分发挥农地的使用价值和交换价值，与“三权分置”改革的政策背道而驰。“两权说”依据不同的土地流转方式来确定土地经营权的性质，相同的土地经营权出现两种不同的法律性质，致使“三权分置”问题更加复杂化，不利于明晰农村土地产权和推进“三权分置”改革。另外，“综合权利说”和“两权说”均为个别学者的观点，未在学术界达成共识。笔者认为，以上四种学说均以土地经营权是一项可以流转的财产权为前提，我国秉承大陆法系的传统，采用物权和债权二元化的财产权利结构，“综合权利说”和“两权说”与我国现有财产权利结构不相容，不值得采纳。

因此，关于土地经营权法律性质的争议主要是“物权说”和“债权说”。“物权说”的优点是符合“三权分置”改革的需要，准确抓住

---

① 参见孙宪忠：《推进农地三权分置经营模式的立法研究》，载《中国社会科学》2016 年第 7 期。

② 参见李伟伟、张云华：《土地经营权流转的根本属性与权能演变》，载《改革》2015 年第 7 期。

③ 参见高飞：《农村土地“三权分置”的法理阐释与制度意蕴》，载《法学研究》2016 年第 3 期。

④ 参见高海：《论农用地“三权分置”中经营权的法律性质》，载《法学家》2016 年第 4 期。

了农村集体土地“三权分置”改革的主旨和关键，回应了实践需求。[①]党的十八届三中全会通过的《中共中央关于全面深化改革若干重大问题的决定》明确提出，“赋予农民对承包地占有、使用、收益、流转及承包经营权抵押、担保功能，允许农民以承包经营入股发展农业产业化经营”。国务院《关于开展农村承包土地的经营权和农民住房财产权抵押贷款试点的指导意见》（国发〔2015〕45号）进一步明确了土地经营权的抵押担保权能。由此可见，党中央和国务院的政策文件把土地经营权纳入物权抵押制度的范围，“物权论”的观点与党中央和国务院的政策精神是契合的。正如陈小君教授所言，基于物权性的权利有助于“三权分置”政策的制度目标实现，有利于农地权利体系的科学构建，有利于增加实践中土地经营权融资的可操作性，将土地经营权定位为用益物权是妥当的。[②]“债权说”认为，将土地经营权定性为用益物权，违背了我国现行物权法律制度规定的一物上不能设立同一属性的两个用益物权的基本规定，这是“物权说”最难以自圆其说的弱点。对于自身的缺陷，“物权说”进行了修正，认为土地经营权是土地承包经营权人行使其权利而设定的次级用益物权，是一种权利用益物权。[③]有研究构建了双层“母权与子权”“基础权利与派生权利”的产权关系体系，并据此提出土地经营权产生的逻辑是土地所有权派生出土地承包经营权，土地承包经营权再派生出土地经营权。[④]目前，虽然“物权说”的学者创新性地提出“次级用益物权”“派生权利”“子权”等观点予以解释，但目前并未被学术界普遍认可。采用用益物权说的学者则多从立法论视角研究土地经营权的性质认定。在确定土地经营权属于用益物权的基础上，持该观点的学者对其产生的逻辑和权利内容等方面的认识仍存在差异。首先，在法律性质与权利内涵上，土地

---

① 参见耿卓：《农地“三权分置”改革中土地经营权的法理反思与制度回应》，载《法学家》2017年第5期。

② 参见陈小君：《土地经营权的性质及其法制实现途径》，载《政治与法律》2018年第8期。

③ 参见蔡立东、姜楠：《农地“三权分置”的法实现》，载《中国社会科学》2017年第5期。

④ 参见肖卫东、梁春梅：《农村土地“三权分置”的内涵、基本要义及权利关系》，载《中国农村经济》2016年第11期。

经营权与土地承包经营权没有实质上的区别，并且现行法律中的土地承包经营权可以实现土地经营权流转的功能。[①] 其次，土地经营权本质上是一种具备抵押功能的次级土地承包经营权，[②] 是在土地承包经营权上的一种次级用益物权，随着土地承包经营权的终止而终止。[③] 最后，土地经营权应是一种以农地为客体的不动产用益物权。[④]

尽管支持用益物权说的学者在一些地方存在分歧，但在以下两个方面存在共识。一方面，物权更能保障第三方的经营预期，物权具有更强的法律效力，而通过债权方式流转的农地并不可以对抗第三人。[⑤] 然而，如果将土地经营权的法律性质定为物权，不仅权利持续存在的时间可以超越原《合同法》规定的20年的最长租赁期限，而且该权利在移转方面会更加灵活，可以采用转让、抵押、入股等方法将其进行流转；此外，在对抗第三人方面，还可以通过不动产登记制度强化其进入市场的能力，对该权利的保护也会进一步增强。[⑥] 将土地经营权界定为用益物权，可以使其在租赁期限方面突破以及体现抵押、入股或实施信托方面的经济性，从而填补其他学说所存在的缺陷。[⑦] 另一方面，用益物权说有助于改善土地经营权的融资担保功能。因为债权说中的土地经营权并不能成为抵押权的客体，而“三权分置”的重要目标就是放活土地经营权，把土地经营权认定为用益物权，便可以实现自由抵押，进行融资担保，提高土地经营权的灵活性。

---

① 参见高飞：《农村土地“三权分置”的法理阐释与制度意蕴》，载《法学研究》2016年第3期。

② 参见朱广新：《土地承包权与经营权分离的政策意蕴与法制完善》，载《法学》2015年第11期；朱继胜：《“三权分置”下土地经营权的物权塑造》，载《北方法学》2017年第2期。

③ 参见蔡立东、姜楠：《农地三权分置的法实现》，载《中国社会科学》2017年第5期。

④ 参见丁文：《论“三权分置”中的土地经营权》，载《清华法学》2018年第1期。

⑤ 参见蔡立东、姜楠《承包权与经营权分置的法构造》，载《法学研究》2015年第3期。

⑥ 参见蔡立东、姜楠：《农地三权分置的法实现》，载《中国社会科学》2017年第5期；孙宪忠：《推进农地三权分置经营模式的立法研究》，载《中国社会科学》2016年第7期。

⑦ 参见房绍坤、林广会：《土地经营权的权利属性探析——兼评新修订〈农村土地承包法〉的相关规定》，载《中州学刊》2019年第3期。

“债权说”的优点在于其符合“一物一权”的基本原则，在土地承包经营权已经被《民法典》界定为用益物权的情况下，将土地经营权界定为债权，契合我国的立法现状。但“债权说”无法有效回应实践需求和中央政策需求，与现行“三权分置”政策精神不符，这是其致命缺陷。针对自身的缺陷，“债权说”也进行了修正，认为土地经营的稳定性不需要依靠土地经营权“物权化”来提供保障，将其设定为债权，通过权利质押完全可以实现土地的融资功能，① 将土地经营权界定为一种全新的具有高度物权化属性的财产权利。② 采用“债权说”的学者一般从解释论层面对土地经营权进行分析，将其定性为债权的关键理由是土地经营权不满足物权法定原则。此外，土地经营权已经从土地承包经营权中分离出来，该权利产生的方式为转包、出租等债权性流转方式，所以土地经营权自然也就是债权。根据目前的法律，由于土地经营权受制于物权法定原则，只能是债权，不颁发权属证书，也不进行确权登记。③ 土地经营权实质上是一种土地承包权分化出来的债权性权利，具备其他债权上存在的相对性、期限性的特点。在立法上赋予了土地经营权超出债权的特殊效力，使其具有自由处分的权能，所以土地经营权应归于承包他人土地的债权型权利。④ 土地承包经营权通过出租、转包、入股等流转方式分离出的土地经营权应纳入债权范畴；另外，物权的排他性特点使土地承包经营权并不能使其分离出的土地经营权依然具有物权属性，所以将土地经营权定性为债权更符合私权产生的逻辑，⑤ 将土地经营权设定为债权更符合鼓励土地经营权流转的立法意图。另外，根据体系解释，承包方通过出租、转包、入股

---

① 参见赵鲲、刘磊：《关于完善农村土地承包经营制度 发展农业适度规模经营的认识与思考》，载《中国农村经济》2016 年第 4 期。

② 参见朱庆等：《承包土地经营权与农房抵押登记问题研究》，法律出版社 2019 年版，第 26 页。

③ 参见申惠文：《法学视角中的农村土地三权分离改革》，载《中国土地科学》2015 年第 3 期。

④ 参见温世扬、吴昊：《集体土地“三权分置”的法律意蕴与制度供给》，载《华东政法大学学报》2017 年第 3 期。

⑤ 参见单平基：《“三权分置”中土地经营权债权定性的证成》，载《法学》2018 年第 10 期。

的方式所产生的土地经营权应当认定为债权。① 有学者从对抗力、存续期间、转让性、利用内容及对价等方面进行了阐释，认为“按照‘一物一权原则’，在土地承包经营权已经是用益物权的情况下，土地经营权是债权而不是物权。”② 笔者认为，该说混淆了土地经营权与土地承包经营权的关系，也没有把握住“三权分置”政策的内涵。该文又提出由“县级农业主管部门给符合条件的第三方经营者颁发‘流转土地经营权证’”，③ 该证明显具有物权凭证性质，与其前述观点矛盾。

笔者认为，土地经营权应当定性为物权，理由有三：第一，只有将土地经营权定性为物权，“三权分置”的改革目标才能实现。“三权分置”改革的关键在于放活经营权，土地经营权抵押融资可以进一步释放农村改革发展活力，推进农地产权改革，还可以有力促进农村土地的流转，推动农业的规模化经营和现代农业的发展，这是我国当前和中长期改革和发展的大局。若将土地经营权定性为债权，“三权分置”改革的政策目标将无法实现，因为在现行法律框架下，农地完全可以通过租赁的方式进行流转，根本不需要另行设立土地经营权来实现，且债权的担保方式只能是质押而不能是中央“三权分置”改革明确的抵押担保。第二，从实然角度来说，土地经营权实际的属性已经具备了物权的各项特征，正如国家原农业部政策与法规司张红宇司长所言，土地经营权是一种包含经营、收益、入股、抵押等权能的权利，是一种具有多种权益的权利。④ “从解释论出发，可以认为我国实定法上已经将农业经营体系下的土地利用关系表达为物权关系，不存在所谓债权性质的土地承包经营权。在创新农业经营体系的背景下，在立法上更应明确土地承包经营权的物权性质，以避免前述解释论上的争

---

① 参见高圣平：《农村土地承包法修改后的承包地法权配置》，载《法学研究》2019 年第 5 期。

② 李伟伟、张云华：《土地经营权流转的根本属性与权能演变》，载《改革》2015 年第 7 期。

③ 李伟伟、张云华：《土地经营权流转的根本属性与权能演变》，载《改革》2015 年第 7 期。

④ 参见张红宇：《准确把握农地“三权分置”的深刻内涵》，载《学习时报》2017 年 4 月 3 日，第 1 版。

议。”[①] 第三，我国的土地经营权与国外的不动产租赁权相类似，从国际经验来看，尽管德国、法国、日本、瑞士等国的民法均将不动产租赁权定性为债权，但各国基于不动产所有权的优势地位及租赁关系的不稳定会阻碍社会生产进步和人民生活安定，均在努力强化承租人的地位，推进租赁权物权化，赋予不动产承租人对抗出租人随意终止租赁合同的权利，而且从发展趋势来看，承租人的权能具有物权效力是各国立法的倾向。[②] 从立法传统来看，《德国民法典》中有将先买权、土地债务等其他国家认为是债权的权利规定为物权的先例。由此来看，从本质意义上说，各国是把不动产租赁权作为物权对待的，大陆法系代表国家也有在立法上将债权确定为物权的先例。

把土地经营权定性为物权，须将其纳入我国法律体系并作出理论上的合理解释。目前，“物权说”的学者均将土地经营权定义为用益物权，我们认同这种观点。笔者认为，将土地经营权定义为用益物权并不违反“一物一权”的基本原则。“一物一权”的内涵并非永远不可改变。有观点认为，“一物一权”的原始含义是一物之上只能存在一个所有权，但自用益物权和担保物权产生之后，尤其是现代建筑物区分所有权的产生，任何一个不动产上都可能存在多个物权，甚至是多个所有权，“一物一权”原则在过去很有必要，但是现在已经彻底过时了；而且作为法学概念，“一物一权”不仅不科学，还常常对实践产生误导，故应当废除。[③] 笔者认为，“一物一权”原则的原始含义已经发生变化，在现代社会，其本质要求是不允许互不相容的两个以上的物权同时存在于同一标的物上。土地的承包经营权和土地经营权都是用益物权，但土地经营权是承包经营权中承包权和经营权权能分离的结果，这种分离使承包经营权人的土地经营权发生转移，产生了一个新的权利——土地经营权，土地经营权的产生意味着承包经营权人的土地经营权在一定期限内的丧失，两种权利此时并不冲突。当然，土地经营

---

① 高圣平：《新型农业经营体系下农地产权结构的法律逻辑》，载《法学研究》2014 年第 4 期。

② 参见李伟伟：《“三权分置”中土地经营权的性质及权能》，载《中国党政干部论坛》2016 年第 5 期。

③ 参见孙宪忠：《中国物权法原理》，法律出版社 2004 年版，第 142 页。

权作为用益物权与一般的用益物权还是有所区别的，一般的用益物权来自所有权，而土地经营权并不来自所有权，而是从承包经营权这种用益物权中分离出来的，故可考虑将土地经营权作为一种特殊的用益物权在立法上予以明确。有学者认为以原《物权法》的解释论为中心，《关于引导农村土地经营权有序流转发展农业适度规模经营的意见》（中办发〔2014〕61号）创设的土地经营权应是一种债权。① 笔者认为，关于土地经营权是物权还是债权这一问题，需要通过修改包括《土地管理法》在内的相关法律来确认。该权利是在中央政策理论创新性地提出“三权分置”后而出现的一种新权利，其形成时间不是在农村土地用于转包、互换、出租、转让、入股或抵押时，而是在政策出台时，从原“权利束”或“权利群”中分离出的权能，成为独立的物权形式。当然，从物权法定原则来看，该权利尚不符合物权种类、内容、效力和公示方法法定的规定，但不能因此将其看作债权。债权是请求权，而土地经营权是请求权的对象和标的，债权是物权变动的原因。土地经营权的物权属性暂时无法可依的原因是成文法的相对稳定性，中央集体土地改革政策中已提出要“抓紧修订完善相关法律法规”。农村土地制度改革，底线不能突破。② 尽管各界对《土地管理法》的修订仍存在较大分歧，但共识在逐渐达成。

---

① 参见陶钟太朗、杨遂全：《农村土地经营权认知与物权塑造——从既有法制到未来立法》，载《南京农业大学学报（社会科学版）》2015年第2期。

② 冯华、陈仁泽：《农村土地制度改革，底线不能突破——专访中央农村工作领导小组副组长、办公室主任陈锡文》，载《人民日报》2013年12月5日，第2版。

# 第三章　土地经营权抵押融资中抵押权实现的制度现状

## 第一节　土地经营权抵押权实现机制的内在逻辑

抵押权的实现又称抵押权的实行，是指债权已届清偿期而未清偿时，抵押权人就抵押物的价值优先受偿的行为。[①] 抵押权的实现是债权实现的一种方式，是抵押权担保功能实现的最后环节。抵押权以担保债权之实现为目的，只有债务人不履行到期债务或出现了约定的实现抵押权的情形时，债权人才可以通过行使抵押权来实现债权。抵押物必须经处分阶段方能转换为交换价值，此为变价权范畴。因此，所谓抵押权的实现实质上就是抵押权的变价权与优先受偿权的实现。[②] 在土地经营权抵押融资中，当借款人不能还款时，金融机构面临如何处置抵押土地、土地经营权如何及时有效变现的问题。金融机构虽然可以获得抵押土地经营权的有限处置权，但必须保证"农地农用"而不能改变土地的农业用途。然而金融机构并不打算通过直接从事农业生产来收回贷款的本金和利息，而是选择通过土地再流转的方式来实现抵押土地经营权的变现，从而来保障金融机构的权益。[③] 上述观点指出了土地经营权抵押融资中抵押权实现问题的根本。抵押权的实现是抵押权最重要的效力，也是抵押权人最主要的权利，抵押权的实现途径直

---

① 参见李龙洁等：《完善我国土地使用权抵押制度的几点立法思考》，载《中国土地科学》1999 年第 3 期。

② 参见程啸：《论抵押权的实现程序》，载《中外法学》2012 年第 6 期。

③ 参见仝爱华、姜丽丽：《农村土地经营权抵押贷款抵押土地处置机制探讨》，载《农村金融研究》2016 年第 10 期。

接影响着抵押担保的交易成本。在主债务履行期届满债权人未受清偿的情况下，抵押权人通过什么途径来实现抵押权，不仅关系到抵押权人的利益，而且关系到抵押担保交易的正常运行。不合理的制度设计往往徒增抵押担保交易的成本，使抵押制度之功能不能充分发挥。抵押权实现的制度设计应着重于提高交易效率，并在程序上关注债务人和第三人利益的保护，以实现抵押权人与债务人间利益的衡平。①

从宏观层面来说，我国的农地金融发展情况与纵向对比有了不小的进步，但从横向看还远不发达，与体量巨大的农村集体土地权利体系相比，可以用作抵押的适格标的物还只是很少一部分，农村经济和农业产业因缺少金融支持而发展缓慢。近年来，国家为推动农地金融发展，启动了一系列农村土地制度改革，为农村集体土地权益“还权赋能”。有专家认为，按照当时法律，农民对承包地只享有占有、使用、收益的权利，并没有处分权，所以土地承包经营权是不允许抵押、担保的，但在现实中农民发展现代农业又需要资金，所以中央就把经营权从承包经营权中单独分离出来，允许抵押担保，但承包权依然不许抵押。② 正是在这种背景下，为解决土地承包经营权内含的集体经济组织成员身份权不能流转的问题，中央创新性地提出了“三权分置”政策。③ 农村集体土地权能结构的进一步完善，就是要推动由所有权和承包经营权“两权并行分置”向所有权、承包权、经营权“三权并行分置”发展，提高农地资源配置和生产经营效率。④ 党的十八届三中全会通过的《中共中央关于全面深化改革若干重大问题的决定》指出，要“赋予农民对承包地占有、使用、收益、流转及承包经营权抵押、担保权能”，土地承包经营权的生产要素功能和财产属性被进一步强调。⑤ 党的

① 参见高圣平：《抵押权实现途径之研究——兼评〈中华人民共和国物权法（草案）〉第220条》，载《浙江社会科学》2005年第2期。

② 参见冯华、陈仁泽：《农村土地制度改革，底线不能突破——专访中央农村工作领导小组副组长、办公室主任陈锡文》，载《人民日报》2013年12月5日，第2版。

③ 2016年国务院颁布的《关于完善农村土地所有权承包权经营权分置办法的意见》，实行了所有权、承包权、经营权分置，该项改革是继家庭联产承包责任制后又一重大制度创新。

④ 参见冯海发：《对十八届三中全会〈决定〉有关农村改革几个重大问题的理解》，载《农民日报》2013年11月18日，第1版。

⑤ 参见高圣平：《新型农业经营体系下农地产权结构的法律逻辑》，载《法学研究》2014年第4期。

十八届三中全会提出要构建新型农业经营体系，赋予农民更多财产性权利，其核心就是“三权分离”，尊重原有的集体所有权，划断农民的承包权，在此基础上保护务农者的经营权，[①] 使土地经营权可以实现包括抵押在内的各种形式的流转。从学理上看，土地经营权具备了作为抵押物的条件；从逻辑上讲，允许家庭承包取得的土地经营权转让，自然也应允许抵押。[②] 土地经营权的可抵押性为农业经营主体引入所需资本，稳定了农业生产活动。有研究表明：在农村金融实务中，抵押物的引入可以有效增加金融机构对农户贷款的供给，作为农户贷款的两种主要担保形式，抵押和保证方式合计占比超过 80%，其中抵押的增长速度快于保证。[③] 有学者认为赋予土地经营权抵押功能是“三权分置”改革的重要任务，“放活土地经营权有利于土地资源的合理配置以及农村劳动力的极大解放，而赋予担保功能则成为放活土地经营权的重中之重。中央文件反复强调允许承包土地的经营权可以向金融机构抵押融资，正是对此种需求的积极响应”。[④] 土地经营权与宅基地使用权、集体建设用地使用权、林权等农村集体土地用益物权一起，通过抵押融资途径，成为助力农村金融发展的主要手段。据报道，截至 2018 年 3 月底，宁夏回族自治区平罗县共有 9 家金融机构参与办理农村产权抵押贷款，累计办理农村产权抵押贷款 2.08 万笔共 10.96 亿元。已通过流转方式成功处置不良贷款 15 笔共 80.34 万元，为后期建立市场化的抵押物处置机制提供了参考。[⑤]

但是，由于土地经营权抵押物的特殊性，比如土地经营权的区域性、期限性、用途受限性等特点，土地经营权抵押权的实现问题成为影响土地经营权抵押法律关系的重要因素，也成为影响农地金融发展

---

① 参见林远：《全国农地流转面积已达四分之一》，载《经济参考报》2014 年 1 月 14 日，第 1 版。

② 参见史卫民：《农地抵押贷款模式的比较考察与我国的路径选择》，载《现代经济探讨》2010 年第 9 期。

③ 参见王朝明、朱睿博：《农村承包土地经营权抵押贷款的理论模型与实践经验》，载《河北经贸大学学报》2016 年第 5 期。

④ 姜红利：《放活土地经营权的法制选择与裁判路径》，载《法学杂志》2016 年第 3 期。

⑤ 《农村产权抵押贷款的“平罗模式”》，载宁夏回族自治区人民政府网，http://www.nx.gov.cn/zwxx_11337/sxdt/201804/t20180409_733221.html。

的一个“卡脖子”的节点。进则豁然开朗，整个土地经营权抵押流程顺畅快捷、交易活跃；退则日渐式微，土地经营权抵押权难以实现，导致金融机构因债权缺少安全保障而裹足不前，其接受土地经营权作为抵押物的积极性也会大大受挫。有研究表明：“土地流转能显著促进农户家庭劳动生产率增长。转入土地的农户家庭农业劳动生产效率显著上升，转出土地的农户家庭非农劳动生产率显著上升，从而都显著提高了家庭总劳动生产率水平。”① 笔者认为，该观点充分说明了土地经营权流转与抵押权实现的关系，有助于厘清抵押和其他流转方式的关系、抵押和流转市场或平台的关系。抵押是一种土地经营权流转的方式，也是法律和政策最后放开的一种流转方式，或者说抵押是一种复杂的土地经营权流转方式，是其他土地经营权流转方式的“升级版”，其他流转方式催生了抵押，但抵押的实现需要健全、高效便捷的流转市场。“鼓励和推进土地经营权流转可能是促进我国农民收入增长和完善现有农地制度的一个新途径。”② “对于金融机构而言，农地的流通性是实现债权的关键。然而，当前大部分地区尚未形成完整、健全和法定意义上的农村土地流转市场。缺乏农地流转平台，这就极大地制约了农地的流转，加大了农地抵押贷款中借款人违约时抵押物的变现风险。而抵押变现存在的风险，必然又会影响金融机构开展农房抵押贷款的积极性。”③ 抵押资产能否有效处置是关系农地经营权抵押贷款可持续发展的关键，也就是说，一旦抵押贷款出现问题，土地经营权必须有顺畅的处置渠道，以分散金融机构的经营风险。④ 就抵押权之实现而言，高效公平的实现程序机制尤为重要。一方面，如果抵押权实现程序的效率很低，债权人须支付高昂的成本、耗费大量的时间，方能将抵押财产变价，会严重损害抵押权人和普通债权人的合法权益。因为这种程序不仅会使抵押

① 冒佩华等：《农地经营权流转与农民劳动生产率提高：理论与实证》，载《经济研究》2015 年第 11 期。

② 冒佩华、徐骥：《农地制度、土地经营权流转与农民收入增长》，载《管理世界》2015 年第 5 期。

③ 于丽红、李辰未、兰庆高：《农村土地经营权抵押贷款信贷风险评价——基于 AHP 法分析》，载《农村经济》2014 年第 11 期。

④ 参见赵海：《建立健全农地经营权抵押配套制度》，载《农民日报》2014 年 11 月 7 日，第 3 版。

权人能优先受偿的部分减少，也会减少用以清偿普通债权的抵押人的责任财产。另一方面，倘若实现抵押权的程序设计不公平，只有那些实现抵押权的债权人能从中获益，则该抵押权实现机制也难以为继。总之，抵押权实现机制有助于充分发挥抵押权的担保与融资功能，也有助于更好地平衡抵押人、抵押权人、普通债权人等当事人的利益。①

土地经营权抵押处置机制是土地经营权抵押融资链条上的重要一环，是土地经营权抵押贷款实施的最后一步，对土地经营权抵押贷款的顺利实施起着至关重要的作用。而土地经营权抵押处置机制的构建依赖于土地经营权的确权、评估、交易市场的建立等方面的保障。② 所以，从土地经营权抵押权实现的内在逻辑结构来看，建立一个规范高效的、可以统筹实现土地经营权流转交易及抵押融资的平台，将大大促进土地经营权的流转，提升农村金融活跃程度，提升农村金融服务"三农"的能力；而发达的农地金融活动反过来又会增加对土地经营权流转的需求，提升土地经营权流转规范化程度，进一步活跃和规范土地经营权流转市场，从而带动整个土地经营权相关的上下游产业以及服务业，实现良性互动、螺旋上升。有研究认为，土地经营权抵押制度的实施，对农户创业有重要影响，农户具有较强的以土地经营权抵押融资的潜在需求。③ 从而一举改变目前土地经营权流转中面临的种种困境，打破土地经营权抵押权实现中出现的僵局。

## 第二节　土地经营权抵押权实现的制度探索
### ——基于地方试点规范的分析

抵押权的实现是抵押权最重要的效力，也是抵押权人最主要的权利，由于农村土地经营权抵押物的特殊性，传统抵押权实现方式不能解决农村土地抵押权的实现问题。因此，需要细化中央政策，建立便

① 参见程啸：《论抵押权的实现程序》，载《中外法学》2012 年第 6 期。

② 参见马雪彬、李玲玲：《土地承包经营权抵押处置机制构建的思考》，载《石家庄经济学院学报》2016 年第 4 期。

③ 参见彭艳玲等：《农村土地经营权抵押、流动性约束与农户差异性创业选择研究——基于陕、甘、豫、鲁 1465 份入户调查数据》，载《农业技术经济》2016 年第 5 期。

捷高效、公平有序的农村土地经营权抵押权实现机制，保障债权人能够以较低交易成本实现抵押权，激励金融机构进入农村土地经营权抵押融资市场，解决农村产权抵押融资难问题。下面结合相关法律规定及理论研究成果，梳理抵押权实现途径和抵押物处置方式的立法演进；选择省级农村土地经营权抵押融资试点，通过实地调研，收集整理相关地方规章和规范性文件，对其进行统计分析和归纳总结，了解制度设计背景、实施效果及抵押权实现的影响因素；选择省级试点地区基层法院，提取整理其全部农村土地经营权抵押融资纠纷案例，分析抵押权实现在司法实践中遇到的问题及原因。

## 一、土地经营权抵押权实现的制度变迁

自2014年中央政策创新性地提出农村承包土地实施所有权、承包权和经营权“三权分置”的战略构想后，2015年中央一号文件《关于加大改革创新力度加快农业现代化建设的若干意见》提出要慎重稳妥地推进承包土地经营权的抵押融资。为了加大对“三农”的金融支持力度，积极稳妥地推进农村金融改革创新，依法有效地引导农村土地经营权有序流转，有效盘活农村资源、资金、资产，促进农民增收致富和农业现代化加快发展，国务院于2015年8月10日发布了《关于开展农村承包土地的经营权和农民住房财产权抵押贷款试点的指导意见》（国发〔2015〕45号），分别从指导思想、基本原则、试点任务、组织实施几个方面，对农村承包土地的经营权抵押贷款做出了全面部署。赋予土地经营权抵押融资功能，维护农民土地权益，提出完善抵押物处置措施，做好风险防范。因借款人不履行到期债务或者发生当事人约定的情形需要实现抵押权时，允许金融机构在保证农户承包权的前提下，依法采取多种方式处置抵押物，确保金融机构能顺利实现抵押权。其中在组织实施上，特别是对试点选择、试点条件以及试点运行的规范做了具体要求；为了依法稳妥和规范有序地推进土地经营权抵押贷款试点工作有效开展，2015年12月27日，第十二届全国人民代表大会常务委员会第十八次会议通过了《关于授权国务院在北京市大兴区等232个试点县（市、区）、天津市蓟县等59个试点县（市、区）行政区域分别暂时调整实施有关法律规定的决定》，调整实施《土地管

理法》等法律规定，该做法是立法机关对土地经营权改革实践需求的一种回应，为土地经营权抵押融资制度探索提供了法治化保障，是推进全面依法治国、发挥法治在国家治理体系和治理能力现代化中的积极作用的具体表现。在《关于开展农村承包土地的经营权和农民住房财产权抵押贷款试点的指导意见》（国发〔2015〕45号）中，已经将“依法有序”作为开展地方试点工作的基本原则，要求在适用原《物权法》第184条、原《担保法》第37条等相关法律条款时，由国务院按程序提请全国人大常委会授权，允许试点地区在试点期间暂停执行相关法律条款。这一授权恰好说明了要使土地经营权抵押融资能够顺利实施，法律障碍是必须突破的一环。[①] 有学者认为，抵押作为一种“产生创设物权法律后果的流转方式，应受物权法定主义的约束”。[②] 正是因为抵押是创设物权的法律行为，使得长期以来土地经营权的抵押因不符合物权法定主义而不被法律允许。在农村土地制度改革法治化原则下，集体土地制度改革中的法律授权问题就和地方土地制度改革探索的合法性问题紧密相连。以土地经营权抵押的法律环境为例，抵押范围问题、抵押禁止性规定、抵押合同效力问题等，都需要按照中央文件精神，在试点地区进行上位法的授权或暂停适用上位法的相关规定，以使地方土地制度探索有法可依，不至于面临合法性质疑。

2016年原农业部办公厅发布了《关于组织开展深化农垦改革专项试点工作的通知》（农办垦〔2016〕18号），赋予农垦农用地抵押融资功能，在保证国有农用地权属性质和用途不改变的前提下，将一定年限的农用地使用权作为担保抵押贷款，盘活农垦农用地资源，增强农用地资源效能和融资能力。需要实现抵押权时，允许金融机构在坚持不改变土地性质和用途的前提下，依法采取多种方式处置国有农用地使用权，确保承贷银行债权顺利实现。2016年3月，中国人民银行、原银监会等部门印发了《农村承包土地的经营权抵押贷款试点暂行办法》（银发〔2016〕79号），进一步对农村承包土地的经营权抵押贷款

① 参见王朝明、朱睿博：《农村承包土地经营权抵押贷款的理论模型与实践经验》，载《河北经贸大学学报》2016年第5期。

② 高圣平：《新型农业经营体系下农地产权结构的法律逻辑》，载《法学研究》2014年第4期。

试点工作做了详细规定和具体安排；2018 年全国人大对《农村土地承包法》进行了修正，修正后的第 47 条规定承包方可以用承包地的土地经营权向金融机构融资担保，并向发包方备案。受让方通过流转取得的土地经营权，经承包方书面同意并向发包方备案，可以向金融机构融资担保；2021 年 1 月 1 日实施的《民法典》规定了保证、抵押、质押、留置、定金 5 种担保形式，其中抵押主要适用于不动产。土地经营权是一种用益物权，属于不动产权利，可以用于抵押贷款。

上述法律法规和政策文件的出台，对于加快我国农村集体土地产权制度建设，实现农村资源的合理利用，摆脱农民贷款难困境以及推动农村融资机制的改革，发挥了积极的引导和规范作用。这其中，土地经营权抵押融资中抵押权的实现问题是国家出台相关文件时关注的重点，为地方开展土地经营权抵押融资试点提供了宏观指导。抵押权的实现是土地经营权抵押融资过程的重要节点，关系到金融机构的土地经营权担保的债权能否顺利实现，土地经营权抵押融资能否可持续地开展。早在 2005 年，财政部制定了《银行抵债资产管理办法》（财金〔2005〕第 53 号），要求银行债权以物抵债应遵循严格控制、合理定价、妥善保管和及时处置原则。首先考虑以货币受偿，当债务人、担保人无货币资金偿还能力时，要优先选择以拍卖、变卖非货币资产的方式回收债权，当确实不能实现现金受偿时才接受以物抵债，而以物抵债的资产需经过资产评估确定价值。金融机构对抵债资产应妥善保管，确保抵债资产安全、完整和有效，及时进行处置，尽快将抵债资产转化成为货币资产。为规范抵债资产的管理，保全金融机构资产，防范化解金融风险，各银行根据财政部规定，制定了抵债资产管理办法。由于土地经营权的特殊性，金融机构在接受其作为抵押物时，基于债权安全和自身营利性考核需要而对抵押物处置提出更高要求也在情理之中。2014 年原银监会、原农业部《关于金融支持农业规模化生产和集约化经营的指导意见》（银监发〔2014〕38 号）提出要坚持改善服务与风险防控相结合，完善农村金融的风险分散、转移和共担机制。

## 二、地方试点规范中土地经营权抵押权实现的相关规定

实务中，各试点地区为配合国家有关农村土地经营权抵押贷款试

点工作的顺利进行，纷纷采取行动积极响应和开展各项工作。不少地方试点已根据本地区的实际情况，进行了多种形式的土地经营权抵押实践探索。分别在产权制度改革指导意见、抵押融资总体方案设计、土地经营权确权登记和抵押登记、抵押物价值评估、抵押贷款风险防范机制、抵押物处置、抵押权实现等方面出台了具体办法。其中，针对土地经营权抵押融资中抵押权实现问题，各试点地区根据自身情况因地制宜出台了相关的实施意见和管理办法。这些地方探索无疑为从立法层面规范土地经营权抵押融资提供了可贵经验。[①] 从宏观层面看，土地经营权抵押权实现机制不仅仅是抵押物的处置问题，还包括对抵押权的设置、抵押程序的要求、抵押物的处置、抵押融资风险的防范机制，以及配套的土地经营权流转平台、价值评估等各个方面。厘清土地经营权抵押融资地方试点现状，对土地经营权抵押融资政策的制定、完善农村土地抵押金融制度和推广农地经营权抵押融资业务具有重要意义。在调研基础上，笔者选取了有代表性的省级规范和部分列入国务院试点的地方规范，见表3.1。分层次对比分析省部级以及试点地区的规范，梳理考察其中土地经营权抵押权实现机制的规定，归纳出各地方规范的共性内容和问题，总结地方试点的成熟做法和成功经验，为在全国范围内制定土地经营权抵押融资担保规范提供借鉴和实践参考。

**表3.1　地方试点规范中土地经营权抵押权实现的相关规定统计**

| 序号 | 抵押融资试点规范 | 抵押要求 | 抵押物处置及抵押风险防范 |
|---|---|---|---|
| 1 | 2008年辽宁省《农村信用社土地承包经营权抵押贷款管理暂行办法》 | 面向从事种植、养殖等经营活动的农户。贷款期限最长不超过2年。土地经营权剩余使用年限不得低于5年。抵押率为承包价格的50%以内。由具有土地承包经营权评估资质的评估机构评估，20万元以下可不委托机构评估，由贷款经办机构确定抵押物价值 | 抵押物的处置按省联社规定执行 |

① 参见陈小君：《我国农村土地法律制度变革的思路与框架——十八届三中全会〈决定〉相关内容解读》，载《法学研究》2014年第4期。

续表

| 序号 | 抵押融资试点规范 | 抵押要求 | 抵押物处置及抵押风险防范 |
| --- | --- | --- | --- |
| 2 | 2010年重庆市《农村土地承包经营权、农村居民房屋及林权抵押融资管理办法（试行）》 | 抵押期限不得超过农村土地承包期内剩余年限。抵押权自登记时设立。价值可由抵押当事人协商确定，也可由抵押当事人认可的评估机构评估确定 | 协商处置抵押物，以拍卖、变卖、流转等方式 |
| 3 | 2011年重庆市《关于开展农村土地承包经营权居民房屋和林权抵押贷款及农户小额信用贷款工作的实施意见（试行）》 | 面向市域范围内的农户、农村中小企业及农民专业合作社。贷款用于农业产业化项目以及农业资金需求。100万元以内原则上不评估，双方协商；高于100万元可委托有资质的专业评估机构评估，评估费按照最低标准执行 | 农业保险；市农业担保公司组建国有农村资产经营管理公司，处置金融机构农村产权抵押不良资产；市（区、县）财政出资设立风险补偿专项资金，按35%对银行农村产权抵押贷款损失进行补偿 |
| 4 | 2011年海南省《农村土地承包经营权抵押融资管理办法》 | 自有资金不低于30%。不超过剩余使用年限。土地附着物一并抵押。通过协商、机构评估确定价值，不低于市（县、区）政府公布的同期、同地、同类土地经营权基准价格 | 协商流转，也可由当地集体经济组织或农村产权抵押融资风险机构按基准价格收购；协商不成的，可申请仲裁或提起诉讼 |
| 5 | 2014年湖南省《农村土地承包经营权抵押贷款试点方案》 | 制定细则，细化贷款对象、流程、额度、期限、利率及风险处置机制。建立科学有效的评估体系 | 设立土地承包经营权抵押贷款风险基金 |
| 6 | 2014年甘肃省《农村土地承包经营权抵押贷款管理办法（试行）》 | 用于农业生产、设备购置、支付承包费。不超过5年且不超过剩余使用年限。30万元以下的由借贷双方协商确定或由乡镇农经部门、村两委以及经办金融机构组成评估小组协商确定。30万元以上的，由评估机构进行评估 | 在县级土地经营权流转服务中心处置抵押物。纳入省市县三级政府共担风险的涉农贷款风险补偿基金支持范围 |
| 7 | 2014年四川省《关于开展农村产权抵押融资试点工作的意见》 | 行政主管部门联合设立农村产权评估机构，收费要明显低于市场标准。鼓励社会主体设立农村产权价值评估机构。建立农村产权抵押评估信息系统，实现信息公开与共享。市场价值明确的，由邮储银行、借款主体协商确定 | 由借款主体、金融机构和当地政府共同承担损失的风险分担体系 |

续表

| 序号 | 抵押融资试点规范 | 抵押要求 | 抵押物处置及抵押风险防范 |
|---|---|---|---|
| 8 | 2014年中国农业银行《农村土地承包经营权抵押贷款管理办法（试行）》 | 面向专业大户、家庭农场、农民合作社、农业企业及家庭承包经营农户。申请人从事种植业不低于2年、养殖业不低于3年。自有资金不低于30%。用途为支付承包租金的，视经营收入的现金流确定，最长不超过5年。土地经营权价值评估以内部评估为主，当地已建立规范评估机制的，可采取外部评估方式。外部评估机构由一级分行准入，实施动态名单制管理 | 在当地农村产权交易中心挂牌交易，或与村委会、中介组织协商，由当地村集体经济组织或其他具有资质的中介组织按基准价格收购。建立风险预警、重大风险报告制度。出现土地经营权抵押权实现困难案例，或法院不支持银行抵押权效力判例时，在该省域范围内停止产品试点和推广 |
| 9 | 2015年安徽省《关于开展农村承包土地的经营权和农民住房财产权抵押贷款试点的实施意见》 | 建立价值评估制度，一次评估、3年有效。成立价值评估机构，引入独立的第三方评价机制。农业、国土、房管部门规范评估机构资质准入、评估方式 | 处置抵押物。挂牌流转、专设机构收储等方式，确保承贷银行能顺利实现抵押权 |
| 10 | 2015年山东省《关于贯彻国发〔2015〕45号文件做好农村承包土地经营权和农民住房财产权抵押贷款试点工作的实施意见》 | 不超过承包剩余期限，或承包土地经营权流转剩余期限。建立涉农资产评估体系，引入专业评估机构，或依托现有资源提供简易免费评估，评估机构可吸纳村“两委”成员和专业评估人员参加 | 通过农村产权流转交易市场、协议转让。建立政府牵头、社会资本参与的农地资产管理公司或农业收储公司，确保抵押权的实现。建立风险补偿基金、农业融资担保公司和抵押贷款工作协调机制 |
| 11 | 2016年广东省《农村承包土地的经营权和农民住房财产权抵押贷款试点实施方案》 | 价值评估要以县为单位，乡镇、村集体经济组织参加。发展农村产权价值评估、法律咨询等中介机构 | 平台挂牌流转。政府部分出资、吸收金融机构和社会资本，设立农村产权抵押贷款风险补偿基金 |

续表

| 序号 | 抵押融资试点规范 | 抵押要求 | 抵押物处置及抵押风险防范 |
|---|---|---|---|
| 12 | 2016年湖南省《关于开展农村承包土地的经营权和农民住房财产权抵押贷款试点的实施意见》 | 政府出资设立农村产权流转交易市场应以提供公益性服务为主。以评估机构评估、银行自行评估或者借贷双方协商等方式确定价值 | 采取贷款重组、按序清偿、协议转让、交易平台挂牌再流转。政府牵头、社会资本参与的农村资产管理公司、农村物权公司和农村产权收储中心，统一收购和处置无法流转或流转不成功的抵押物。建立风险缓释及补偿机制。每个试点县市应建立100万元以上的农村产权抵押贷款风险补偿专项资金 |
| 13 | 2016年宁夏回族自治区《“两权”抵押贷款试点工作实施方案》 | 以评估机构评估、贷款人自评估或双方协商等方式，确定抵押物价值 | 贷款重组、按序清偿、协议转让、交易平台挂牌再流转等方式处置抵押物。设立“两权”抵押贷款风险补偿基金，发展政府支持的担保公司 |
| 14 | 2016年重庆市《关于印发重庆市农村承包土地的经营权和农民住房财产权抵押贷款试点工作方案的通知》 | 建立政策性评估为主体、商业性评估为补充的农村产权价值评估体系 | 采取整合出租、挂牌转让、再流转等方式，实现“两权”处置净值最大化。支持民间资本以收购、承租、再流转、综合经营等形式参与土地经营权处置业务。重庆兴农资产经营管理有限公司、农村产权流转交易平台，开展面向金融机构“两权”抵押贷款和担保机构“两权”抵押贷款代偿债权的收购处置业务 |
| 15 | 2016年陕西省《关于开展农村承包土地的经营权和农民住房财产权抵押贷款试点的实施意见》 | 完善评估机制，建立有各方参与、公信力强的评估委员会。建立“两权”价值评估机构 | 采取多种方式处置抵押物。利息补贴、发展政策性融资担保公司、设立风险补偿基金 |

续表

| 序号 | 抵押融资试点规范 | 抵押要求 | 抵押物处置及抵押风险防范 |
| --- | --- | --- | --- |
| 16 | 2016 年四川省《农村承包土地的经营权和农民住房财产权抵押贷款试点实施方案》 | 采用评估机构评估、银行自行评估、委托有关专家测算或者借贷双方协商等方式。建立农村产权联合评估机构和专家库，成立评估专家组，制定农村产权价值参考表，定期更新，对借贷双方的价格协商提供指导 | 再流转、第三方托管、收储机构收储方式。由收储中心先对不良信贷资产进行债权回购。建立农村产权资产管理公司或收储中心，用于收储、托管、经营“两权”不良抵押资产。建立由贷款主体、金融机构和当地政府共担损失的风险分担体系。健全政策性融资担保机制，为农村“两权”抵押融资提供信用增进。鼓励省级再担保公司对试点县提供再担保服务 |
| 17 | 2009 年寿光市《农村土地承包经营权抵押借款暂行办法》 | 抵押物价值可协商确定、机构评估确定 | 以折价、拍卖、变卖方式处置抵押物。协议不成的，抵押权人到县级经管部门申请仲裁或向人民法院提起诉讼，人民法院应予以支持 |
| 18 | 2010 年长兴县《农村土地承包经营权抵押贷款管理办法（试行）》 | 土地经营权价值由机构评估。评估机构尚未健全前，暂由县农业行政主管部门组织有关专家对土地承包经营权抵押价值进行测算并出具相关证明。土地经营权评估价值 = 年租地平均净收益 × 经营期限 + 地上（含地下）附着物价值 | 无抵押物处置和风险补偿的相关规定 |
| 19 | 2010 年杨凌示范区《农村土地经营权抵押融资管理办法（试行）》 | 抵押期限不超过土地经营权剩余使用年限。抵押率不超过 60%。抵押物价值可协商确定、参照农村产权交易中心指导价格确定、机构评估确定 | 抵押物再流转。挂牌后 3 个月内未流转的由农村产权抵押融资风险资金按未偿还贷款的 80% 代偿，代偿后向抵押人追偿 |
| 20 | 2010 年成都市《农村土地承包经营权抵押贷款工作方案》 | 各区（市、县）政府要抓紧制定并公布本区域内农村土地经营权抵押融资基准价格（最低保护价） | 通过市农村产权交易所、区（市、县）农村产权交易中心收购（收贮）抵押物 |

续表

| 序号 | 抵押融资试点规范 | 抵押要求 | 抵押物处置及抵押风险防范 |
|---|---|---|---|
| 21 | 2010年慈溪市《农村土地承包经营权质押和林权抵押贷款管理办法（试行）》 | 土地经营权由所在地镇（街道）农村土地承包经营权流转中心评估 | 所在地镇（街道）农村土地承包经营权流转中心回购 |
| 22 | 2011年重庆市黔江区《农村土地承包经营权抵押贷款管理办法（试行）》 | 抵押率不超过60%。贷款额低于100万元的，抵押物价值可由借贷双方协商确认；高于100万元的，抵押物价值由具备资质的评估机构进行评估，贷款行确认 | 土地经营权再流转、集体经济组织流转。协商不成的，申请仲裁、提起诉讼 |
| 23 | 2011年成都市《农村土地承包经营权抵押融资管理办法（试行）》 | 抵押物价值可协商确定、机构评估确定。不低于区（市、县）政府公布的同期、同地、同类土地经营权基准价格 | 再流转。也可由集体经济组织或农村产权抵押融资风险基金按基准价格收购。协商不成的，申请仲裁或提起诉讼 |
| 24 | 2012年铜陵市《农村土地承包经营权抵押融资管理办法》 | 价值可以协商确定，也可由评估机构评估确定。不低于县区政府公布的同期、同地、同类土地经营权基准指导价格 | 流转、变更、变现和理赔方式处置抵押物。其中理赔是通过投保农村产权融资贷款保证保险，明确抵押权人为保险合同的第一受益人，由保险公司先行理赔所获价款优先受偿 |
| 25 | 2012年武汉市《农村土地经营权抵押贷款操作指引（试行）》 | 抵押率不超过60%。由贷款人自行评估或由农交所和贷款人联合指定评估机构评估 | 鼓励各担保公司、保险公司参与农村土地经营权抵押贷款业务 |
| 26 | 2012年定西市《农村土地承包经营权抵押贷款管理办法（试行）》 | 抵押确权及价值评估机构为各县区农村经营管理部门。土地经营权总价值=年均价值×经营期限×土地面积+土地附着物价值 | 再流转。协商不成的可申请仲裁 |
| 27 | 2012年桐庐县《农村土地承包经营权抵押登记管理办法》 | 土地经营权的价值由乡镇（街道）农村土地流转服务中心认定。抵押率不超过60% | 以转让、变现、诉讼和收购方式处置抵押物。土地经营权无人拍卖时，由社员代表大会授权村经济合作社签订书面协议、办理公证，将土地经营权按不高于其原值的60%收购 |

续表

| 序号 | 抵押融资试点规范 | 抵押要求 | 抵押物处置及抵押风险防范 |
| --- | --- | --- | --- |
| 28 | 2013年新绛县《关于农村土地承包经营权抵押贷款的实施意见的通知》 | 面向农民专业合作社及其成员、从事种植养殖农户、土地经营权流转受让方、农产品龙头企业、公司化种养大户等。贷款期限3年，最长为承包或流转合同剩余年限的一半。县农村土地物权管理服务中心综合评估，并出具评估报告书 | 金融机构凭他项权利证书及证明材料，向县农村土地物权管理服务中心申请收储 |
| 29 | 2014年砚山县《农村土地承包经营权抵押贷款暂行办法》 | 抵押率不超过50% | 抵押物再流转或由当地集体经济组织或农村产权抵押融资风险金按基准价格收购 |
| 30 | 2014年长兴县《关于深化农村土地承包经营权抵押贷款试点工作的实施意见》 | 县农业局组织有关专家和银行工作人员，对土地经营权价值进行测算并出具相关证明。考虑租金实际支付剩余期限、流转价款、支付价款、地面作物预期收入等因素 | 建立土地经营权抵押贷款风险分担与补偿机制。按实际损失的30%进行补偿，在县小微企业风险补偿资金中列支，每年累计上限150万元 |
| 31 | 2014年泗洪县《农村土地承包经营权抵押贷款试点工作实施方案》 | 抵押率不超过70%。已流转的土地价值=贷款期限内已付土地租金+贷款期限内预期纯收入；未流转的土地价值=（当地土地流转平均价格+年预期纯收入）×剩余承包期限 | 转让、变更、仲裁、诉讼处置抵押物 |
| 32 | 2014年青岛市《农村土地承包经营权抵押贷款管理办法（试行）》 | 贷款额30万元以上的，由评估机构评估或自评。30万元以下的，参照当地市场价格自评，不收评估费 | 将土地经营权流转。市农业主管部门健全农村土地承包经营权流转交易机制，为抵押权实现提供保障 |
| 33 | 2014年永兴县《农村土地承包经营权抵押融资管理办法（试行）》 | 价值协商确定、机构评估确定。不低于县政府公布的同期、同地、同类土地经营权基准价格 | 再流转。协商不成的，申请仲裁或提起诉讼。集体经济组织或农村产权抵押融资风险基金按基准价格收购 |

续表

| 序号 | 抵押融资试点规范 | 抵押要求 | 抵押物处置及抵押风险防范 |
|---|---|---|---|
| 34 | 2014 年陇南市《农村土地承包经营权抵押贷款实施细则（试行）》 | 抵押人和银行、农村资产管理公司签三方协议。协商评估、自行评估、评估公司评估确定抵押物价值。50 万元以内价值由双方协商，高于 50 万元可委托评估机构评估，评估费按最低标准执行 | 协商处置抵押物，协商不成的，根据三方协议，农村资产管理公司收储 |
| 35 | 2014 年宁波市《农村土地经营权抵押贷款指导意见》 | 金融机构依法处置土地经营权。处置前抵押人已足额支付流转费的，金融机构优先受偿。未足额支付流转费的，流出方优先受偿 | 以再流转、公开拍卖、法院裁决、回购、其他合法形式处置抵押物。建立抵押贷款风险补偿、贷款贴息制度。鼓励农业担保公司、保险公司或政府设立的担保基金与金融机构共担风险 |
| 36 | 2015 年莘县《农村土地承包经营权抵押贷款暂行办法》 | 抵押物价值可协商确定，也可由机构评估确定 | 协议折价、拍卖、变卖抵押物。协议不成的，抵押权人可以到县级经管部门申请仲裁或提起诉讼 |
| 37 | 2017 年北京市平谷区《农村承包土地经营权抵押贷款暂行实施办法》 | 申请人须持有北京农村产权交易所交易鉴证。评估机构、贷款人自评估或者双方协商确定价值 | 贷款重组、按序清偿、协议转让、交易平台挂牌再流转 |
| 38 | 2020 年莒南县《关于开展土地承包经营权等农村产权抵押融资工作意见（试行）》 | 面向农户、专业大户、家庭农场、农民合作社、农业产业化联合体及其他经济组织。融资用于农业产业化项目、新型农村社区住房建设、农民购置和装修新型农村社区住房以及现代农业园区建设等。抵押率为 80% | 县财政出资 1000 万元设立农村产权抵押融资风险补偿专项资金，承担未清偿部分的 1/3［县财政承担 70%，镇（街道）承担 30%］，剩余部分由担保、保险公司或贷款银行承担。通过村企、镇企等社会资金设立区域性担保公司，提供再担保、反担保、保险。鼓励有条件的镇（街道）、村成立新型农业经营主体联合会，为贷款人提供担保 |

续表

| 序号 | 抵押融资试点规范 | 抵押要求 | 抵押物处置及抵押风险防范 |
| --- | --- | --- | --- |
| 39 | 2021年北京市《农村承包土地经营权抵押贷款实施办法（试行)》 | 评估机构评估、金融机构自评估或者借贷双方协商等方式认定价值 | 推出交易场所价值发现的功能，北京农交所开展抵押登记、流转、评估和处置服务。涉农区与本市政策性担保机构建立风险补偿机制，提供信贷担保增信 |
| 40 | 2021年岫岩满族自治县《农村土地经营权及农业设施（附属物）抵押融资管理办法（试行)》（征求意见稿） | 抵押物价值由当事人协商确定、评估机构评估确定。不低于同期、同地、同类土地经营权基准价格 | 抵押期内抵押人必须参加农业保险的，财政部门和农业行政主管部门给予政策扶持，保险条款中明确金融机构为第一受益人。抵押期内，抵押人不得以任何理由中断或撤销保险。抵押权人接受已经参加保险的土地经营权抵押后，应书面告知承保机构。抵押期内，抵押人擅自处置抵押物的，以诈骗罪论处 |
| 41 | 2021年黎平县《农村土地承包经营权抵押贷款实施方案》（征求意见稿） | 抵押率不超过50%。土地经营权评估价值=年租地每亩平均净收益×面积×经营期限+地上（地下）附着物价值或水域滩涂内养殖品价值。评估可以双方协商，也可由县专家评估小组或委托社会第三方评估，评估费由贷款方承担 | 贷款重组、按序清偿、协议转让、再流转等方式进行处置 |

第一，关于试点规范样本和统计内容的说明。表3.1由笔者根据各地方规范整理归纳，试点规范文本来自调研及地方政府官网。由于多数地方土地经营权抵押融资试点规范都有适用期限，部分地方规范通过网络检索已无法查到。因为主要是对试点地区规范的分析，所以没有将国务院、央行、农业农村部等国家级、部委级规范纳入其中。在所统计的41部土地经营权抵押融资的规范性文件中，省级规范文件有15部，地方试点规范有23部，地方试点规范征求意见稿有2部。尤其需要强调的是，在41部试点规范当中包含了金融机构主导和参与制定

的规范8部。辽宁省鞍山市岫岩满族自治县和贵州省黔东南苗族侗族自治州黎平县的抵押融资规范为征求意见稿，尚不具有法律效力，主要是作为样本，用以分析土地经营权抵押融资及抵押权实现的最新趋势。我国的土地经营权抵押融资试点开端于2009年，相关规范选取时间也基本上涵盖了2010年至2021年这个时间段。试点规范样本覆盖了主要农业生产大省、农地流转活跃地区的试点规范，其中包括重庆市近10年来的3次修改变化情况，可以代表近年来我国土地经营权抵押融资的发展状况。

第二，关于试点规范的主要内容。从统计情况看，相关规范样本的主要内容涉及融资对象、贷款用途、抵押期限、抵押数量、抵押登记、价值评估、抵押率等，在统计分析试点规范时，将这方面的规范条款汇总在“抵押要求”项，以全面反映地方规范关于土地经营权抵押的相关规定。这些内容和土地经营权抵押物处置方式、土地经营权抵押融资风险防控措施一样，是土地经营权抵押权实现机制的应有内涵和重要组成。除常规内容外，试点规范调整的重点内容主要包括3个方面：一是土地经营权价值确定问题。试点规范中土地经营权的价值确定方式可以归纳为4种，包括金融机构确定、抵押当事人协商确定、专业评估机构评估确定以及其他评估形式确定。其他评估形式主要是地方试点结合实际，在土地经营权专业评估机构不健全的情况下采取的确定土地经营权价值的变通措施。二是土地经营权抵押物的处置问题，有些试点规范较为笼统，原则性地规定了流转、拍卖、变卖等方式，依然是传统的抵押权实现方式，不能有效解决土地经营权处置过程当中遇到的困境问题。此类规定未能打通和解决土地经营权抵押融资中的关键节点，无法满足金融机构对债权安全的需求，其生命力和实施效果自然有限。三是土地经营权抵押融资中的风险补偿机制。这方面的内容是绝大部分试点规范重点着墨之处，成为地方试点规范中真正具有先试先行意义的一种探索。之所以这样评价此类规则，主要原因在于风险补偿规则真正发挥了我国农村土地改革中一贯的基层智慧和经验，响应了金融机构的需求，考虑了土地经营权的特殊性和实现方式的创新性。其思路已从注重土地经营权的交换价值而以处置变现方式实现抵押权，转向了关注土地经营权的使用价值而以其流转或者是使用收益作为偿还债权人的资金来源和保障。尽管风险补偿机制中还存在一些诸如政府主导、市场化不足、强调金融机构安全而忽视农民利益保护等问题，但笔者认为，此类规定已经实现了在现有制度约束条件下的效益最大化。

第三，关于抵押融资中抵押物的范围。体现在地方试点规范名称中，抵押物从单一农村产权到“两权”，再到“四权”，现在有些规范已经统称“农村产权”抵押贷款。各地规范中对“两权”的认识较为统一，即农村承包土地的经营权和农民住房财产权。而对“四权”或“农村产权”范围的认识则不太统一，有的是指林权、农业机械、农村土地承包经营权、农村住房及宅基地；有的包括试点地方行政区域内的林地使用权、集体建设用地使用权（含农村宅基地使用权）、农村土地承包经营权、小水利产权和房屋所有权等。不过，“农村产权”抵押或者流转的对象未来的发展趋势应是逐步扩展的，直至包括全部农村集体土地用益物权及其衍生权利，包括核心层、基础层和扩展层。

第四，关于土地经营权的抵押贷款模式。河南省土地经营权抵押贷款规范中关于抵押贷款模式的规定很有代表性，基本涵盖了我国试点地区所探索的土地经营权抵押融资的主要模式。一是农村承包土地的经营权直接抵押模式。二是“农村承包土地的经营权＋农村产权交易中心或农村土地流转服务中心”模式。三是依托农村产权交易中心对农村承包土地的经营权进行抵押登记，或者依托农村土地流转服务中心对流转的农村承包土地的经营权进行鉴证、确认，向银行申请贷款。农村产权交易中心可为贷款提供担保或者反担保。贷款出现风险时，将农村承包土地的经营权在农村产权交易中心或农村土地流转服务中心挂牌再流转。四是“农村承包土地的经营权＋担保增信”模式。引入财政出资设立的担保公司、行业协会、农民专业合作社联合会等经济组织及农业保险等措施，为申请贷款提供增信。五是“农村承包土地的经营权＋风险补偿基金＋农业保险”模式。由试点地区政府或者农业经营主体出资设立贷款风险补偿基金，办理农业保险或者贷款保证保险，作为申请贷款的风险缓释措施。①

① 2016年河南省《农村承包土地的经营权抵押贷款试点工作实施方案》。

第五，此处所做的分析仅仅是对地方试点规范文本的分析，只显示了规范本身是否完善，抵押率、抵押、评估、抵押对象、贷款对象，还有抵押程序、抵押物处置等措施是否得当，以及协同机制是否健全等。较为遗憾的是，由于各地试点均为封闭运行，有些地方规范设置了2~5年的有效期限，区域特点明显，[①] 无法得知规范实施的有效性和真实效果，如对当地土地经营权抵押有多大的促进作用、抵押权实现中遇到了哪些实际困难、当地风险补偿措施有没有或者是在多大程度上起到了土地经营权抵押融资风险兜底作用？缺乏地方试点官方数据。笔者在调研中特别注意了解此类信息，但遗憾的是，无论是访谈还是网上检索，所得数据都与实际有一定出入，也就是说，土地经营权抵押权实现中存在的不少顽疾尚未得到解决，土地经营权抵押融资依然没有成为活跃农地金融的主要助力手段。

## 三、土地经营权抵押权实现机制的有益探索

在切实保障作为抵押权人的金融机构合法权益的基础之上，各试点地区针对农村承包土地的经营权抵押贷款的实现方式和途径，进行了积极有益的探索，总体来看，各地探索依然是在既有的法律框架之下，并未触及集体土地使用权法律制度的核心问题，各地的实践显示了集体土地使用权的现实流转需求与农村土地产权制度的不匹配。结合上文对相关规范的统计，从以上各试点地区农村土地承包经营权抵押贷款的运行实际以及承贷银行抵押权得以实现的方式、途径与措施来看，关于土地经营权抵押权实现机制，试点地区规范中有以下几点成熟经验值得借鉴。

第一，地方试点遵循“宏观统筹、局部试点、经验推广、效力提升”的农村土地制度改革探索思路。为贯彻落实国务院《关于开展农村承包土地的经营权和农民住房财产权抵押贷款试点的指导意见》（国发〔2015〕45号）的精神，各省都制定了相关实施意见。从全部规范来看，省级规范多为宏观的“实施方案”，试点市县规范则更为具体，

① 2010年成都市《农村土地承包经营权抵押贷款工作方案》；2014年永兴县《农村土地承包经营权抵押融资管理办法（试行）》。

一般为具有可操作性的“管理办法”。这么做的好处在于，试点规范更适应地区特殊情况，因地制宜，可实施性较好；弊端在于省级规范缺乏可操作性，不利于在全省范围内形成土地抵押融资的统一市场，仅局限于试点地区。试点地区间除了相互学习抵押融资、流转经验之外，土地经营权资源、流转市场、金融支持等要素并不能有效相通和连接，还是“各自为政”的局部市场。2015 年 12 月 27 日，全国人民代表大会常务委员会发布《关于授权国务院在北京市大兴区等 232 个试点县（市、区）、天津市蓟县等 59 个试点县（市、区）行政区域分别暂时调整实施有关法律规定的决定》，实现了试点探索的法治化。农村土地银行制度仍需试点检验其可行性，如果能够成功，这将是我国近年来农村土地制度改革的重大制度创新，农村土地银行将成为一个全新的事物。目前，地方试点中的探索仅为该设想提供了一个思路参考，真能如理论构想一样，实现我国土地经营权流转与抵押融资模式的迭代升级，仍需试点检验探索。当然，这也是我国自党的十一届三中全会之后，农村多项重要制度改革起源发端、继而推广适用并最终取得成功的一个根本经验，那就是遵循着由点到面、由局部到全国、由政策到法律的这样一个农村改革的基本规律。

第二，注重推进信贷基础性支撑的平台建设。试点地区大多比较注重农村土地承包经营权确权登记与颁证等基础性工作的推进，并建立了相对完善的土地经营权交易市场与较为健全的农村信用体系，建立专业大户、家庭农场、农民合作社、农牧业产业化龙头企业等农业经营主体信用档案和信用等级评定。完善的农村确权登记颁证制度、健全的产权流转交易市场以及完备的农村信用体系，不仅可以为土地承包经营权抵押贷款流程中的参与主体提供丰富的信息。完善的登记流程，既保证了登记信息的真实性和可靠性，同时也使银行以及各关联主体获取信息有据可依，① 还有利于推动承包土地经营权价格的形成，使交易行为更为公开规范，更有利于农村金融守信激励和失信惩戒机制的进一步完善，而且也为今后土地抵押权的顺利实现提供了较

① 参见张爱辉：《陕西省陕北地区农户土地抵押融资运行模式研究》，载《农村经济与科技》2017 年第 14 期。

好规范基础和支撑条件。

第三，注重贷款对象与贷款用途的严格把控。在明确贷款对象上，一般要求借款人信用良好，有偿还贷款本息的能力，多个试点地区要求借款人自有资金比例不低于农业生产经营所需资金的50%，并且地方政府也侧重鼓励和引导金融机构重点支持对经营规模适度、具备规模经济效益、经营势头良好的农业经营主体发放贷款。农业产业化水平相对较高的新型农业经营主体，成为试点地区银行开展农村承包土地的经营权抵押贷款业务的重点扶持对象；在严把贷款用途上，各个试点地区普遍要求土地承包经营权抵押贷款用于购买农业生产资料、从事农业基础设施的建设与维修，发展多种形式规模经营的直接涉及农林牧渔业生产经营项目。[①] 而且，各试点地区对土地经营权抵押贷款用途严格把控的做法，符合中央关于深化农村产权改革创新，将加大对“三农”金融支持力度作为试点工作出发点和落脚点的初衷。

第四，局部试点探索了土地经营权抵押权的有效实现方式。有学者对地方试点的抵押贷款模式进行了总结，一种模式是市场主导型的宁夏“同心模式”，农户自发成立土地经营权流转合作社，农户以承包土地的经营权入股成为合作社社员，通过成员间多户联保、合作社提供总担保的方式，向金融机构申请土地经营权抵押贷款；另一种模式是政府主导型的宁夏“平罗模式”，即政府出台各种政策法规，推动和支持土地经营权抵押贷款过程中的土地确权、流转平台建设、风险分担、补偿机制建立等各项工作。[②] “平罗模式”中农村土地经营管理制度改革服务中心是一个综合性管理机构，集土地经营权价值评估、抵押登记、抵押物处置等多种功能为一体。“同心模式”源于市场主体的自发探索，通过组建土地承包经营权流转服务合作社，实现了反担保式的农地抵押贷款，有效克服了细碎化的土地难以处置的困境。[③] 笔者认为，不同抵押融资模式蕴含了不一样的土地经营权抵押权实现机制，

---

① 2014年湖南省永州市《人民政府关于推进农村土地承包经营权抵押贷款工作的意见》。

② 参见曹瑓、罗剑朝：《农户对农地经营权抵押贷款响应及其影响因素——基于零膨胀负二项模型的微观实证分析》，载《中国农村经济》2015年第12期。

③ 参见汪险生、郭忠兴：《承包型土地经营权抵押贷款的实践探索——基于对宁夏平罗县与同心县的比较分析》，载《农村经济》2016年第6期。

因为在不同的模式下，抵押物的处置方式是不一样的，抵押权实现的难易程度也有不同。因此，围绕抵押物的处置、抵押权的实现机制，各种模式之间可以进行横向对比分析，那么全国范围内的改革方案以及土地经营权抵押融资抵押权实现机制的健全，就需要参考和借鉴地方实践中的成功经验，注重对抵押物处置措施的灵活运用。依照中央和国务院关于开展农村承包土地的经营权抵押贷款试点指导意见的精神要求，当抵押贷款试点地区的承贷金融机构在面临借款人抵押贷款违约而行使抵押权，对抵押物进行处置时，必须在保证农户承包权和基本住房权利前提下，原则上应限制在相关法律法规和国务院规定的范围内，依法采取多种方式灵活处置贷款抵押物。正如前文所述，各试点地区积极探索和大胆创新，在不改变土地用途的情况下，对因借款人不履行到期债务，或按借贷双方约定的情形需要依法行使抵押权的，可以通过转包、出租、互换、入股等多种变通方式变更土地经营人或者转让土地经营权。贷款人还可依法采取贷款重组、按序清偿、协议转让、交易平台挂牌再流转等多种方式处置抵押物，变现抵押财产获取处置收益，来确保承贷金融机构抵押权的顺利实现。[①] 而且，有的试点地区还开始尝试创建农村土地承包经营权抵押贷款纠纷的调解仲裁体系，建立土地承包经营权抵押贷款的调解与仲裁机构，处理辖区内农村土地承包经营权抵押贷款纠纷的调解、仲裁工作。这些举措为积极稳妥地化解农村土地承包经营权抵押贷款纠纷起到了积极有效的缓冲作用。

第五，揭示了土地经营权抵押融资困境，注重抵押贷款违约风险的提前防控。地方探索的又一贡献是将“旧农地困境”中未能暴露的问题呈现出来，即“新农地困境”，也提示政府机关和理论研究者面对这一困境，并尝试解决它，实现土地经营权抵押融资制度的逐步完善和良性上升，这也符合制度经济学诱致性变迁的规律。地方探索的启示将引导决策层在全国选择有代表性的地区和土地经营权抵押融资试

---

① 2009 年成都市《农村土地承包经营权抵押融资管理办法（试行）》；2011 年昆明市《农村土地承包经营权抵押融资管理办法（试行）》；2016 年陕西省《关于开展农村承包土地的经营权和农民住房财产权抵押贷款试点的实施意见》；2021 年鄂尔多斯市《关于开展农村承包土地经营权和活体牲畜抵押贷款的实施意见》。

点效果较好的地方扩容试点，将试点由原来的一市或一县扩展至一省（自治区或直辖市）。全国选择5～8个这样的试点，如上一轮试点一样，由中央出台指导意见，地方发挥基层智慧，因地制宜制定地方试点办法。有研究将我国农地制度变迁70多年的实践大致划分为“发展战略：中央政策制定”“中间扩散：地方实施创新”“基层变迁：个体需求反馈”三个阶段。1978年党的十一届三中全会之后的40多年，农村集体土地使用权改革的成功，其主要原因在于中央政策的“可行集”得到调整，进行了强制性与诱致性变迁的互动，充分利用了制度的互补性，实施渐进而且广泛的改革，制度具备较强的适应性。① 各地近年出台的土地经营权抵押融资管理办法显示出这种政策趋势，规范调整范围大大扩展，这一点从规范的名称上已经能够看出来。笔者相信，再经过5年左右的试点，可以在农村产权或者是农村集体土地用益物权流转方面积累足够经验，为在全国范围内形成城乡统筹发展的集体土地用益物权抵押融资体系及制度提供实践借鉴。这就需要理论研究将视野进一步拓宽，不再将目光局限于单一农村产权，而是着眼于空间更为广阔的农村集体土地用益物权及其衍生权利。正如本书在土地经营权抵押融资探索的不足之处中所述，风险补偿基金措施面临“二律悖反”的难题，似乎意味着现行土地经营权抵押融资和土地经营权抵押权实现机制走进了“死胡同”。其实，归纳各地试点规范的风险补偿措施，可以发现风险补偿机制蕴含丰富，各地尝试探索了多种方法以辅助抵押权的实现，其中风险补偿基金模式较为有效，通过设立风险补偿基金，对缓释土地经营权抵押融资风险起到了重要作用，已得到地方规范性文件的确认。② 为了在为农村承包土地经营权提供信贷服务的同时，又能保证承贷金融机构自身的安全，防范借款人抵押贷款违约带来的金融风险，对符合农业政策性保险的农、林、牧、副、渔等

① 参见丰雷、郑文博、张明辉：《中国农地制度变迁70年：中央—地方—个体的互动与共演》，载《管理世界》2019年第9期。

② 2014年湖南省《农村土地承包经营权抵押贷款试点方案》；2015年山东省《关于贯彻国发〔2015〕45号文件做好农村承包土地经营权和农民住房财产权抵押贷款试点工作的实施意见》；2016年宁夏回族自治区《“两权”抵押贷款试点工作实施方案》；2016年陕西省《关于开展农村承包土地的经营权和农民住房财产权抵押贷款试点的实施意见》。

相关产业，试点地区的贷款银行在开展农村土地承包经营权抵押业务时，一般要求抵押人必须参加农业强制保险，在抵押贷款合同的约定内容中载明第一受益人为贷款人。同时，试点地区政府还鼓励商业保险公司积极进行保险模式创新，探索开发“政策性+商业性”的复合型保险业务，为土地抵押贷款提供保障和进行补偿保驾护航。再有，多数试点地区还创建由地方政府组织牵头、财政主导出资和民间资本多方参与的专业性非营利性担保公司，创设土地经营权抵押贷款的专项风险抵补基金，为土地抵押贷款提供金融增信服务，从源头上分散了贷款金融机构的信贷风险。① 这些做法最大限度地为农村承包土地经营权信贷服务提供了有效供给，避免了低效甚至无效供给引发的金融风险。

综上所述，自农村产权金融制度改革以来，各个试点地区在农村土地承包经营权抵押贷款模式上积极探索，并出台了各项政策和制度措施，进行了多种有益的尝试，这些有益探索都给未来“三农”抵押贷款以及土地经营权抵押权的实现在具体制度与机制的设计上提供了更多的可能与选择。各地土地经营权抵押融资的操作模式和抵押权实现形式有所不同，但至少有三个关键环节不可或缺：其一，确权颁证是农村产权抵押融资的前提。这涉及拥有农村产权要素的农业生产经营主体，以及司职颁发农村产权证书的政府职能机构。其二，市场定价是农村产权抵押融资的核心。这主要涉及对产权估计的评估机构和据此发放贷款的商业银行。其三，风险防控是农村产权抵押融资的保障。这主要涉及为农村产权抵押融资业务可持续发展提供“风险防火墙”的担保公司。②

现行农村土地制度亟待改革，这是学者和社会各界的共识，土地承包经营权是农村集体土地制度创新的最大难点。在统筹城乡发展背景下，应保护农村集体土地产权主体的合法权益，促进土地资源的集约、高效利用。按照效率标准完善立法，促进农村集体土地资源的集

① 参见陈妍：《吉林市农村承包土地经营权抵押贷款发展的瓶颈及政策建议》，载《吉林金融研究》2017 年第 2 期。

② 中国农业银行湖北省分行课题组：《中国农村产权交易所运作模式比较研究——基于农村产权抵押融资的视角》，载《农村金融研究》2014 年第 6 期。

约、高效、合理利用，创新农村集体土地产权制度。需要在全面了解、客观分析各地方农地改革试点经验及其实施成效的基础上，分析农村土地产权地方探索实效，以典型地区土地产权改革实践为研究对象，总结其经验和不足。土地经营权的特殊性及担保物权实现途径的不畅通是土地经营权抵押融资环节利益失衡的根本原因；针对这一现象，结合试点探索经验，应通过农地使用权权能的回归和政府主导与市场机制模式的协同，矫正利益失衡现象。立足相关农村集体土地用益物权制度的修改和制定，提出完善农村土地产权制度配套法规内容和体系的合理化建议，为集体土地用益物权制度的有效实施和完善提供有力支撑。从而以点带面，为健全和规范农村产权体系奠定基础。

## 第三节 土地经营权抵押权实现的制度障碍及地方探索的不足

### 一、土地经营权抵押融资风险

#### （一）土地经营权抵押融资风险概述

在农地“三权分置”改革的背景下，土地经营权抵押融资对于提升农地资源利用率、拓宽农民融资渠道具有重要意义，但抵押融资风险的日渐凸显已严重影响了制度实践效果。有学者从土地经营权抵押融资风险的影响因素、抵押融资的风险分析以及抵押融资风险防控等方面对现有文献进行了梳理，认为如何在事前识别、事中防控、事后化解风险是土地经营权抵押融资风险研究中应关注的方向。①

自 1978 年以来，我国逐步形成了“两权分离”的农村土地权利结构，但是该制度实施过程中也暴露出一些弊端。为了解决其中存在的问题，2014 年中央一号文件《关于全面深化农村改革加快推进农业现代化的若干意见》提出了对农村土地“三权分置”制度的构想，落实集体所有权，稳定农户承包权，放活土地经营权。之后，我国在多个地区设立试点，允许以农村土地经营权抵押贷款。由于土地经营权抵

① 参见安慧、韩中豪：《土地经营权抵押融资风险研究综述与展望》，载《郑州轻工业学院学报（社会科学版）》2020 年第 6 期。

押融资尚处于探索阶段，需要对相关文献进行梳理，总结地方试点中积累的经验，发现在土地经营权抵押融资风险方面出现的问题，希望可以对土地经营权抵押融资风险的防控和相关制度的完善有所帮助。

### （二）土地经营权抵押融资风险的影响因素

关于土地经营权的法律性质，虽然“债权说”和“用益物权说”各有优劣，但土地经营权在实行抵押融资的时候将会产生无形资产固有的金融风险，如何防控和化解土地经营权抵押融资风险，事关农业经营主体、金融机构、政府等主体利益和农村土地产权政策的推行。从该角度看，将土地经营权的法律性质界定为用益物权，更切合中央政策对土地经营权内容的解读，符合土地经营权作为抵押客体的法律要求，是一种更为合理的安排。通过对各地土地经营权抵押融资试点探索中出现问题的梳理，发现土地经营权抵押融资风险的影响因素是学术界关注的重点问题，综观相关文献，普遍认为借款人特征、制度环境、金融机构等因素是影响甚至是阻碍农村土地经营权抵押融资发展的重要原因。

第一，借款人因素。借款人特征因素主要包括农户的年龄、文化程度、农户从事职业、家庭资产、土地经营面积和农户的信用等级等。[①] 有学者认为，农户的家庭资产和农户的个人素质对农村土地经营权抵押融资的风险有重要影响，在农民家庭的财产多、农户素质高以及相关政策和制度良好的条件下，农村土地经营权抵押融资的风险相对较小。[②] 也有学者认为家庭总资产、家庭年净收入、经营主体类型、流入农地面积对信用风险具有显著影响。[③]

第二，制度环境因素。政策环境特征因素包括政府贴息、是否参与农业保险、风险保障与补偿机制、社会保障水平、土地流转市场发

---

① 参见李雅静：《基于风险因素的农村土地经营权抵押融资博弈研究》，西北农林科技大学2016年硕士学位论文，第34页；陈燕、吴剑锋：《安徽省农地经营权抵押融资模式影响因素研究》，载《黑龙江八一农垦大学学报》2019年第2期；王海涛、孙露雨、程金花：《基于规模与组织视角的农地承包经营权抵押融资意愿影响因素》，载《江苏农业科学》2019年第13期。

② 参见陈永清：《农村土地经营权抵押融资的风险因素分析》，载《上海经济研究》2016年第7期。

③ 参见宋坤、张馨予：《农户分化视角下农地经营权抵押贷款信用风险因素识别与评估——基于四川成都的调研数据》，载《四川农业大学学报》2020年第3期。

达程度和土地价值评估体系。[①] 有学者通过建立农村土地经营权抵押贷款风险评价指标体系并求解，发现政策因素是影响农村土地经营权抵押融资的最大潜在风险。[②] 也有学者结合问卷调研所得的数据，对农户承包土地经营权抵押融资政策风险影响因素进行了实证分析。通过分析政策方面的几组影响因素发现，政策主体的影响最为明显，其次是政策环境和支持客体的影响。[③] 有学者依据对农民土地承包经营权抵押融资试点情况所进行的调查，使用 AHP 决策分析方法，对目前土地经营权贷款风险的影响因素进行了分析，发现不仅借款人自身的特征影响较大，土地流转市场发展程度、政府风险补偿机制对土地经营权贷款的风险也具有较大的影响。[④]

第三，金融机构因素。金融机构特征因素包括贷款利率、贷款期限、还款方式、银行参与的积极性和贷后监管力度。[⑤] 制度环境是农村土地经营权抵押贷款风险的各种因素中影响最大的因素，其次是借贷人和金融服务机构因素。[⑥] 有学者运用结构方程模型对风险因素进行评价，发现政治因素、市场因素两个宏观因素与抵押物因素和涉农金融机构等微观因素对农地经营权抵押融资风险具有显著正向影响。[⑦]

### （三）土地经营权抵押融资风险类型

分析和识别土地经营权抵押融资中存在的风险是指使用土地经营权抵押融资的相关知识和方法，结合土地经营权抵押的法律和政策特

---

① 参见李雅静：《基于风险因素的农村土地经营权抵押融资博弈研究》，西北农林科技大学 2016 年硕士学位论文，第 33 ~ 34 页；陈燕、吴剑锋：《安徽省农地经营权抵押融资模式影响因素研究》，载《黑龙江八一农垦大学学报》2019 年第 2 期。

② 参见陈菁泉、付宗平：《农村土地经营权抵押融资风险形成及指标体系构建研究》，载《宏观经济研究》2016 年第 10 期。

③ 参见占治民等：《农户承包土地经营权抵押融资政策风险影响因素经验解释》，载《统计与决策》2019 年第 3 期。

④ 参见吴征、蔡连军：《农村土地经营权抵押融资风险影响因素分析——基于东海县试点金融机构的实践》，载《金融纵横》2016 年第 9 期。

⑤ 参见李雅静：《基于风险因素的农村土地经营权抵押融资博弈研究》，西北农林科技大学 2016 年硕士学位论文，第 35 ~ 36 页；陈燕、吴剑锋：《安徽省农地经营权抵押融资模式影响因素研究》，载《黑龙江八一农垦大学学报》2019 年第 2 期。

⑥ 参见陈永清：《农村土地经营权抵押融资的风险因素分析》，载《上海经济研究》2016 年第 7 期。

⑦ 参见刘屹轩、闵剑、刘忆：《“三权分置”下农地经营权抵押融资风险辨识与评价——基于结构方程模型的实证研究》，载《宏观经济研究》2019 年第 1 期。

殊性，收集与风险因素、风险事故和风险暴露等方面相关的信息。风险识别处于风险管理的首要环节，是贷款风险防范的第一要务。在土地经营权抵押融资风险辨识方面，现有研究认为我国土地经营权抵押融资主要存在的风险有制度风险、市场经营风险、金融风险等。

第一，制度风险。有研究从环境、主体、客体等方面分析了土地经营权抵押融资的政策风险：在政策环境层面，存在政策主客体信息不对称的风险。在政策主体方面，政策制定、执行和监管主体在认知上存在差异。在政策客体方面，由于客体自身需求的不同，对土地经营权抵押融资政策的认知也存在差异。① 一方面，政策针对抵押融资风险进行补偿的覆盖面较小，未能对农地经营权抵押贷款进行有效的风险补偿。另一方面，顶层设计缺乏，政策间的冲突没有解决，使得当前的农地经营权抵押融资模式广泛推广存在较大的政策性风险。② 有学者从以下几个方面分析了制度风险：首先，宏观政策稳定性、适用性会带来政策方面的风险。其次，地方政府对相应试点县（区）给予支持的实际落实程度的大小会带来相应的风险。最后，相关法律法规与农地经营权抵押融资业务的抵触会带来法律风险。③ 政策具有因时而变的特征，如果政策发生变化，那么土地经营权抵押贷款就可能被认定为无效。这将使农户的生产经营具有很大的不确定性，同时金融机构也面临着相应的法律风险。④

第二，市场经营风险。由于农业生产经营主体预防和抗击自然灾害的能力比较弱，所以自然灾害在一定程度上对农业生产经营会有所影响；此外，目前的农村土地价格评估机制还不够完备，评估的过程和方法不够标准，相应的中介机构与中介服务需要进一步完善，农产品还经常受到市场价格波动的影响。因此，农业的经营收益存在不确

---

① 参见占治民等：《农户承包土地经营权抵押融资政策风险影响因素经验解释》，载《统计与决策》2019 年第 3 期。

② 参见陈菁泉、付宗平：《农村土地经营权抵押融资风险形成及指标体系构建研究》，载《宏观经济研究》2016 年第 10 期。

③ 参见刘屹轩、闵剑、刘忆：《“三权分置”下农地经营权抵押融资风险辨识与评价——基于结构方程模型的实证研究》，载《宏观经济研究》2019 年第 1 期。

④ 参见林建伟：《农地经营权抵押贷款的风险与防范》，载《福建农林大学学报（哲学社会科学版）》2016 年第 5 期。

定性。[①] 土地经营权抵押贷款的客体主要是农业及其相关产业，与第二、三产业相比，不仅自然因素会影响土地经营权抵押的风险，而且市场因素的变化也会产生相应的影响，可能会引起经营状况大幅度的变化，增加市场经营风险。[②] 农产品价格波动和农产品销售市场满意度对市场经营风险有显著影响。[③] 农村土地经营权抵押贷款时市场存在流转性风险，容易出现不按时和不全额还款的现象。此外，土地经营权流转价值偏低、流转过程复杂以及相关机构的执行力较差都会给土地经营权的实现带来一定的障碍。[④] 农村金融市场健全程度、信用环境、评估机构风险三个方面对农地经营权抵押融资市场风险有主要影响。[⑤]

第三，金融风险。金融风险主要包括信用风险、操作风险、担保风险、保险风险。由于抵押双方信息的不对称以及金融机构信贷管理程序存在设计缺陷，致使债务人不能按期偿还债务本息的事件不可避免。[⑥] 由于相关金融机构很难精确计量土地经营权抵押贷款的具体风险以及农村的信用环境普遍较差，涉农金融机构在开展土地经营权抵押业务的过程中，势必会面对因风险过高而形成的损失。[⑦] 贷款的金额、期限和利率将确定此次贷款的成本，由于农业的相关特征和气候的约束，贷款很难全额收回。此外，如果信贷员在处理借贷业务时操作不流利亦会形成相应的金融风险。[⑧] 因为我国的产权交易平台不够完备，当抵押合同出现违约这一情形时，金融机构很难在快速且低成本的状

① 参见惠献波：《农村土地经营权抵押融资风险评价》，载《价格理论与实践》2015 年第 7 期。

② 参见陈菁泉、付宗平：《农村土地经营权抵押融资风险形成及指标体系构建研究》，载《宏观经济研究》2016 年第 10 期。

③ 参见吴征、蔡连军：《农村土地经营权抵押融资风险影响因素分析——基于东海县试点金融机构的实践》，载《金融纵横》2016 年第 9 期。

④ 参见李泉、余珊：《农村土地经营权抵押贷款的风险防范刍议》，载《社科纵横》2019 年第 4 期。

⑤ 参见刘屹轩、闵剑、刘忆：《“三权分置”下农地经营权抵押融资风险辨识与评价——基于结构方程模型的实证研究》，载《宏观经济研究》2019 年第 1 期。

⑥ 参见惠献波：《农村土地经营权抵押融资风险评价》，载《价格理论与实践》2015 年第 7 期。

⑦ 参见陈菁泉、付宗平：《农村土地经营权抵押融资风险形成及指标体系构建研究》，载《宏观经济研究》2016 年第 10 期。

⑧ 参见常露露、吕德宏：《农地经营权抵押贷款风险识别及其应用研究——基于重庆 639 个农户样本调查数据》，载《大连理工大学学报（社会科学版）》2018 年第 5 期。

态下寻找到相应的途径来处理抵押时的土地经营权，所以违约后的抵押品面对着处置交易成本较高且变现困难的风险。①

（四）土地经营权抵押融资风险的协同防控

根据对相关文献的梳理，可以发现土地经营权抵押融资是农地金融的一种探索，实践中存在制度风险、市场经营风险、金融风险等。展望进一步的研究，对于土地经营权抵押融资风险，总的方向是研究和探索如何在事前识别风险、事中防控风险、事后化解风险。具体路径是处理当前法律层面的阻碍，不断健全土地融资的其他配套制度，逐步实现农村土地的融资功能。② 首先，政府以及相关学者应当积极地在理论和实践方面分析、总结出目前土地经营权抵押融资中存在的风险，逐渐健全相关政策和法律法规，优化土地经营权抵押的相关条款，防范土地经营权抵押融资风险的发生；其次，探索建立更加完善的农村信用体系，健全农业保险、农业担保和农地价值评估机制，加强土地估值的准确性，防止土地价值评估中存在的风险，在农村土地经营权抵押人和抵押权人方面应当明确规范，以此来降低土地经营权抵押融资风险；再次，建立农村产权交易平台，如果违约风险发生，金融机构可以通过该平台，便捷高效地实现抵押物处置变现，节约抵押物变现时所耗费的时间和交易成本；最后，探索出政府对金融机构恰当的补偿比例，鼓励金融机构积极参与土地经营权抵押融资，降低金融机构等主体的农贷风险。

## 二、地方探索中土地经营权抵押权实现机制的不足

（一）土地经营权权利公示制度不完善

总体上看，大多数地方规范中农村土地经营权抵押权实现的相关规定比较健全，但也有不足之处，集中体现在登记、价值评估、抵押物处置及风险补偿基金等方面。土地经营权确权登记和抵押权登记方面主要表现为缺乏统一的登记部门、缺乏有效的科技支撑、抵押登记

① 参见李宁：《农村土地经营权直接抵押融资模式风险控制》，载《农业经济》2020年第2期。

② 参见安慧、韩中豪：《土地经营权抵押融资风险研究综述与展望》，载《郑州轻工业学院学报（社会科学版）》2020年第6期。

较为混乱等。如武汉市农村产权抵押融资中，林权、土地经营权、水域滩涂养殖经营权分别由林业部门、农村产权交易所、渔政部门负责确权，多头管理降低了运行效率；[①] 土地经营权确权登记数据尚未联网，金融机构与登记机构也未实行联网互通，无法从根本上规避“一权多抵”的风险；受法律及地方法规相关规定影响，实践中经常出现交叉登记管理的现象，农民进行一次产权抵押需要在多个机关办理登记，增加了登记难度，降低了抵押登记的公示效果，也给交易安全带来隐患。[②]

（二）土地经营权价值评估机制不规范

价值评估在土地经营权流转以及抵押融资中有着重要的作用，是流转以及抵押物定价的基准，涉及双方利益平衡。农村土地经营权评估机制不完善，主要表现为缺乏专业评估机构，国家尚未规范与发展农村产权评估机构；缺乏评估规则，评估随意性较大，评估规则不统一，无法客观反映农村产权真实价值。土地经营权流转交易时评估值高低决定了流出方能获得多少对价；出租时评估值决定了承租方需要付出多少租金；而抵押设定时评估值的高低决定了抵押人或者是借款人以一定面积的土地经营权能从金融机构贷到多少资金，或者说决定了借款人欲借贷一定金额的款项需抵押多少土地经营权；抵押物处置时评估值影响债权人资金的清偿额，以及其他债权人利益的保护。更直接的是抵押人的利益，土地经营权价值被低估将使抵押人承担更大的损失，或者说将失去更大面积的土地经营权。因此，从地方试点规范目前的状况来看，价值评估在实务、理论中受到的重视程度，与其在土地经营权乃至整个集体土地用益物权流转中的作用相比尚有较大的差距。而土地经营权评估机制的健全需要考虑多重因素，比如专业评估机构的设立、人员的培养、评估规则的健全以及评估市场的完善等。从我国中介机构的发展状况看，专业评估中介机构并不缺乏。中国资产评估协会报告显示，自 1996 年首次举办资产评估师资格考试，

---

① 参见中国农业银行湖北省分行课题组：《中国农村产权交易所运作模式比较研究——基于农村产权抵押融资的视角》，载《农村金融研究》2014 年第 6 期。

② 参见余赟：《农村产权抵押融资法律制度问题探析》，载《金融经济》2014 年第 2 期。

截至2019年年底，我国已有5.88万人取得资产评估师资格考试合格证书。[①] 但我国资产评估机构、从业人员和评估业务地域分布不均衡，主要集中在北京、上海、江苏以及广东等发达地区。相对于其他类资产价值评估业务来说，土地经营权与其他农村集体土地用益物权有其特殊性。这种特殊性更多的是因土地经营权的社会属性而不是因地域区位等自然属性而产生。相较评估的纯技术手段和方法来说，土地经营权承载的社会保障职能以及乡土中国传统的土地文化观念，才影响土地经营权价值评估的更为关键的因素。农村产权要素市场发展不健全，缺乏专业评估机构，有关部门尚未制定统一的农村产权评估意见，致使评估公司认定价值标准不一，评估结果的权威性不够而得不到金融机构的认可。[②] 比如云南省砚山县规定贷款额低于30万元的，可以协商确定或由双方认可的有资质的中介机构评估确定，并向当地村民委员会和乡（镇）农村经济经营管理部门备案。[③] 笔者认为，无论是协商确定或由评估机构评估确定均不需要再备案，有资质的中介机构作出的价值评估有其专业性和合理性，中介机构对它的真实性负法律责任，备案增加了抵押融资的流程和当事人的交易成本，不符合便捷交易的要求。农村土地经营权抵押价值评估的不规范导致抵押融资功能实现和银行控制风险的难度增大。[④]

（三）抵押人和抵押权人之间利益不平衡

第一，综观全部地方土地经营权抵押融资规范样本，在抵押人和抵押权人之间普遍存在利益失衡现象。地方规则过于保护金融机构的利益，比如风险补偿基金的设立以及使用，如果抵押权人是非金融机构，那么当抵押权的实现出现困难的时候，能否得到风险补偿基金的帮助？显然，相关文件当中并不支持这一想法。也就是说，同样的抵押融资关系，因为金融机构的参加，就有了风险补偿基金的兜底和保

---

① 《2019年资产评估师资格全国统一考试报告》，载中国资产评估协会网2020年3月12日，http：//www. cas. org. cn/xwdt/xydt/62273. htm。

② 参见中国农业银行湖北省分行课题组：《中国农村产权交易所运作模式比较研究——基于农村产权抵押融资的视角》，载《农村金融研究》2014年第6期。

③ 2014年云南省砚山县《农村土地承包经营权抵押贷款暂行办法》。

④ 参见童彬：《农村土地经营权抵押制度研究——以制度困境、主要模式、风险控制和处置机制为路径》，载《社会科学家》2014年第10期。

障，而抵押权人是普通的自然人或者其他法人组织的话，则不能享受这一风险保障待遇。

第二，在试点规范，尤其是由金融机构参与或主导的规范当中，金融机构的绝对话语权溢于言表。对于申请对象、土地经营权面积、贷款用途、确权登记及抵押权登记以及对地方风险补偿措施的健全程度均提出了较高的要求。一方面说明了土地经营权抵押融资中抵押权实现的难度，另一方面也说明了金融机构参与抵押融资的不情愿。故而才显示出对金融债权安全的一种过分担忧，提出诸多苛刻条件。其中最为典型的是中国农业银行的管理办法，要求“借款人参加农业保险的，保险期限必须覆盖贷款期限，同时在保险条款中明确农业银行为该项保险的第一受益人，借款人不得以任何理由中断或撤销保险”。在贷后管理和风险监控部分规定，“当地出现农村土地承包经营权抵押权实现困难的案例，或法院不支持银行抵押权效力的判例时，在该省域范围内停止产品试点和推广”，更是将金融机构在土地经营权抵押融资业务中的强势地位发挥到了极致。

第三，关于土地经营权抵押率。从试点规范的规定来看，相关规范大多对抵押率做出了要求，比例为40%～80%，基本上是在60%～70%。[①] 考虑到土地经营权的特殊性，应允许在一定范围内设定较低的抵押率，以保障金融机构的债权安全，但不能过于低。我国当前的土地经营权抵押融资试点中，金融机构处于卖方市场的优势地位，过低的抵押率，一定程度上降低了土地经营权人通过土地经营权抵押以获取农业生产经营资金的意愿，不利于土地经营权抵押融资的开展。如河南省长垣县合作社发起者李某流转合作社土地经营权面积近300亩，而当地金融机构表示，其流转土地经营权贷款只能获得10余万元，与其生产所需的100万元目标相距甚远。[②] 未来在制定全国统一的农村产权（包括土地经营权）抵押融资立法时，应按照银行业金融机构通行

---

① 2018年贵州省兴仁县《农村土地承包经营权抵押贷款管理办法（试行）》规定贷款额度原则上不超过抵押物评估价值的40%；2020年莒南县《关于开展土地承包经营权等农村产权抵押融资工作意见（试行）》规定抵押率为80%。

② 参见方达、郭研：《农地经营权抵押的马克思主义经济学分析——基于农业—金融资本运动模型》，载《财经科学》2020年第2期。

的做法，规定一个抵押率标准，在此标准上，允许金融机构按比例上下浮动，避免抵押率过低或者过高的现象发生。

（四）土地经营权流转限制性规范设置不合理

多数试点规范都严格限定土地经营权抵押贷款的对象、用途以及额度，并制定规范的抵押贷款操作流程。[①] 一些地方试点试图通过限制抵押权主体和抵押权实现方式的办法来减小农民失地风险，但实际操作中存在盲目随意、操作无序等问题，反而导致农地“非农化”。应不断壮大农村产权抵押融资的市场规模，由此形成一套成熟的农村产权抵押融资操作模式。在现有条件的基础上，应逐步建立“交易—鉴证—抵押”的交易模式，同时加快构建农村产权抵押融资操作模式。原则上明确农村产权抵押应通过农村产权交易所实现，农村产权交易所在确认产权主管部门抵押登记信息后，要统一发布抵押登记公告，着力实现土地经营权抵押融资信息共享。[②] 关于土地经营权流转时的发包方同意条款，从供给角度来看，《农村土地承包经营权流转管理办法》规定受让方将承包方以转包、出租方式流转的土地再流转，应当取得原承包方的同意，不符合实务需要。在二次流转经营权时再去取得承包方同意，很容易引发其不理解、不配合的问题，进而影响抵押物的处置。[③] 有学者认为对土地经营权处置流转的限制，阻碍了农地的规模流转与规模经营，土地承包经营权转让需经发包方同意不应作为影响转让合同效力的强制性规范。[④]《农村土地承包法》（2009 年修正）第 33、41 条关于转让方和受让方主体资格的规定，有学者认为以财产资格划定转让方的范围不合理地限制了农户转让自由，有违民事行为能力的基本法理；受让方主体资格属于立法强加于农地之上的身份属

① 2012 年安徽省长丰县《农村土地承包经营权抵押贷款管理办法》；2018 年贵州省兴仁县《农村土地承包经营权抵押贷款管理办法（试行）》。

② 参见中国农业银行湖北省分行课题组：《中国农村产权交易所运作模式比较研究——基于农村产权抵押融资的视角》，载《农村金融研究》2014 年第 6 期。

③ 参见李伟、牛玉莲：《“两权”抵押贷款抵押物流转处置问题的思考》，载《清华金融评论》2016 年第 10 期。

④ 参见武亦文、杨勇：《论土地承包经营权处分之限制性规范的科学配置——基于司法裁判文书的整理和分析》，载《中国农村观察》2017 年第 6 期。

性限制，阻碍了农地规模性流转。[①] 有学者从理论阐释、田野调查、规范分析、裁判文书整理统计等不同视角，对土地经营权问题司法裁判文书统计数据进行分析，发现相较于土地经营权转让案件，有关土地经营权抵押的案件数量较少，且未表现出明显的地域分布差异。但相关案件裁判资料依然可以作为样本，明晰土地经营权处分之限制性规范的合理与不足之处，为我国农村土地法律制度改革提供建议。[②] 有学者提出，“相应的制度设计应当特别加以明确的是，身份性要件在权利的初始分配完成之后是否还要成为土地承包经营权后续保有与处分的决定性条件。实际上，从财产权利产生发展的动态过程来说，即使一项财产权的创设是以特定的身份为基础，其后续的存在和变动也未必一定需要受到身份的制约。最后，要解决好土地承包经营权作为财产权的要素性与流动性问题。实践证明，以身份作为土地承包经营权取得、保有乃至流转的决定性条件在很大程度上制约了土地承包经营权财产性功能的发挥，理论和实践中对于土地承包经营权继承、抵押、入股等问题的长期争论就是一个明显的例证”。[③] 笔者同意该观点，土地经营权抵押权实现时对于受让人的范围不应加以身份限制。为了有效保护耕地，防止农耕地大量流失，保证农村经济发展和社会稳定，应当对土地承包经营权流转后的用途进行严格限制，防止农地非农化。[④]《民法典》第 418 条延续立法的相关规定，重申了坚持土地用途管制原则的立场，规定以集体所有土地的使用权依法抵押的，实现抵押权后，未经法定程序，不得改变土地所有权的性质和土地用途。地方试点规范也有相同规定，[⑤] 因处置抵押物而获得农村土地经营权的土地使用者，只拥有流转期间的土地经营权且不得改变土地用途，不享

---

① 参见武亦文、杨勇：《论土地承包经营权处分之限制性规范的科学配置——基于司法裁判文书的整理和分析》，载《中国农村观察》2017 年第 6 期。

② 参见武亦文、杨勇：《论土地承包经营权处分之限制性规范的科学配置——基于司法裁判文书的整理和分析》，载《中国农村观察》2017 年第 6 期；姜红利：《放活土地经营权的法制选择与裁判路径》，载《法学杂志》2016 年第 3 期。

③ 赵万一、汪青松：《土地承包经营权的功能转型及权能实现——基于农村社会管理创新的视角》，载《法学研究》2014 年第 1 期。

④ 参见田虹、杨玉凯：《农村土地承包经营权抵押法律制度问题剖析》，载《社会科学辑刊》2013 年第 2 期。

⑤ 2011 年成都市《农村土地承包经营权抵押融资管理办法（试行）》。

受其他权利。受让者不得改变土地经营权用途，自不必说，但规定受让人不享受土地经营权其他权利似乎不妥，应该规定土地经营权设定抵押时附随的权利，在抵押权实现时，由获得农村土地经营权的土地使用者享有。笔者认为，从抵押权实现过程来看，增加对受让方的限制相当于缩小了土地经营权流转的受让人范围，反之亦然。

有研究认为，“基于同我国台湾地区规定中相似的考量，应限制受让人再次转让土地承包经营权。因此，土地承包经营权虽为物权，但也承载着一定的社会性义务，在农户转让土地承包经营权之后，理应对受让人所享有的流转权利作合理限制”。① 笔者认为该说法不尽合理。其一，该观点忽略了受让方取得的土地经营权是有期限的，在一个有期限限制的权利之上再加上一个流转的禁止限制，将使土地经营权的流转价值大打折扣；其二，限制受让人再次转让，也不利于农业规模经营；其三，受让人土地经营权限制再转让，相当于限制了种植大户和家庭农场等主体利用土地经营权抵押融资。恰恰是种植大户和家庭农场等主体，而非农户承包权人，才真正有以土地经营权抵押融资的需求。相关调研数据表明：有85.17%的家庭农场对于农地经营权抵押贷款存在需求。② 另有研究表明：“相较于农村企业及各类组织，单个的农户在获得金融机构贷款上处于相对劣势。虽然近年来农户贷款在量上呈上升趋势，但在农村贷款中的占比却一直处于26%左右。”③ 有学者研究了成都市的土地经营权抵押融资状况，在该市农村产权融资总额中，从贷款主体看，农户贷款数仅占到贷款总额的6%，土地专业合作社也较少，农业企业贷款占86%。④ 调研表明“随着农户土地面

---

① 武亦文、杨勇：《论土地承包经营权处分之限制性规范的科学配置——基于司法裁判文书的整理和分析》，载《中国农村观察》2017年第6期。

② 参见林乐芬、俞涔曦：《家庭农场对农地经营权抵押贷款潜在需求及影响因素研究——基于江苏191个非试点村的调查》，载《南京农业大学学报（社会科学版）》2016年第1期。

③ 王朝明、朱睿博：《农村承包土地经营权抵押贷款的理论模型与实践经验》，载《河北经贸大学学报》2016年第5期。

④ 王朝明、朱睿博：《农村承包土地经营权抵押贷款的理论模型与实践经验》，载《河北经贸大学学报》2016年第5期。

积的增加，农户参与农地抵押融资的意愿在增强”。① 另外，在部分地方试点中，直接把土地经营权抵押融资的借款人限定为种粮大户、专业合作社及农业类公司。因此，“限制受让人再次转让土地承包经营权”之说不妥。有学者认为，“农民集体成员制定的集体所有权管理规章中，对集体重大财产的处置应当经由集体成员民主决定”。② 笔者认为，土地经营权抵押不应属于对集体重大资产的处置，但集体未承包土地的抵押在此列。因此，需要把集体未承包土地经营权的抵押列入集体成员民主决定事项。

（五）土地经营权抵押融资试点规范不完善

地方试点规范不够科学严谨，影响了试点效果，个别规范中出现了与法律宗旨不符、违背中央和国务院试点政策精神的一些做法。虽然是个别现象，但也反映出有些地方政府在试点探索过程中，处理经济问题和民商事法律关系的水平和能力有待提高。例如，有地方规范规定，当抵押人和抵押权人就土地经营权的处置无法协商一致的，“抵押权人可以到县级经管部门申请仲裁或向人民法院提起诉讼，人民法院应予以支持”。③ 依照基本法理，申请仲裁或提起诉讼是当事人的权利，但法院是否支持原告诉讼请求要根据事实和证据依法裁判，而不能由地方规范事先规定“人民法院应予以支持”。又如，有地方规范规定，“土地经营权抵押期内抵押人必须参加农业保险的，保险条款中明确金融机构为第一受益人。抵押期内，抵押人不得以任何理由中断或撤销保险。抵押期内，抵押人擅自处置抵押物的，以诈骗罪论处”。该规定虽然是地方规范性文件的征求意见稿，但从岫岩满族自治县农业农村发展中心 2021 年 10 月 11 日在县人民政府网站发布的信息——“农业农村发展中心草拟了《岫岩满族自治县农村土地经营权及农业设施（附属物）抵押融资管理办法（试行）（讨论稿）》后，向各相关单位印发了征求意见函进行征求意见，并从 2021 年 9 月 27 日开始在网站上进行社会公开征求意见，截止期满，已有 354 次浏览，均无不同意见

① 于丽红、陈晋丽、兰庆高：《农户农村土地经营权抵押融资需求意愿分析——基于辽宁省 385 个农户的调查》，载《农业经济问题》2014 年第 3 期。

② 韩松：《论农民集体土地所有权的管理权能》，载《中国法学》2016 年第 2 期。

③ 2009 年寿光市《农村土地承包经营权抵押借款暂行办法》。

反馈”看，该征求意见稿在满足程序要求后将成为生效的地方规范性文件。诈骗罪的规定属于刑事法律范畴，根据罪刑法定原则，罪与非罪、此罪与彼罪的问题应该由《刑法》规范调整，该地方规范关于诈骗犯的规定明显逾越了立法权限。[①] 并且该地方规范文本经向该县各相关单位及社会公众征求意见后，竟然“无不同意见”，这一现象显示出在地方土地经营权抵押融资改革过程中，个别地方政府的立法、执法水平亟待提高，地方规范性文件的质量以及由此而决定的集体土地用益物权流转制度环境亟须提高与改善。这些区域内土地经营权抵押融资的开展对农民真实意愿及其土地权益关注不够，将面临许多制度以外的困难。在这种政策环境之下，土地经营权抵押融资将很快陷入僵局，离开试点优惠政策的扶持，土地经营权乃至整个集体土地用益物权抵押融资市场生态将难以为继。

在农村集体土地制度改革探索中，各地方政策差异较大，地方规章或政策效力层次低，实践与上位法律规定相抵触，对此类制度不协同现象，相关地方规范未给予足够重视。农村集体土地产权是一个“权利群”，包括集体土地所有权、土地承包经营权以及集体经营性建设用地使用权、宅基地使用权等。我国独特的城乡土地“二元”所有权结构是产生农村土地产权问题的根源，“二元”经济体制理念支配下的土地法律制度制约了农村土地产权制度的创新。土地经营权抵押融资试点改革探索未能从理论上对农村土地产权进行系统、全面的研究，使之能为农村土地产权的确权、流转、抵押融资及更高层面的变革（如农村土地产权的股份化）提供理论基础支撑。农村土地产权作为一个不可分的整体，相关试点规范未注重集体土地制度创新与相关制度的协同，无法使农村土地产权制度创新效用最大化。

---

① 《关于征求〈岫岩满族自治县农村土地经营权及农业设施（附属物）抵押融资管理办法（试行）（讨论稿）〉意见征集采纳情况》，载岫岩满族自治县人民政府网 2021 年 10 月 11 日，http：//www. xiuyan. gov. cn/html/XYXZF/202110/0163393155535222. html。

# 第四节　土地经营权抵押权的特殊性与“新农地金融困境”

## 一、相关集体土地用益物权的抵押权实现

集体土地用益物权主要包括集体土地承包经营权、“四荒”地使用权、集体经营性建设用地使用权、林权、宅基地使用权等。国内学者在集体土地用益物权抵押问题上做了大量有益探索，积累了丰富的文献。在已有文献中，只有少部分成果是将集体土地用益物权作为整体对象开展研究的，以“农村产权”“农地产权”“农村土地权利”“集体土地用益物权”等说法涵盖各种集体土地权利形式。关于集体土地抵押权如何实现问题，已有文献主要有分类研究和整体研究两种视角。其中占绝大多数的是分类研究，分别就某一具体集体土地用益物权抵押权的实现进行探讨。

第一，关于“四荒”地使用权抵押的实现。1995 年《担保法》（已失效）和 1999 年国务院《关于进一步做好治理开发农村“四荒”资源工作的通知》（国办发〔1999〕102 号），都规定“四荒”地使用权可以抵押，使“四荒”土地使用权成为抵押权的客体。[①] 虽然“四荒”地的土地使用权是由市场按效益最大化原则配置的，[②] 但缺少完整的“四荒”地抵押融资法律制度。因此，关于“四荒”地使用权抵押的实现，相关研究主要是围绕抵押权实现制度的健全展开的。主要有以下观点：“四荒”地使用权确权对抵押权的实现有着重大意义，抵押权的实现方式或途径仅是取得“四荒”地的使用权，而非所有权。[③] 一个稳定、流动性强的农地使用权流转市场是建立农地金融制度的必要条件，健全“四荒”地使用权二级流转市场，有助于解决抵押权实现

① 参见吴引引：《论抵押权实现的诉讼程序运作机制》，载《律师世界》1997 年第 12 期。

② 参见崔建远：《“四荒”拍卖与土地使用权——兼论我国农用权的目标模式》，载《法学研究》1995 年第 6 期。

③ 参见李绍章：《“四荒”土地使用权论纲》，载《山东农业大学学报（社会科学版）》2001 年第 4 期。

难问题。[①]“四荒”地使用权的实现需要各种配套制度的完善，如抵押权登记、抵押物拍卖、抵押物价值评估等制度。[②] 1995年原国家土地管理局发布的《农村集体土地使用权抵押登记的若干规定》（已失效）曾规定，因处分抵押财产转移乡村企业集体土地使用权的，应当由土地管理部门先办理征地手续，将抵押土地转为国有，然后再按划拨国有土地使用权的办法进行处置。该规定适用于经招标、拍卖、公开协商等方式取得的“四荒”地，对抵押权的实现来说成本高且难以操作。[③]

第二，关于集体经营性建设用地使用权抵押的实现。集体建设用地使用权是集体土地用益物权中最具活力和价值的权利形式，集体建设用地使用权抵押成为学界关注的热点。原《担保法》禁止集体建设用地使用权单独设定抵押，只有在以乡（镇）、村企业的厂房等建筑物作为抵押物时，其占用范围内的集体建设用地使用权同时抵押。相关研究集中在以下几个方面：集体建设用地使用权可以单独抵押，因处分抵押财产取得集体建设用地使用权的，该土地的使用条件及用途不得改变，这样就保证了处分后的抵押土地仍然为原集体所有，农民不会失去集体土地的所有权。[④] 银行等金融机构对集体建设用地使用权抵押贷款的主要担忧是贷款企业一旦出现还贷困难时，能否对集体建设用地使用权进行处置。抵押权的实现方式可以是变卖或拍卖，有些试点中出现了由区（市、县）土地储备中心按集体建设用地最低保护价收购的方式。地方政府为加快集体建设用地抵押融资业务的推进速度，一方面向受让企业承诺“集体建设用地同国有建设用地享有相同的权能”，另一方面向商业银行承诺“如果集体建设用地抵押权变现遇到法律障碍或拍卖受阻，土地资产储备中心将按工业用地出让市场价收购，

① 参见孟枫平、尹云松：《论培育“四荒”使用权流转市场》，载《中国农村经济》1997年第2期。

② 参见曹章艳：《集体四荒土地使用权抵押制度初探》，广西师范大学2007年硕士学位论文，第32~36页。

③ 参见杨俊、张晓云：《刍议集体土地使用权抵押制度》，载《农村经济》2011年第7期。

④ 参见李林林：《农村集体建设用地使用权抵押制度研究》，中国政法大学2011年硕士学位论文，第38~40页。

确保实现银行的优先受偿权”。[①] 通过完善集体建设用地使用权抵押登记制度、集体建设用地使用权抵押评估制度，实施综合性法律制度改革，健全集体建设用地抵押法律法规，[②] 化解抵押权实现时集体建设用地使用权处置风险。[③]

第三，关于林地使用权抵押的实现。2004 年原国家林业局发布了《森林资源资产抵押登记办法（试行）》（林计发〔2004〕89 号），对森林资源资产抵押做了简单的规定。2008 年中共中央、国务院《关于全面推进集体林权制度改革的意见》（中发〔2008〕10 号），允许林地承包经营权人可依法对拥有的林地承包经营权和林木所有权进行抵押。2009 年中国人民银行、财政部等《关于做好集体林权制度改革与林业发展金融服务工作的意见》（银发〔2009〕170 号）要求银行业金融机构要积极开办林权抵押贷款。关于集体林权抵押权实现的相关研究主要集中在以下几方面：集体林权抵押贷款仍然存在缺乏外部配套制度、风险控制难度大的情况，认为林权抵押的实现方式可以采取拍卖、变卖、折价、诉讼等方式，风险焦点主要集中在林权价值评估、抵押登记、抵押物监管、保全和处置等方面，完善多元化抵押物价值实现机制，确保金融债权顺利实现。[④] 但林权抵押存在林权资产风险控制难、经营流转难、抵押权实现难等问题，林木所有权的处置受到采伐许可制度的约束，金融机构的抵押权常因采伐许可证的限制而无法实现。[⑤] 至于林地与林木抵押是否需要采用一体主义，一般认为在设定抵押时，林木所有权与林地使用权应一并抵押，以防止实现抵押权时出现“地

---

① 参见孟祥舟、林家彬：《集体建设用地抵押：缘何叫好难叫座——对江苏省海门市农村集体建设用地抵押试点工作的调研》，载《中国国土资源报》2013 年 2 月 27 日，第 9 版。

② 参见韩松：《坚持农村土地集体所有权》，载《法学家》2014 年第 2 期。

③ 参见吴穹：《试论我国集体建设用地使用权抵押制度的构建与法律完善》，载 2012 年第三届全国民商法学博士生学术论坛论文摘要集、中南财经政法大学中国农村土地法律制度研究中心会议论文集。

④ 参见陕西银监局政策法规处课题组：《陕西省集体林权抵押贷款业务的现状及制度分析》，载《西部金融》2010 年第 3 期。

⑤ 参见夏云娇、赵国威：《林权抵押贷款的法律问题探析》，载《理论月刊》2009 年第 9 期。

林分离”的困境。[①] 林权流转平台的建设对林权抵押实现有着重要意义，有必要建立省级区域性林权交易中心。林农作为抵押人在抵押融资中相对处于弱势地位，抵押权实现中要切实保护林农的权益。[②]

第四，关于宅基地使用权抵押的实现。原《物权法》第184条第2项规定宅基地等集体所有的土地使用权不得抵押。如果允许农村房屋设定抵押权，抵押权的实现将使农民居无定所，影响社会的稳定，与国家的宏观政策不符。所以，农村房屋不能作为抵押财产，这一解释是“地随房走、房随地走”原则下的土地与房屋同时抵押机制的逻辑推论。[③] 我国法律禁止宅基地使用权抵押，依“房地一体”原则，农村房屋所有权抵押在实践中也出现了合同效力争议及抵押权实现难题。近年来，不少学者对宅基地使用权抵押的实现展开研究，关于“房地一体”抵押问题，有学者认为抵押权为支配抵押物的交换价值的权利，我国法律将土地和建筑分别作为独立的财产，[④] 宅基地使用权与农村房屋所有权抵押可以独立实现，允许宅基地使用权流转，只需在实现抵押权时将该房屋连同宅基地使用权一同拍卖或变卖给适格的受让人，抵押权人无权就价款中属于宅基地使用权的部分优先受偿。[⑤] 由宅基地抵押权实现引发的失地农民风险，是放开还是禁止农民宅基地使用权抵押的最关键问题，毕竟现行宅基地产权制度的核心就是为保障农民的基本生存需要才仅赋予宅基地使用权占有和使用权能。宅基地及房屋抵押权一旦实现，农民失去住所后如何安置是一个现实问题，宅基地处分存在社会稳定风险。[⑥] 关于宅基地抵押权的实现方式及程序，有学者主张在对所抵押的宅基地进行拍卖之前，必须先经过法院调解这

---

① 参见邵元飞：《林权抵押二题》，载《北京航空航天大学学报（社会科学版）》2014年第5期。

② 参见张晓梅、尚立娜：《林权抵押融资中的林农利益保护问题研究——以物权法为视角》，载《农村经济》2010年第10期。

③ 参见高圣平、刘萍：《农村金融制度中的信贷担保物：困境与出路》，载《金融研究》2009年第2期。

④ 参见邹海林：《所有人抵押权的若干问题》，载《法学研究》1998年第2期。

⑤ 参见高圣平、刘萍：《农村金融制度中的信贷担保物：困境与出路》，载《金融研究》2009年第2期。

⑥ 参见陈霄、鲍家伟：《农村宅基地抵押问题调查研究》，载《经济纵横》2010年第8期。

一前置程序。在拍卖清偿程序开始之前，贷款的农民有一段宽限期来解决其无力还贷的问题。如果宽限期届满后，仍然难以清偿贷款，抵押权人可以要求贷款农民所在的村集体经济组织以合理的价格回购所抵押的宅基地。这样既降低了银行的资金风险，又给了农村集体经济组织收回集体土地的机会。[①] 还需要完善农村宅基地法律法规，建立健全宅基地使用权登记制度、价值评估体系以及抵押风险缓释机制。[②] 各地宅基地使用权抵押的实践探索表明，需要进一步完善农村产权抵押融资风险分担机制。由市和各县（区）政府按比例出资设立农村产权抵押融资风险补偿专项资金，按一定比例对金融机构抵押贷款损失进行补偿。在农村产权抵押的初级阶段，政府积极建立融资风险分担机制，有利于激励金融机构开展农村金融服务，推动农村产权抵押融资向深入发展。[③] 2015 年国务院《关于开展农村承包土地的经营权和农民住房财产权抵押贷款试点的指导意见》（国发〔2015〕45 号）赋予宅基地上的农民房屋所有权抵押融资功能，农民宅基地使用权抵押融资中抵押物的处置应与商品房有所差别。探索宅基地使用权的实现方式和途径，保障抵押权人合法权益，同时，宅基地使用权处置时，受让人原则上应限制在相关规定的范围内。

## 二、“新农地金融困境”及其产生原因

在没有实行农村集体土地“三权分置”改革之前，由于土地承包经营权权利内涵中包括身份性权利，土地承包经营权承载着社会保障、社会公平等功能，其抵押为法律和政策所禁止。历史与现实中农村实践中的种种尝试表明，法律制度的供给已经不能满足农村经济发展的需要，法律与现实之间的紧张关系跃然纸上。[④] 一方面，农民拥有大量

---

① 参见吕军书：《从政法传统看我国农村宅基地抵押流转的必然性——兼论农村宅基地抵押流转的途径》，载《求实》2014 年第 1 期。

② 参见何承斌：《我国农村宅基地使用权抵押贷款的困境与出路》，载《现代经济探讨》2014 年第 12 期。

③ 参见钟三宇：《困境与革新：宅基地使用权抵押融资的法律思考——以宅基地使用权的物权属性为视角》，载《西南民族大学学报（人文社会科学版）》2014 年第 11 期。

④ 参见刘云生：《农民身份注塑及其制度刚性——以农村地权构建为中心》，载《江西财经大学学报》2010 年第 3 期。

土地权益，农户最有价值的资产可以分为两类：一是农村土地承包经营权，二是宅基地使用权，农村产权抵押一直以来被认为是解决农村金融供给不足的有效措施。另一方面，农民却因缺少合格抵押物而不能申请金融机构的贷款，形成了“农地金融困境”。农村土地经营权流转的理论探索和制度设计已成为理论界和实务界的重要研究对象，尤其是农村土地经营权抵押制度。农村土地经营权抵押的制度困境制约着农村土地金融制度创新和农村土地融资功能。在立法和司法上，农村土地经营权抵押存在难以逾越的法律困境。由于存在法律限制以及各种风险，农村土地经营权抵押难以被金融机构接受。① 如果将上述困境称为“旧农地金融困境”，目前，土地经营权主体所面临的是“新农地金融困境”，相对于旧的困境，“新农地金融困境”有着不同于以往的特点。从当前法律和政策的规定看，在正式制度框架内，“三权分置”由理念成为政策，继而由政策成为立法。《农村土地承包法》进行了修订，2020 年 5 月出台的《民法典》在用益物权分编中用单章对土地承包经营权进行了规定。其他相关法律的修改以及相关司法解释的出台也为“三权分置”土地制度的完善提供了有效的法律支撑。2020 年 12 月 23 日，最高人民法院审判委员会第 1823 次会议通过的最高人民法院《关于修改〈最高人民法院关于在民事审判工作中适用《中华人民共和国工会法》若干问题的解释〉等二十七件民事类司法解释的决定》进行了修正，其中有最高人民法院《关于审理涉及农村土地承包纠纷案件适用法律问题的解释》（法释〔2005〕6 号）（已被修改），该解释详细规定了土地经营权侵权纠纷、土地经营权流转纠纷、土地经营权继承纠纷等案件的审理办法，进一步详细规定了土地经营权的流转和继承等具体内容。配套法律体系的形成与完善，有效促进了农村集体土地“三权分置”管理制度的实现，为其进一步深化实施和创新完善提供了强有力的法律保障。2021 年 1 月，农业农村部又发布了《农村土地经营权流转管理办法》，实现了对 2005 年颁布的《农村土地承包经营权流转管理办法》的修订，具体落实了《农村土地承包法》

① 参见童彬：《农村土地经营权抵押制度研究——以制度困境、主要模式、风险控制和处置机制为路径》，载《社会科学家》2014 年第 10 期。

的要求，增加了具体规定，有助于进一步放活土地经营权。在司法保障方面，重庆、成都等地法院专门出台了司法指导意见，从司法方面对“三权”抵押设定的有效性提出了明确的支持意见。① 很明显，制度环境已经为土地经营权抵押解除了“身份”束缚，消除了“合法性”质疑和障碍，但土地经营权抵押权实现过程中出现的各种难题却令银行业金融机构望而却步。“旧农地金融困境”是农民手中有土地使用权，法律禁止其抵押，而“新农地金融困境”则是法律允许土地经营权抵押，但由于土地经营权抵押权实现成本高、抵押物处置变现难等问题，导致金融机构不愿意接受土地经营权抵押贷款。有学者研究了成都市的农村土地承包经营权抵押融资状况，在该市农村产权融资总额中，土地经营权抵押融资额仅占千分之二，“根据2015年2月7日成都市金融办对21世纪经济报道记者的回复，成都市的农村产权融资总额已达到100亿元，但土地经营权抵押贷款仅有2000余万元”。② 由于法律障碍使农村土地抵押权难以获得保障、农地产权流转不畅而影响抵押物处置效率导致抵押权难以实现，这是造成成都市农村土地抵押融资困境的主要原因之一。“交易范围受限就会影响流动性，进而阻碍了土地承包经营权价值的实现。因此，当贷款无法收回时，金融机构难以对土地承包经营权进行处置，也就是变现难。”③

从全国试点地方的推行情况看，各地在试点规范制定过程中，也都意识到了“新农地金融困境”的痛点所在，并且为解决这一痛点，在制定地方性土地经营权抵押融资管理规范时，无一例外地都同时规定了政府担保、保险、风险补偿基金等金融机构债权“补强”或“增信”措施，以此作为激励金融机构开展土地经营权抵押融资业务的条件。中国农业银行发布的《农村土地承包经营权抵押贷款管理办法（试行）》规定，当地出现农村土地承包经营权抵押权实现困难的案例，或法院不支持银行抵押权效力的判例时，在该省级行政区域范围内停

① 参见余赟：《农村产权抵押融资法律制度问题探析》，载《金融经济》2014年第2期。

② 王朝明、朱睿博：《农村承包土地经营权抵押贷款的理论模型与实践经验》，载《河北经贸大学学报》2016年第5期。

③ 王朝明、朱睿博：《农村承包土地经营权抵押贷款的理论模型与实践经验》，载《河北经贸大学学报》2016年第5期。

止产品试点和推广。农地金融市场的供需关系决定了金融机构和土地经营权人之间话语权不对等。开展土地经营权抵押融资业务的金融机构，从维护自身利益和债权安全的角度做出此类规定，无可厚非。金融机构的强势对地方试点政策的制定也将产生重要影响，倒逼地方政府在制定政策时偏重于金融机构利益。但从长远发展来看，这些措施并非市场化手段，局部试点可以，在全国范围内全面推广则不具有可行性。土地经营权在抵押权实现环节因变现困难，地方政府为土地经营权抵押融资试点效果考虑，作为权宜之计，出台配套政策，采用风险基金、担保、联保等方式维护金融机构的利益和积极性。但“新农地金融困境”的根本问题并没有得到解决，那就是土地经营权并没有因流转而产生收益，其效能没有被发挥。

## 三、“新农地金融困境”的宏观解决思路

摆脱“新农地金融困境”的着眼点在于解决土地经营权的流转问题，目的是通过其流转和使用产生收益，以收益支撑金融机构的债权本息清偿，使土地经营权成为有源之活水。试想，如果土地经营权可以高效便捷地实现低交易成本的流转，金融机构自然会对包括土地经营权在内的众多农村集体土地用益物权“张开双臂”，拥抱农村亿万财富市场。

解决“新农地金融困境”的基础在于进一步放开土地经营权流转限制，赋予其完全的用益物权权能，包括解除对土地经营权流转时受让主体的限制，加强农用地用途限制管理。主要体现为以下几点：

一是不再将受让人局限于集体经济组织成员身份，一切合法的市场经营主体都可以成为土地经营权流转的受让人。关于抵押权实现之时转让方和受让方是否必须为同一集体组织成员的问题，不必作此限制。① 有学者认为，土地经营权抵押的实现，不能违反有关土地经营权流转范围的限制性规定。如土地承包经营权在拍卖、变卖时，买受人必须符合土地经营权受让人资格。不属于法律允许受让取得土地经营

① 参见庞伟伟：《论土地承包经营权抵押制度之重构》，载《中国不动产法研究》2016 年第 1 期。

权的主体范围的单位和个人，不得通过土地经营权拍卖、变卖取得土地经营权等。[①] 至于有学者主张如果土地经营权人以被抵押的土地上的产出为主要生活来源，在抵押实现时应当从土地经营权变卖价款中扣除一定数量，作为满足土地经营权人一定期限的生活费用，余额可由金融机构优先受偿。[②] 笔者认为此观点值得商榷，如果在抵押实现时，先从土地经营权变卖价款中扣除抵押人的生活费用，余额再由金融机构优先受偿，那么抵押权的优先性将无从保障，等于给本就意愿不足的金融机构设置了不同一般抵押权实现规则的更高门槛，十分不利于土地经营权抵押融资的开展。甚至有学者主张，“土地承包经营权在集体经济组织以外流转时，应坚持公开拍卖为主，变卖、折价、协议变现等方式为辅的流转原则，可以规定只有土地经营权在产权交易所连续三次流标后，抵押权人才可以通过变卖、折价、协议变现等方式流转，最大限度地实现土地承包经营权价值”。[③] 笔者认为该观点不妥，虽然其本意在于保护抵押人利益，最大化地实现土地经营权价值。但要求土地经营权三次拍卖无效后，抵押权人才可以通过变卖、折价、协议等方式流转，其程序与结果无论是从公平还是效率的角度看都不合适，对抵押人未必有利，也未考虑实务中当事人的需求。本来抵押权人就是考虑到土地经营权抵押权实现成本比较高，不愿意接受土地经营权抵押，按照上述研究所主张的做法将进一步增加土地经营权抵押融资的交易成本。

二是关于土地经营权抵押中集体经济组织的同意要件，立法态度应该是以同意为原则，除非农地所有权人在流转土地经营权时有明确约定，不允许土地经营权抵押。有学者认为，如允许农地设定抵押或继承，将可能会导致土地经营权落入集体经济组织成员之外的主体手中，进而瓦解集体经济组织，不利于农村社会稳定。[④] 笔者认为，农民

---

① 参见施晓琳：《论以土地承包经营权抵押为特征的金融制度》，载《南京农业大学学报（社会科学版）》2002 年第 3 期。

② 参见施晓琳：《论以土地承包经营权抵押为特征的金融制度》，载《南京农业大学学报（社会科学版）》2002 年第 3 期。

③ 白昌前：《农村土地承包经营权抵押实现路径研究》，载《现代经济探讨》2015 年第 2 期。

④ 参见温世扬：《农地流转：困境与出路》，载《法商研究》2014 年第 2 期。

移转土地经营权并不会改变其社员身份，即使是转让的情形下，农民也仍是集体之成员，仍有权享有因成员身份而产生的其他权利，如宅基地使用权、集体红利分配等。土地承包经营权是“两权并行”的用益物权形态，是承包权和经营权两者相加，保留承包权、流转经营权之后，农民保留的实际上是其集体经济组织成员身份，以期在下一轮农地发包中获得土地承包经营权，即一个新的有期限的用益物权，继续保有其宅基地使用权和其他因成员身份可以享有的权利。转出方失去的仅为有期限的土地经营权，而非其成员身份。也就是说，本集体经济组织成员转让其土地经营权后，虽然丧失了土地经营权，但其作为本集体经济组织成员的身份没有变，其仍可以作为本集体的一员对集体所有的财产享有成员权，享有“对集体资产股份占有、收益、有偿退出及抵押、担保、继承权”。① 虽然土地经营权有落入非集体成员手中之可能，但这种“脱离”是在土地承包经营权期限之内，且转让的仅仅为土地使用权而非所有权，而所有权人仍然可对土地承包经营权之行使进行监督，在承包期满后土地依然回归于集体经济组织，绝不可能改变土地的集体所有性质。对于土地经营权人在先约定禁止抵押的情况下，仍将土地经营权抵押给银行业金融机构或者是第三人的，为保护善意第三人利益，应当推定抵押法律关系有效。土地所有权人只能通过主张违约责任从土地经营权人处获得赔偿，而不能主张推翻抵押合同效力。表面上看，这样处理似乎对保护集体经济组织利益不利，但从“三权分置”的理论框架分析，土地经营权人支付对价，从农地所有权人也就是集体经济组织处获得了土地经营权，该权利是附有一定期限的权利。土地经营权人只能在规定期限内享有权利，并且该权利期限将伴随土地经营权的流转、抵押整个进程，对后续交易中获得该权利的人也是有约束力的。抵押权设立时，抵押人只能在土地经营权使用期限内将其抵押。土地经营权到期后，无论土地经营权是在抵押权人、第三人或者土地经营权人手中，都会按照其自身“弹性”要求渐次回归，经由上级使用权人、承包权人，直至最终回到土地所

① 高圣平：《新型农业经营体系下农地产权结构的法律逻辑》，载《法学研究》2014 年第 4 期。

有权人即集体经济组织手中。之后，按照国家法律和政策关于承包期限的规定，开启下一个承包周期。所以，限制土地经营权人在未经所有权人同意下以土地经营权做抵押的行为，或者是以土地经营权人违反其与集体经济组织之间的抵押禁止约定为由，而否定土地经营权人与第三人的抵押合同效力，于集体经济组织权利保护并无实际益处。从社会总成本—收益分析的角度来看，反倒会因为限制了土地经营权抵押，致使其流转不畅，对土地经营权价值的提升有害无益。集体经济组织作为农地所有权人，其利益亦会受损。不如简化土地经营权抵押程序，不再要求土地经营权抵押须经土地所有权人同意这一要件。当然，土地所有权人与土地经营权人有约定的，双方从其约定、共同遵守，法律规范自无作强制性禁止的必要性。

三是必须坚持农地用途限制不放松，守牢耕地红线。有学者认为，土地承包经营权抵押的实现，将导致土地用途发生变化。但笔者认为，处置土地经营权，土地经营权人会发生变化，并不必然导致其用途发生变化。[①] 立法和政策需要将监督管理的重点放在流转后土地经营权用途是否被改变上，因为农地关系到粮食安全，粮食安全为国之大计，将耕地红线保护上升到国家安全的高度亦不为过。因此，法律法规的制定及其调整重点应是土地经营权的用途，而不是受让人的主体资格和农业生产资质及能力问题。原承包农户和符合农业生产资质和生产能力的受让人也完全有可能将承载土地经营权的土地非农化。抑或如上文所述，不具备农业生产资质和生产能力的市场主体也有可能整合社会资源，将土地经营权加以高效利用。此外，不再对受让人的农业生产资质和生产能力做出要求。不具有农业生产资质和生产能力的主体受让土地经营权以后，完全可以通过出租、雇用农业职业经理人等各种方式，把农业生产变成一种经营管理活动，实现受让土地经营权的高效利用。“土地流转的收入效应有着明显的‘非对称性’，即在土地流转过程中，租出土地的农户家庭的收入增长幅度（33%）要显著

① 参见史卫民：《农地抵押贷款模式的比较考察与我国的路径选择》，载《现代经济探讨》2010 年第 9 期。

高于租入土地的农户家庭的收入增长幅度（19%）。”① 也就是说，尽管土地经营权流转促进了双方收入的增长，但存在非对称性。由于农业的天然风险性，流入户收入增加的不确定性要比流出户大。流入户会存在自然的、提升单位面积土地收入的冲动，因此而导致“土地经营权流转后的‘非粮化’‘非农化’倾向”。② 摆脱“新农地金融困境”的主要措施在于建设完善的农村集体土地权益流转交易市场。与农地和土地经营权“细碎化”的现实状况相一致，目前，全国各地的农村产权交易市场也呈现“细碎化”的特点，多是以市域范围为服务半径成立农村产权交易所，土地经营权的流转需要经过乡—县—市三级农村产权交易流程，交易成本高、效率低。笔者在调研中了解到，实务中不少农村产权交易市场缺乏区域影响力和辐射力，交易不活跃，一些农村产权交易所交易规则不健全、交易门槛高，甚至有个别农村产权交易所因交易量极少而被关闭，为农村集体土地权益流转或抵押融资探索而付出高昂的“学费”。因此，亟待创新土地经营权流转交易市场形式，如探索建立农村土地银行，完善土地经营权流转交易制度。

## 第五节　传统抵押物处置方式在土地经营权抵押权实现中的适用

由于农村土地经营权抵押贷款是以土地经营权预期收益为还款来源的，因此保障农村土地经营权抵押贷款可持续发展的关键是建立完善的抵押土地处置机制，通过抵押土地处置机制来实现土地经营权的预期收益，从而真正体现土地经营权抵押融资的本质特征。只有通过适当的抵押土地处置机制来及时、足额地实现土地经营权的预期收益，进而来保障金融机构的权益，才能真正促进农村土地经营权抵押贷款的有序推进。民商事法律制度中，从原《民法通则》、原《担保法》、

① 冒佩华、徐骥：《农地制度、土地经营权流转与农民收入增长》，载《管理世界》2015 年第 5 期。

② 杨璐璐：《农村土地经营权流转的现实困境与制度性原因分析》，载《西北大学学报（哲学社会科学版）》2015 年第 4 期。

原《物权法》、原《民法总则》到《民法典》,[①] 都规定了抵押权可以通过拍卖、变卖、折价三种方式实现,[②] 但这些传统方式用于土地经营权的处置均有困难。对于传统抵押权的实现而言，我国已经建立健全的抵押财产价值评估体系，拥有足够数量的抵押财产评估机构，还有成熟的抵押财产拍卖交易平台，故抵押财产的评估和拍卖均很容易实现。

制约金融机构发放农村土地经营权抵押贷款的根本原因是如何保证抵押土地经营权的预期净收益问题。在拥有土地经营权的借款人能够正常经营土地的情况下，通过经营土地的净收益即可用于还款。但若由于自然灾害、管理不善、市场行情不好等导致借款人经营土地的净收益不足以偿还金融机构贷款时，应如何保障金融机构的权益？比如，已在一些地区出现了部分土地经营者因经营困难而“跑路”现象，这时应当如何处理？这是制约金融机构开展农村土地经营权抵押贷款的症结所在。当土地经营者借款人不能按时归还农村土地经营权抵押贷款的本金和利息时，对抵押土地经营权的有效处置就成了关键。因此，保障农村土地经营权抵押贷款正常运转和可持续发展的关键是进一步完善抵押土地的有效处置机制。对于不同类型的农村土地经营权抵押贷款，其抵押土地处置机制也有所不同。在附担保条件的农村土地经营权抵押贷款中，担保人代土地经营者借款人向金融机构归还贷

---

① 除文中提到的法律规范外，农村集体土地使用权抵押相关规范还包括：1995 年原国家土地管理局《农村集体土地使用权抵押登记的若干规定》(〔1995〕国土［籍］字第 134 号)(已失效)；1997 年原国家土地管理局《关于土地使用权抵押登记有关问题的通知》(〔1997〕国土［籍］字第 2 号)(已失效)；1996 年国务院办公厅《关于治理开展农村“四荒”资源进一步加强水土保持工作的通知》(国办发〔1996〕23 号)。因相关立法中禁止土地承包经营权的抵押，所以有关规定中涉及抵押权实现问题的，只是集体建设用地的处置方式，不包括农用地（土地经营权），如《农村集体土地使用权抵押登记的若干规定》(〔1995〕国土［籍］字第 134 号)(已失效) 第 13 条，对实现抵押权时的土地使用权处置问题，规定因处理抵押财产，转移乡村企业集体土地使用权的，应当由土地管理部门依法办理征地手续，将抵押土地转为国有，然后再按划拨国有土地使用权的办法进行处置。

② 《民法典》第 410 条规定：债务人不履行到期债务或者发生当事人约定的实现抵押权的情形，抵押权人可以与抵押人协议以抵押财产折价或者以拍卖、变卖该抵押财产所得的价款优先受偿。协议损害其他债权人利益的，其他债权人可以请求人民法院撤销该协议。抵押权人与抵押人未就抵押权实现方式达成协议的，抵押权人可以请求人民法院拍卖、变卖抵押财产。抵押财产折价或者变卖的，应当参照市场价格。

款本金和利息后，担保人即可获得抵押土地的经营管理权。

## 一、折价方式在土地经营权抵押权实现中的适用

所谓抵押物折价是指抵押权人与抵押人按照协议约定或人民法院的裁定，参照抵押财产的市场价格确定一定的价款，以向抵押权人转移抵押财产所有权的方式清偿债务。抵押物折价不能损害其他抵押权人的利益，且抵押权人和抵押人不得订立流质条款。折价与流质不同，立法始终对流质持否定态度，按照《民法典》第401条的规定，抵押权人在债务履行期限届满前，与抵押人约定债务人不履行到期债务时抵押财产归债权人所有的，只能依法就抵押财产优先受偿，实施“三权分置”后，土地经营权从农村土地承包经营权中分离出来成为独立权利，其基本要求是不能改变土地的用途。我国为确保粮食安全，实行严格的土地用途管制，严格控制耕地转化为非农用途。因此，土地经营权的受让主体只能按照原来的用途使用土地。然而，作为抵押权主体的银行业金融机构受设立目的和经营范围的限制，不能作为土地经营权的主体，故在现行法律框架下，在土地经营权抵押中，抵押权无法通过折价方式实现。有学者认为，土地经营权抵押权的实现只能采取法院公开拍卖、变卖的方式。也就是说，土地经营权抵押权的实现应排除一般抵押权实现中协议折价的方式，以防止信用社等不从事农业生产经营的金融机构取得土地经营权。①

土地经营权在抵押权实现时，之所以不允许抵押权人将土地经营权折价归己，有研究认为是公平确定土地经营权价值、保护当事人的合法权益的需要。由于土地经营权的估价难度高，其折价标准和计算方法很难掌握，折价过高则有损债权人的利益，折价过低则有损抵押人的利益，若聘请专业估价机构进行评估则增加当事人费用负担。所以，只有通过拍卖、招标等市场定价方式，才能以较低廉的成本，求得较公平的价格。② 笔者认为，土地经营权价值公平确定问题不能作为

① 参见田虹、杨玉凯：《农村土地承包经营权抵押法律制度问题剖析》，载《社会科学辑刊》2013年第2期。

② 参见施晓琳：《论以土地承包经营权抵押为特征的金融制度》，载《南京农业大学学报（社会科学版）》2002年第3期。

折价方式不适用的理由。折价是双方经协商一致商谈出来的一个交易价格，并且是由抵押法律关系双方直接进行沟通，这种效率远高于由第三方介入的拍卖方式的效率，因此无论是从公平还是从效率角度考虑，抵押双方直接达成一致，以折价方式实现抵押权未尝不可。

对于主张土地经营权抵押权不能通过折价方式实现的观点，有学者认为这只是原则，对于非以承包方式获得的土地经营权抵押权可以通过折价的方式实现。也有学者认为这种论证的逻辑前提是在土地经营权抵押中只有金融机构才能作为抵押权人，但土地金融市场是多元竞争的市场，非金融机构也可以成为抵押权人。只要不违背法律的规定就可以取得一定期限的土地经营权，也即折价的方式是可行的。[①] 有学者认为，土地经营权抵押的实现不能采取折价的方式，只能采取拍卖、变卖的方式优先受偿。也有学者认为，土地经营权抵押的实现方式，原则上应排斥协议折价的方式，以防止银行等不从事农业经营的金融机构取得土地经营权。例外情况下，在抵押权人为承包户和其他农业经营者时，应允许采取协议折价的方式。[②]

抵押人和抵押权人皆为集体经济组织内部成员且双方愿意以折价或变卖方式实现抵押权的，可以以折价或变卖方式进行。在抵押法律关系双方当事人都认可的基础上，允许土地经营权抵押权以变价折价方式实现，有利于简化抵押权实现程序，提高处置效率，是拍卖原则的有效补充。事后折价方式可以较好地兼顾成员间土地流转的意愿，故当事人间的流质条款仍当依照法理否定其效力，防止抵押权人通过事前约定将土地经营权折价归己。[③]

## 二、拍卖方式在土地经营权抵押权实现中的适用

依据《拍卖法》第 3 条的规定，拍卖是指以公开竞价的形式，将特定物品或者财产权利转让给最高应价者的买卖方式。与折价方式相

① 参见庞伟伟：《论土地承包经营权抵押制度之重构》，载《中国不动产法研究》2016 年第 1 期。

② 参见房绍坤：《论土地承包经营权抵押的制度构建》，载《法学家》2014 年第 2 期。

③ 参见张立：《土地承包经营权抵押制度障碍与重构》，西南财经大学 2012 年博士学位论文，第 94 ~ 97 页。

比，以拍卖方式处分抵押财产具有很大的优点，因为拍卖是通过公开竞买方式出卖抵押财产，拍卖的价款能够最大限度地体现抵押财产的价值，从而充分地发挥抵押财产对债权的担保作用，故比折价更合理，也较为公平。抵押权人采取公开拍卖方式，即以公开竞价的方式，将土地经营权出卖给出价最高的人，可采取法院强制拍卖与商业拍卖两种方式进行。[①] 在司法实践中，有条件采取拍卖方式的，应当首先采取拍卖方式。人民法院拍卖被执行人财产的，应当委托具有相应资质的拍卖机构进行，对拟拍卖的财产，人民法院一般应委托具有相应资质的评估机构进行价格评估。[②] 考虑到集体土地使用权的特殊性及用途管制制度，具体操作时应视土地不同用途而采取不同方法。对于农地使用权抵押权的实现，既不能改变其所有权性质，也不能改变其用途，抵押权人可以以拍卖等形式将土地使用权转移给其他农户，用以抵偿贷款本息，同时实现了土地的流转。当抵押权人对土地使用权实施拍卖时，购买者也包括非集体经济组织成员。[③]

土地经营权抵押权原则上应当以拍卖方式进行。土地经营权的拍卖是指在不改变土地用途和不改变土地集体性质的前提下，以公开竞价的形式将特定土地经营权流转给最高应价人的流转方式。在土地经营权抵押场合坚持以拍卖变卖方式为原则，有利于减缓土地经营权流转中的信息不对称导致的外部性问题；有利于引入竞争机制，确保抵押人权益不受损害；有利于优化土地承包经营权流转环节，促进土地经营权流转市场改进。综上，土地经营权抵押权以拍卖方式可以使抵押人和抵押权人利益最大化，这种方式是土地经营权抵押权实现方式选择中应该坚持的主流方式。参考各地试点经验，应当考虑设置市场化的专业机构完成这一任务，以保证土地用途和集体所有性质不被

---

① 参见庞敏英、张生旭：《土地承包经营权抵押可行性探究》，载《河北法学》2004 年第 4 期。

② 最高人民法院《关于人民法院民事执行中拍卖、变卖财产的规定》（法释〔2004〕16 号，2020 年修正）。

③ 参见张蔚文、孙炜：《集体土地使用权抵押的现状及其立法建议》，载《中国农村经济》2000 年第 12 期。

改变。①

## 三、变卖方式在土地经营权抵押权实现中的适用

变卖是以普通的买卖方式处分抵押财产以实现抵押权的方式。与拍卖相比，变卖不需要特定的程序和竞价，而是在参考市场价格的基础上将抵押财产以合理的价格出卖给第三人。在司法实践中，抵押人和抵押权人对变卖财产的价格有约定的，按照其约定价格变卖；无约定价格但有市价的，变卖价格不得低于市价；无市价但价值较大、价格不易确定的，应当委托评估机构进行评估，并按照评估价格进行变卖。

也有观点认为，土地经营权抵押融资中抵押权也难以通过拍卖、变卖方式实现。有研究认为，参与土地经营权拍卖、变卖的农业经营主体极少。土地经营权的拍卖和变卖在理论上是可行的，但在现实中是有很大困难的。在土地经营权抵押融资中，土地经营权之所以被拍卖和变卖，是因为土地经营权主体在农地经营过程中无法获得收益，或收益甚微不足以偿还贷款。② 现实中，农业经营主体参与土地经营权拍卖和变卖的意愿不足，农业生产受自然环境和气候的影响较大，在发生严重自然灾害时，土地经营权主体不仅没有任何收益，而且还会遭受重大经济损失。基于以上因素，其他农业经营主体在受让土地经营权时通常会顾虑重重，担忧自己同样也不能扭转农地亏损的局面，尤其是在出现自然灾害的情况下，农业经营主体均难以幸免，根本无力承接拍卖、变卖的土地经营权。

笔者认为，土地经营权具有一定的资产专用性，在拍卖、变卖过程中，参与主体少可能会影响土地经营权变现的效率、变现价格，增加交易等待时间，但不能作为土地经营权抵押权实现时不能采用拍卖、变卖方式的理由。更为妥当的处置思路就是不再将土地经营权处置所得价款作为清偿债务的主要来源，抵押物处置关注的是土地经营权的

① 参见张立：《土地承包经营权抵押制度障碍与重构》，西南财经大学2012年博士学位论文，第97页。

② 参见朱庆等：《承包土地经营权与农民抵押登记问题研究》，法律出版社2019年版，第40页。

交换价值，传统民法抵押权理论将抵押权实现的充分依据或存在的前提定位于抵押物的交换价值，即当债务人（抵押人）在不履行或不能履行债务时，债权人（抵押权人）得通过拍卖、变卖、折价等方式实现抵押物的价值并以其优先受偿。[①] 转而关注土地经营权的使用价值，以其使用收益清偿债务。权利抵押不同于物的抵押，在后者，物的交换价值很容易被客观地衡量，而对于权利，特别是用益物权，它带给权利人的是收益，这种收益呈现两个特点：一是周期性；二是不稳定性。相对于整个权利而言，还具有可在观念上衡量其价值的可能性，这些决定了以土地承包经营权为标的的抵押权有其独特性，同时也有灵活的实现方式。[②] 农村产权抵押融资的合法性依据不足导致抵押权实现存在困难。从我国立法实践看，相关法律已对农地承包经营权进行了具体明确的规定，农地通过转包、转让、出租、抵押、入股等形式流转已不再缺乏必要的法律依据。在法律层面，依原《物权法》规定，农村土地承包经营权和宅基地使用权是用益物权，根据“物权法定”原则，物权的种类和内容由法律规定，禁止当事人自由创设。但成都市开展农村产权抵押的依据是成都市政府的文件，可以算作政府规章，以政府规章对抵押主体、抵押登记、抵押实现等内容进行设定，其本身即存在法律效力上的缺陷，且这些内容与现行立法有所冲突，其合法性存有明显瑕疵。

土地经营权抵押权实现机制创新的重点在于围绕新的处置理念，构建土地经营权使用价值的实现制度。关于抵押权实现模式，原《物权法》第195条规定先协商实现，协商不成的，抵押权人可以请求人民法院拍卖、变卖抵押财产。这一规则修改了原《担保法》第53条“协议不成的，抵押权人可以向人民法院提起诉讼”的表述，使抵押权人可以无须经过冗长的审判程序，径直向法院申请许可拍卖、变卖抵押物的裁定，并据该裁定直接申请执行。《民法典》沿袭了原《物权法》第195条的规定，《民法典》第410条第1款规定：“债务人不履

---

① 参见刘云生：《农村土地使用权抵押制度刍论》，载《经济体制改革》2006年第1期。

② 参见庞敏英、张生旭：《土地承包经营权抵押可行性探究》，载《河北法学》2004年第4期。

行到期债务或者发生当事人约定的实现抵押权的情形，抵押权人可以与抵押人协议以抵押财产折价或者以拍卖、变卖该抵押财产所得的价款优先受偿”；第410条第2款规定：“抵押权人与抵押人未就抵押权实现方式达成协议的，抵押权人可以请求人民法院拍卖、变卖抵押财产。”现行《民事诉讼法》第15章“特别程序”规定了“实现担保物权案件”，第203条规定：“申请实现担保物权，由担保物权人以及其他有权请求实现担保物权的人依照民法典等法律，向担保财产所在地或者担保物权登记地基层人民法院提出。”第204条规定：“人民法院受理申请后，经审查，符合法律规定的，裁定拍卖、变卖担保财产，当事人依据该裁定可以向人民法院申请执行；不符合法律规定的，裁定驳回申请，当事人可以向人民法院提起诉讼。”为担保物权的实现确立了基本的程序性规范。① 土地经营权抵押权属于担保物权，可以直接适用“实现担保物权案件”这一特别程序。②

---

① 参见程啸：《论抵押权的实现程序》，载《中外法学》2012年第6期。

② 参见高圣平：《农地金融化的法律困境及出路》，载《中国社会科学》2014年第8期；庞伟伟：《论土地承包经营权抵押制度之重构》，载《中国不动产法研究》2016年第1期。

# 第四章　土地经营权抵押融资中抵押权实现机制创新

## 第一节　土地经营权抵押权实现机制创新的必要性

### 一、放活土地经营权

在土地经营权抵押融资中，抵押权的实现具有重要的制度价值。“三权分置”改革是党和国家做出的重要部署，能适应市场经济发展的需要，充分调动各类市场主体的积极性，有效整合土地、劳动、科技、资金等生产要素，实现土地的最佳利用，促进农业现代化。“三权分置”的基本方向是落实集体所有权、稳定农户承包权、放活经营权，而放活经营权是关键。[①] 放活经营权，关键在于发挥农地的使用价值和交换价值。前者是通过发展适度规模的农业产业化经营，实现农地的优化配置；后者则要通过赋予土地经营权的抵押权能，进而成为土地经营权人向金融机构抵押融资的工具，满足现代农业的资金需求。放活经营权的实质就是引入外部技术和资金，改造传统农业，促进传统农业转型升级。[②] 随着农业市场化程度的不断提高，农业经营主体通过单纯的信用已经无法获得大量的资金，融资难已经成为困扰我国农地经营主体扩大农业生产经营规模和提高农业生产效率的重要因素。土

---

① 参见孙宪忠：《推进农地三权分置经营模式的立法研究》，载《中国社会科学》2016 年第 7 期。

② 参见［美］舒尔茨：《改造传统农业》，梁小民译，商务印书馆 1987 年版，第 4 页。

地经营权抵押的主要功能是融资，土地经营权抵押相对于小额信贷的优势在于其能够有效减少银行贷款的信用评估成本，增加贷款的可得性。由此可见，土地经营权抵押业务的顺利开展与“三权分置”改革息息相关，土地经营权抵押贷款可以为农业经营主体的生产经营活动提供资金支持，农业经营主体则可以利用土地经营权抵押贷款增加农业投入，发展规模农业和现代农业。

## 二、纾解农地金融困境

目前国内学者在农村金融问题上做了大量研究探索，从相关文献看，通说认为土地经营权的流转与抵押将大大助力农村金融与农村经济发展。“但农地经营权抵押经营中存在抵押品变现的风险，一旦农民经营失败，金融机构需要处置抵押品时，无论再流转还是转让经营权的定价，都存在一定的难度。抵押物处置是否顺畅关系到抵押物变现程度的大小，越容易变现，银行风险越小；相反，处置难，变现难，必然影响到银行的信贷行为。相反，如果是单户的家庭以土地经营权抵押，土地处置难度大，难以通过经营权抵押融资。目前我国开展的农村土地经营权抵押，实际上是用一定年限的土地经营权的收益进行质押。”①

我国长期存在特殊的城乡二元经济结构，农村金融系统不断边缘化，基于对利润最大化的追求和城市金融机构的优势，金融机构纷纷将其主营业务由农村转向城市。② 虽然国家出台了大量的政策文件鼓励金融机构支持农业生产经营的发展，但农村金融机构重储蓄、轻投资的现象仍然没有从根本上改变，农村金融机构的贷款主要用于农村基础设施建设，而没有流入具有迫切资金需求的农业生产经营主体。由此可见，土地经营权抵押的实现有助于提高金融机构向农业生产经营主体贷款的积极性，使农业生产经营主体成为农地金融的直接受益者之一，从而改善农村金融的结构，促进“三农”问题的解决。

---

① 陈菁泉、付宗平：《农村土地经营权抵押融资风险形成及指标体系构建研究》，载《宏观经济研究》2016 年第 10 期。

② 参见朱庆等：《承包土地经营权与农房抵押登记问题研究》，法律出版社 2019 年版，第 19 页。

## 三、发挥集体土地用益物权担保功能

党的十八届三中全会及此后出台的一系列政策文件为我国的农村集体土地改革进行了顶层设计，为新一轮农村土地改革提供了强有力的政策支撑，明确提出了农村土地“三权分置”改革的改革路径。中国人民银行、原银监会等部门于2016年3月颁布了《农村承包土地的经营权抵押贷款试点暂行办法》（银发〔2016〕79号），在部分地区开展的土地经营权抵押融资试点工作获得法律的认可。《民法典》也已明确将土地经营权纳入抵押财产的范围。但在学术界仍有学者存在土地经营权能否抵押的疑虑，导致相关抵押的规则难以达成合意。根源在于实务中土地经营权抵押权实现所面临的困难，传统抵押权实现程序较为烦琐，使抵押权人很难在短时间内实现抵押权。在审判程序中，法院要审理与此担保合同相关的许多合同，毕竟担保合同在主合同有效的前提下才有意义，否则不能直接执行抵押人的财产。在一审结束后，只要任何一方提起上诉，就要进入上诉审甚至再审程序；纵使审判一帆风顺地进入执行程序，也需要很长的时间来获得财产的执行，这是现今我国存在的执行难问题导致的，再加上资产评估机构评估、拍卖机构拍卖抵押物等环节，使得这个程序更为漫长。有调查显示抵押权实现的时间周期超过1年的占53%；半年至1年的占26%；少于3个月的占17%；能在1个月内实现的仅为4%，抵押权实现的漫长等待让多数抵押权人都承受不起。对专门的担保公司而言，若大量债权不能及时收回，就会极大地增加担保公司的经营风险，使得合法抵押担保的功能不能正常发挥。① 漫长的抵押权实现程序使得抵押权实现成本大幅增加，让抵押权人为实现抵押权付出沉重代价。② 权威调查显示，通过审判和执行程序实现抵押权要缴纳的可预见费用包括案件受理费、财产保全费、执行费用、抵押财产评估和拍卖费用、律师费、债权人接受担保物以物抵债时的税金以及其他交易费用等。抵押权实现成本

① 参见朱宝丽：《农村宅基地抵押的法律约束及地方经验存在的问题》，载《国土资源导刊》2013年第3期。

② 参见朱宝丽：《农村宅基地抵押的法律约束及地方经验存在的问题》，载《国土资源导刊》2013年第3期。

将达到诉讼标的额的20%～30%。[①]

《中共中央关于全面深化改革若干重大问题的决定》明确要求，稳定农村土地承包关系并保持长久不变，在坚持和完善最严格的耕地保护制度前提下，赋予农民对承包地占有、使用、收益、流转及承包经营权抵押、担保功能，允许农民以承包经营权入股发展农业产业化经营。因而，构建农村土地经营权抵押的贷款模式、风险控制和处置机制将有效释放土地资本的功能并为规模化农业提供资金支持。[②] 有学者认为，中国的农用地制度和建设用地制度沿着不同的路径演化，前者"朝着强化土地用益物权和以农户为主体的市场交易方向发展"，而后者"在朝着强化地方政府垄断和土地利益最大化的方向发展"。[③] 农村集体土地制度近十几年的发展印证了这一判断，并且该趋势仍将延续，土地经营权抵押权实现问题就成为必须逾越的障碍，需要通过制度设计、完善机制体制加以解决。笔者认为，土地经营权是一种"高度物权化"的新型独立财产权，是中国特色土地制度的有机组成部分，也是中国特色担保法律制度的重要内容。基于顺畅土地经营权抵押流转法律关系、高效便捷地实现土地经营权抵押权的需要，必须结合土地经营权抵押融资试点情况，对此做出理论上的解释并制定土地经营权抵押融资规则，为土地经营权抵押权的实现提供法律保障。

## 四、健全农村土地产权法律制度

从地方实践探索与法律规范的互动关系来看，第一，实践探索中存在突破法律法规的现象，地方创新对实践需要的迎合面临合法性质疑。地方政策相对于上位法律法规来说，效力层次低，有些措施与上位法不完全一致，但并不能因此而否定地方探索所积累的经验。出台地方政策的政府相关部门相比上级立法机关，更熟悉集体土地经营权抵押融资实践情况，便于及时调整政策以适应实践需要。上位法具有

① 参见中国人民银行研究局等：《中国动产担保物权与信贷市场发展》，中信出版社2006年版，第178页。

② 参见童彬：《农村土地经营权抵押制度研究——以制度困境、主要模式、风险控制和处置机制为路径》，载《社会科学家》2014年第10期。

③ 刘守英：《中国的二元土地权利制度与土地市场残缺——对现行政策、法律与地方创新的回顾与评论》，载《经济研究参考》2008年第31期。

统一性，效力层次也较高，但其制定和修改程序也较为严格，立法成本高于政策制定成本。“就改革和法律的一般关系而言，一方面，法律不仅规范和指导着改革的进行，而且还保障和促进改革的深化；另一方面，法律又是改革成果的总结，是对改革实践中行之有效的政策规则的提炼和升华。”① 所以，集体土地经营权制度的完善，需在政策实践过程中实现政策与立法的互动，不断总结切实可行的地方探索经验，提升立法层次，使制度效应能在更大程度上和更大空间内释放，实现“良法善治”。第二，地方探索规范条文简单，只是解决了局部问题，缺乏全盘考虑，各地做法也不能统一。如允许宅基地使用权、土地承包经营权、集体经营性建设用地抵押，但缺少集体土地权利的流转市场和评估定价机制。虽然有些试点地区的配套措施较为完善，② 也有统筹城乡配套改革的优惠政策作依托，但集体土地制度的创新依然面临与上位法相抵触的尴尬，无奈地选择变通方案，增加了集体土地制度改革的成本。第三，实践探索对规范的调整和完善意义重大，因为我国“二元”分割的特殊土地制度结构已经根深蒂固，健全非一日之功。局部的试验和改良不但可以使风险可控，而且为将来在更大范围、进行更大规模的集体土地制度变革完成理论和实践经验的储备。规范层面与实践层面的集体土地权利相比，实践中早已突破立法与政策对集体土地权利权能的限制，这种突破因具体集体土地权利形式的不同而显现出程度差异。需要正视实践中对集体土地资源的需求，合理配置集体土地在农用地、建设用地和宅基地等不同用途间的比例，赋予集体土地权利完整权能。

由于土地经营权的区位劣势，“金融机构将经营权流转有一定困难，特别是农用承包土地经营权抵押贷款，由于抵押的承包地面积小

---

① 丁文：《论土地承包权与土地承包经营权的分离》，载《中国法学》2015 年第 3 期。

② 2012 年，安徽省铜陵市委、市政府出台农村产权制度改革“1 + 8”方案，为试点地区农民利用土地资产开展估价、变更、抵押融资、入股等活动提供规范依据。参见田治安：《让广大农民平等参与现代化进程——关于铜陵市城乡一体化发展研究》，载《安徽行政学院学报》2014 年第 1 期。

以及受田块区位影响，要及时流转抵押的土地承包经营权是比较困难的”。[①] 处置时效与土地经营权期限也不匹配，当前租金支付惯例，使银行流转处置“农地”抵押物面临较高时效要求。经营权主要以出租方式流转，借款主体获取承包土地的经营权期限较长，但流转双方考虑到规避通货膨胀损失、分散财务支出等因素，租金支付基本采用“一年一付”的惯例，有的按一定重量的小麦换算成货币计价，有的直接以货币计价定期变更。这就迫使银行流转处置抵押物时，须在借款主体向承包方支付下年度租金前完成，最长有效流转处置时间为 1 年，而实际处置中时间往往更短，极易出现“到期后借款主体拖欠租金、承包方收回土地的情况，结果是金融机构抵押权难以存续”。[②]

## 第二节　土地经营权抵押权实现机制创新的价值取向

### 一、土地经营权抵押权实现机制与抵押物处置方式的辩证关系

从机制与方式的关系看，机制是指事物的内在各要素之间的结构关系、运行方式及各种变化的相互联系，方式是指为获得某种东西或达到某种目的而采取的手段与行为方法。研究土地经营权抵押权实现问题，应厘清抵押权实现机制与抵押物处置方式之间的关系。一方面，土地经营权抵押权实现机制是一个整体概念，不仅是抵押物的处置，还包括抵押权的设定、对抵押物的要求以及其他因素是否有利于抵押权的实现以及抵押权经由何种方式实现以及抵押物如何处置等一系列协同措施；另一方面，抵押权实现是结果，抵押物处置是手段，抵押权的实现关注的是抵押权人的债权最终是否得到足额满足，至于是利用土地经营权的交换价值还是使用价值则在所不问，不强调要将抵押物变现处置，只要能够清偿债权即可。其清偿来源可能是土地经营权

① 陈菁泉、付宗平：《农村土地经营权抵押融资风险形成及指标体系构建研究》，载《宏观经济研究》2016 年第 10 期。

② 李伟、牛玉莲：《“两权”抵押贷款抵押物流转处置问题的思考》，载《清华金融评论》2016 年第 10 期。

处置变现的价款，也可能是土地经营权使用收益所得，而抵押物的处置强调的是对用作抵押的土地经营权的处理，即如何将土地经营权变现以清偿债权。

## 二、土地经营权抵押权实现机制的价值内涵

价值是事物对人类自身需要的基本满足，反映的是现实的人同满足其某种需要的客体属性之间的关系。制度设计的价值取向是指制度向着某种目的或达到某种社会效果的方向运作和发展，包含了两层含义：一是指制度制定者在制定规则时希望通过制度规范达到的目的或社会效果；二是指制度本身所追求的多个目标出现矛盾时，在多元价值目标中所选择的终极目标。农村集体土地制度改革的终极目标是实现集体土地资源的效率最大化，集体土地制度设计的价值取向通常有耕地保护、农民利益保护、发挥农地效用等，这些因素在集体土地制度设计中应该受到同等重视。在集体土地制度改革过程中，以上价值取向有不同的组合方式，有时和谐共处，有时也会出现对立和矛盾。但都应该围绕“集体土地资源的效率最大化”这一目标，实现集体土地制度改革多元化价值取向的动态协调与均衡。

首先，集体土地经营权制度改革的对象是现行集体土地制度，按照新制度经济学对制度的分类，涉及集体土地经营权内容的民商事法律法规属于正式制度。《民法典》《农村土地承包法》等民商事法律勾勒出了集体土地经营权制度的大致框架，大量的政府规章和地方性法规共同构成集体土地经营权制度的主体内容。以《民法典》《农村土地承包法》为代表的民商事法律法规、政府规章、地方性法规和政策，就成为我们评价集体土地经营权制度优劣的依据。改革集体土地经营权制度就是革除现行民商事法律法规中涉及农用地问题的过时规定，是对现有集体土地经营权制度困境的破解。集体土地制度作为经济的“内生变量”，如同资金、劳动力、技术等生产要素一样，对经济发展具有决定作用。从新制度经济学的相关研究看，运行良好的集体土地经营权制度可以降低交易成本，为实现合作创造条件，提供激励机制并减少人的机会主义行为，集体土地经营权制度创新有利于外部利润

内部化。[①] 所以，民商事制度设计的价值取向或终极目标对集体土地经营权制度改革同样适用，公平正义、效率等目标当然也是集体土地经营权制度设计应遵从的指导思想。

其次，在制度改革中，破“旧”的目的在于立“新”。目前来看，我国的集体土地经营权制度改革是一个渐进的过程，集体土地经营权实践探索和制度完善相互推动。因为土地制度既是宪法规定的根本经济制度，也是民商事范畴中的重要内容，涉及土地所有权、使用权、流转交易及市场监管等问题。所涉及的法律部门从宪法到民商事法律，再到行政法律，涵盖实体法与程序法。集体土地经营权制度属于“牵一发而动全身”的全局性问题，实践需要先在一定区域内封闭试点，在探索中不断纠错以积累经验，待成熟后再在更大范围乃至全国推广。体现在制度建设上，就是由地方规范性文件到部门规章或地方性法规，最后由全国性法律法规对探索经验予以确认。“实然之法”与“应然之法”是法哲学的基本范畴。“实然之法”是现实存在之法，是“实际上是怎样的法”，即在现实中实际存在、对人的行为实际发生效力的制定法，“实然之法”是各种利益相互妥协的产物。“应然之法”是理想之法，是“应该是怎样的法”，即根据法的特性而应达到某种理想状态的法。现行集体土地经营权制度作为“实然之法”，当该制度不能适应社会发展要求时，对“应然之法”的追求催生了对集体土地经营权制度的探索，该类探索可以完善民商事法律法规，民商事法律法规的修改是对集体土地经营权制度探索经验的肯定，可行的探索经验只有被国家法律认可方能避免受到合法性质疑。修改后的民商事法律法规属于公共品，为集体农用地所有权与使用权的行使提供行为规范，并随着经济、社会环境的发展成为下一轮“实然—应然—实然”互动的起点。

最后，在制度完善过程中，制度设计理念的作用不容小觑，民商事法律法规建构所应坚持的价值取向，同样可以在集体土地经营权制度中得以体现。我国的城乡“二元”分割结构形成于新中国成立之初，该结构支配和影响我国经济、社会发展的时间几乎与新中国的历史相

① 参见卢现祥：《西方新制度经济学》（修订版），中国发展出版社2003年版，第65~72页。

当。范围涵盖城市和农村，大到经济增长模式，小到每个公民的命运和生活方式，无不受到“二元”分割结构的影响，或因之而受益，或因之而受损，均不能置身其外。有学者将新中国的城乡关系简化为两个阶段，从中华人民共和国成立到取消农业税大约50年是第一阶段，该阶段的城乡关系被称为“剥削型城乡关系”，2006年取消农业税后是第二阶段，该阶段的城乡关系被称为“保护型城乡关系”。国家通过将城市和乡村分开，实施两种不同的政策，从而适应国家不同发展阶段的需要，达到不同的政策目标。① 该“二元”结构的形成根源正是特定历史条件下的制度设计理念或价值取向造就了一系列城乡分治的制度。笔者这里无意去评论这些制度，只是想借助“特定历史条件下制度设计的价值取向对具体制度的影响”这一事实，强调制度设计理念或立法与政策的价值取向，无论是对制度的内容，还是对该制度所调整的社会、经济关系，都有着深层次且持久的影响。集体土地经营权制度设计的价值取向应体现均衡性。集体土地经营权制度的价值取向是一组价值集合经过博弈达成的一种均衡状态，各价值间的博弈过程实际上是集体土地经营权所涉及的社会各利益主体博弈的过程，制定法的出台就是利益集团力量博弈的结果。具体历史时期的集体农用地制度体现了该时期各集体土地参与主体的博弈均衡。我国各个历史时期的土地制度的产生、发展及演变过程都清晰地表明了这一博弈过程及其均衡结果，不同时期的制度必然与当时的经济、政治、文化和社会等背景相适应，不同的微观经济社会基础也就必然造就差异性的集体农用地制度理念。结合我国目前经济、社会条件及其所处的宏观大背景来看，统筹城乡发展是未来相当长一段时期内国家的发展战略。土地制度，尤其是集体农用地制度在统筹城乡发展中具有举足轻重的地位，当然不能沿袭以往以“管理和控制”为主要特点的制度定位，应从“管理法”的思维模式过渡到“利用法”的思维模式，将以对土地的“管理和控制”为中心转变为以“合理配置农用地资源，发挥其最大效用”为中心。只有在这种制度理念指导下，我们才能以更为开阔的视

① 参见贺雪峰：《城乡关系变动与乡村振兴的阶段》，载《贵州社会科学》2021年第8期。

野和更为长远的眼光看待集体土地经营权制度变革。

有观点认为，大部分业主在流转农民的承包土地经营权时，租金的支付通常为“半年一付”或“一年一付”。而要实现土地经营权抵押贷款，只有要求土地流转业主一次性支付多年的租金，金融机构的抵押权才能有一定保障。① 笔者认为，该问题实际上是由于土地经营权租金支付时间节点与抵押融资期限不匹配造成的。一般来说，在设定抵押时，抵押融资期限与土地经营权流入期限是相吻合的，但土地经营权租金支付时间节点与抵押融资期限不匹配，导致土地经营权流转合同存在因违约而被解除的可能性。比如，流入方以使用期限为10年的土地经营权抵押融资，假设其租金是一年一付，支付2年后，流入方因拖欠租金、改变土地用途等原因而违约，导致原农户，即土地承包权主体依照合同法规定解除土地经营权流转合同，收回土地经营权，此时，金融机构就面临抵押权落空的风险。如何解决这一问题并规避这种风险？可以采用无因性原则，将土地经营权流转合同视为基础交易关系，因基础交易关系出现无效、被变更或撤销、不生效等情况时，区分导致该情况出现的原因（是因为流入方还是流出方），决定是否适用无因性原则；或者不区分原因，一概适用无因性原则，由金融机构提前收回贷款或行使抵押权，处置抵押物。流入方与流出方根据基础交易关系解决其权益纠纷。至于上述文献所说的“为保障金融机构的抵押权而要求土地流转业主一次性支付多年的租金”。笔者认为不太妥当，首先，抵押融资和土地经营权流转是两个不同的法律关系，根据合同的相对性原则，金融机构不能要求增加流入方基于另一合同关系而需承担的义务；其次，流入方以土地经营权抵押融资，本为解决其农业生产资金紧张的状况，而要求土地流转业主一次性支付多年的租金，只会加剧其资金紧张的情况，很难说对金融机构的债权清偿更有帮助。笔者认为，《农村承包土地的经营权抵押贷款试点暂行办法》（银发〔2016〕79号）第7条规定，通过合法流转方式获得承包土地的经营权的农业经营主体申请贷款的，应符合“已经与承包方或者经承

---

① 参见陈菁泉、付宗平：《农村土地经营权抵押融资风险形成及指标体系构建研究》，载《宏观经济研究》2016年第10期。

包方书面委托的组织或个人签订了合法有效的经营权流转合同，或依流转合同取得了土地经营权权属确认证明，并已按合同约定方式支付了土地租金”以及“承包方已明确告知发包方承包土地的抵押事宜”等条件。防止土地经营权抵押后，债务人因到期不能清偿，被抵押权人行使抵押权而无法支付租金的情况出现，是以安全为价值取向的。

## 三、土地经营权抵押权实现机制创新的原则

公力救济实现抵押权的硬伤就在于其实现时间漫长和实现成本高昂，单一的实现途径必然会影响抵押权担保功能的发挥。因此有必要在法律上构造一种新的途径，使公力救济在保证实现抵押权公信力的同时还可以节省实现成本。① 农村土地经营权抵押物的处置变现是金融机构开展农村产权抵押融资积极性的决定性因素。在土地经营权抵押权实现机制创新过程中，应坚持效率原则，优化抵押物处置变现程序，降低处置成本。由于农村产权地域性强、用途特定、流通性不足，一旦需要处置、转让，往往很难在短期内找到合适的接收者。因此，要发展农村产权抵押融资，就必须优化处置程序，降低处置成本，如在变现方式上优先选择竞价拍卖形式，赋予原权利人、集体经济组织或其成员优先购买权，扩大受让方范围，允许符合条件的集体经济组织及其成员、其他法人、自然人和专业合作社作为受让方，细化规定农村土地用途、建立产粮用地保护机制等。各地方政府还可以建立集体土地回购制度，设立农村抵押融资风险基金，允许农户与抵押权人协商向政府土地回购中心出让已抵押的土地，以降低融资风险，提高抵押物的处置效率。②

坚持抵押物处置无因性原则。“抵押权的实现只是把最后流转合同的流入方的权利义务，依法强制性地转让给他人，接收者依最后流转合同向相对方，即土地流出方履行合同即可。当然，如果租金已经由抵押人全部缴纳，也应免除最后土地经营权人的租金义务。按照合同

① 参见朱宝丽：《农村宅基地抵押的法律约束及地方经验存在的问题》，载《国土资源导刊》2013 年第 3 期。

② 参见余赟：《农村产权抵押融资法律制度问题探析》，载《金融经济》2014 年第 2 期。

独立性的原则，最后的流转合同因抵押权的实现而使履行方发生变动，并不影响前手流转合同的履行。”① 虽然有学者认为“土地经营权作为独立的物权，在抵押担保的意义上，无需经过其前手的同意”。② 但笔者认为，需要考虑前手流转合同的内容、效力以及履行等因素对抵押合同及抵押权实现的影响。如前手流转合同约定禁止流转、禁止抵押、租金支付方式、违约责任等。用于抵押的土地经营权实际上是基于流转合同而享有的权利，如果流转合同对土地经营权有上述限制，那么这里的土地经营权即是附有限制或约束条件的土地经营权。该约束首先会影响土地经营权的评估价值，其次会影响抵押权的实现。如果在订立抵押合同时抵押权人主观心理状态为善意，不存在故意或重大过失，不知道抵押人与流转方有“不得抵押”的约定，则抵押合同有效，抵押权人享有抵押权；反之则无。

## 第三节 土地经营权抵押权的实现与“新农地金融困境”纾解

### ——基于金融机构的视角

### 一、试点规范对金融债权的优先保障

农村土地经营权不同于其他抵押物，抵押物的有效性、稳定性及其处置的便利性受政策、市场以及风险补偿措施等因素影响较大。笔者选取汇总了部分由金融机构牵头或主导出台的土地经营权抵押融资规范，③ 这些规范一般是由中国人民银行地方支行联合地方政府或政府

① 孟光辉：《承包土地经营权的抵押登记问题探析》，载《中国农村经济》2016年第10期。

② 孟光辉：《承包土地经营权的抵押登记问题探析》，载《中国农村经济》2016年第10期。

③ 2008年辽宁省《农村信用社土地承包经营权抵押贷款管理暂行办法》；2010年浙江省慈溪市《农村土地承包经营权质押和林权抵押贷款管理办法（试行）》；2012年甘肃省定西市《农村土地承包经营权抵押贷款管理办法（试行）》；2014年山东省青岛市《农村土地承包经营权抵押贷款管理办法（试行）》；2014年湖南省永兴县《农村土地承包经营权抵押融资管理办法（试行）》；2014年浙江省宁波市《农村土地经营权抵押贷款指导意见》；2014年湖南省《农村土地承包经营权抵押贷款试点方案》等规范。

主管部门制定的，虽然只是金融机构出台或主导制定的土地经营权抵押融资规范的一部分，但已经能够代表和说明问题。结合调研情况，尝试从金融机构视角观察土地经营权抵押权的实现，从相关规范中对于抵押人的苛刻规定分析金融机构对债权安全的担忧，从而从不同角度印证土地经营权处置及抵押权实现的困难，找到纾解“新农地金融困境”的根本途径。

需要重点研究的是2014年8月20日中国农业银行出台的《农村土地承包经营权抵押贷款管理办法（试行）》，该规范对贷款对象及条件、贷款用途、额度、期限、利率、用信及还款方式、抵押担保管理、贷后管理及风险监控以及抵押物处置等做出了详尽规定。同时根据农村土地承包经营权特点，从限定试点区域条件、明确客户准入标准、合理确定抵押物估值、严格贷后管理、及时处置抵押物、实施业务停办管理等方面，加强对农村土地经营权抵押融资业务的风险管控。笔者认为，中国农业银行作为营利性公司法人，它所出台的土地经营权抵押融资规范性文件，和其他纯粹由政府或金融机构、地方政府联合发布的文件有所不同。从法律性质上说不属于地方性法规或部门规章，可以作为土地经营权人与农业银行抵押融资合同的格式内容。

相关规定对保障金融机构债权非常有利，但对贷款人较为苛刻，处处限制。表现在：第一，土地流转与否的限制。要求试点地区须已完成农村土地承包经营权确权颁证，建有农村土地承包经营权流转交易市场且交易规范活跃，用于抵押的土地必须是已经完成确权登记并在地方土地流转中心进行流转登记。第二，贷款对象的限制。主要对象是流入一定土地面积（50亩或100亩）以上的种粮大户、农民合作社或农业企业。第三，抵押土地面积占比的限制。最高抵押土地面积不超过流转土地面积的一定比例（40%～70%）。第四，抵押期限的限制。要求土地抵押期限不超过3年，剩余承包期为抵押期的1～2倍以上。第五，贷款用途的限制。贷款只能用于土地承包、种植和养殖业。第六，抵押登记的限制。要求必须办理抵押物登记，经办抵押贷款业务的金融机构获得《农村土地承包经营他项权证》。[①] 以上限制使符合规定条件的贷款人非常有限。当然，由作为经营性主体的农村信用社或商业银行来主导制定规则，自然会着重考虑自身风险和利益。[②] 如2014年中国农业银行《农村土地承包经营权抵押贷款管理办法（试行)》规定，对贷款不良率超过2%的经办支行，暂停开办此项业务，清收后不良率降低至2%以下的，经一级分行批准恢复该项业务。这一方面反映了金融机构的安全诉求，是金融机构在为抵押权实现时便于变现做准备，另一方面也说明了一个发达、完善的土地经营权流转市场对于开展土地经营权抵押融资的重要性。金融机构主导的地方规范有以下需要完善之处：第一，对融资条件限制过多，只有极少数种粮大户、农民合作社或农业企业符合条件，不能满足大多数农户的融资需求。第二，所设置的条件主要是为保障债权的实现，并且是在不借助抵押权行使的情况下使债权得到满足，通过农村土地经营权流转中心回购、集体经济组织收购、农村产权抵押融资风险基金按基准价格收购等方式，共担并有效缓释土地经营权抵押融资风险。第三，规定抵押的土地经营权必须是已流转的，虽然既有利于金融机构实现抵押权，又有利于在实现抵押权后处置抵押物。但该规定也有倒逼农户流转土地的嫌疑，可能其中有地方政府“追求流转面积和规模”的目标意愿。第四，对抵押期限的要求不合理，笔者认为不必规定抵押期限，只要求抵押期限不大于剩余承包期即可。因为，同一土地经营权因剩余承包期不同，其评估价值、可融资额自然不同。类似于证券市场中的权证，越是临近行权日，其价格越低，最终趋于零。有学者认识到金融机构相关规定对抵押权人的过分保护现象，认为这与规范制定者的身份不无关系，金融机构作为抵押权人参与规则制定，不免倾向于为自己量身订立有利规则。规范制定者在设计土地经营权抵押融资规则时，过于考虑了债务不能清偿的情况下如何保障抵押权的实现，并

① 参见于丽红、陈晋丽：《农村土地经营权抵押贷款的经验与启示：昌图县案例》，载《农村经济》2014年第4期。

② 2005年最高人民法院《关于审理涉及农村土地承包纠纷案件适用法律问题的解释》（法释〔2005〕6号，2020年修正）第15条规定，“承包方以其土地承包经营权进行抵押或者抵偿债务的，应当无效……”。参见于丽红、陈晋丽：《农村土地经营权抵押贷款的经验与启示：昌图县案例》，载《农村经济》2014年第4期。

在这种忧患意识支配下以交易安全价值牺牲交易效用价值，造成社会财产流通、增值的障碍。①

## 二、风险补偿资金对于土地经营权抵押权实现的作用

从相关规范看，风险补偿（缓释）资金对土地经营权抵押权的实现以及纾解“新农地金融困境”起到了重要助力作用。据报道，2015年潍坊市财政出资1000万元设立农村产权抵押融资风险补偿资金池，委托齐鲁农村产权交易中心运作。2016年上半年完成风险补偿、缓释业务24笔，累计支持涉农贷款1.13亿元。其中，加入风险补偿资金池享有风险补偿的农村产权抵押贷款450万元，通过使用风险缓释资金实现继续贷款的金额为10,814.2万元。该措施对促进金融机构加大农地金融投资力度、降低“三农”融资成本、破解融资难题发挥了积极作用。②

试点规范中比较典型的如重庆市、甘肃省、四川省、广东省、湖南省、四川省、北京市等省级规范，还制定了较为翔实的操作规范。但各地规范在风险补偿专项资金的设立主体方面，还是呈现一定的差异性。如重庆市、湖南省规定由试点市、区（县）财政出资设立风险补偿专项资金；③ 甘肃省由省、市、县三级政府共同出资设立涉农贷款风险补偿基金；④ 北京市的做法与之类似，由涉农区与该市政策性担保机构共同出资建立风险补偿基金。⑤ 其他省级规范的做法则有所不同，四川省规定由借款主体、金融机构和当地政府共同承担损失；⑥ 类似的还有广东省，规定由政府部分出资、吸收金融机构和社会资本，设立

① 参见邵元飞：《林权抵押二题》，载《北京航空航天大学学报（社会科学版）》2014年第5期。

② 参见于哲：《我市产权抵押融资风险补偿资金池累计涉农贷款突破亿元》，载《潍坊日报》2016年7月13日，第6版。

③ 2011年重庆市《关于开展农村土地承包经营权居民房屋和林权抵押贷款及农户小额信用贷款工作的实施意见（试行）》；2016年湖南省《关于开展农村承包土地的经营权和农民住房财产权抵押贷款试点的实施意见》。

④ 2014年甘肃省定西市《农村土地承包经营权抵押贷款管理办法（试行）》。

⑤ 2021年北京市《农村承包土地经营权抵押贷款实施办法（试行）》。

⑥ 2014年四川省《关于开展农村产权抵押融资试点工作的意见》；2016年四川省《农村承包土地的经营权和农民住房财产权抵押贷款试点实施方案》。

农村产权抵押贷款风险补偿基金。[①] 一般情况下，政策性担保机构作为地方政府的投融资平台，全部或主要出资也是来自地方财政，所以，以重庆市、湖南省、甘肃省、北京市为典型代表的政府主导模式，成为农村产权抵押融资风险补偿基金的主流选择。以四川省、广东省为代表的规范中，虽然在风险补偿基金的设立主体上引入了借款人、金融机构以及社会资本，但基金设立、出资比例、运行管理、规则制定的主导权还是在政府手中，还不是一种完全的市场化模式，因此还是属于政府主导。从我国目前的试点情况来看，客观上说，还不存在市场主导意义上的农村产权风险补偿基金。主要原因在于：一是从农村产权风险补偿基金的法律性质上看，风险补偿基金目前只能主要由政府承担，风险补偿基金是一种非营利性资本，是政府为推动农地金融发展而提供的公共产品，其成本是主要以货币形式衡量的风险补偿费用以及相关款项的支出；其收益是一个完善且交投活跃的农村集体用益物权流转市场以及由此给我国农地金融带来的根本变化。二是从风险补偿基金运作的结果以及运作的模式分析，风险补偿基金以资金支出为主，缺少资金流入，决定了以营利为目的的企业法人主体暂时无法介入。未来拓展空间是要改变风险补偿基金只出不进的情况，使风险补偿基金获得资金来源，成为有源活水。三是从政府主导型基金的发展情况来看，风险补偿基金呈现较为明显的一种趋势，那就是农地流转市场越发达的地区，农地风险补偿市场化方面越是显示进步性。四川省已经在风险补偿基金的设立及运作中引入借款人、金融机构等主体，而广东省则更进一步，风险补偿基金主体中已经出现了社会资本。暂且不论其出资比例及其在基金管理运作方面所能发挥的作用，仅是允许社会资本加入这一做法，已经具有不同于其他模式的积极意义，值得各地方试点借鉴。笔者认为，政府主导型风险补偿基金对地方财政实力有一定要求，在各地财力不同的情况下，基金设立模式应当允许一些灵活性，以适应地方实际。在条件允许的情况下，风险补偿基金可以引入社会资本，并逐步减少政府财政出资比例，分阶段增

① 2016年广东省《农村承包土地的经营权和农民住房财产权抵押贷款试点实施方案》。

加社会资本比例，但政府财政支持不能完全退出，因为风险补偿基金的公共产品属性在现有法律框架下没有根本改变。

地方试点市县中，浙江省长兴县、陕西省杨凌示范区、浙江省宁波市、山东省莒南县在风险补偿基金机制方面有一定代表性。[①] 浙江省长兴县建立了农村土地承包经营权抵押贷款风险分担与补偿机制，对金融机构和金融组织发放农村土地承包经营权抵押贷款发生风险的，按实际损失部分的30%对其进行风险补偿，在县小微企业风险补偿资金中列支，每年累计补偿金额上限为150万元；陕西省杨凌示范区规定挂牌交易的抵押物三个月内未流转的，由农村产权抵押融资风险资金按未偿还贷款的80%代偿，代偿后向抵押人追偿；浙江省宁波市建立农村土地经营权抵押贷款风险补偿、贷款贴息制度；山东省莒南县财政出资1000万元设立农村产权抵押融资风险补偿专项资金，与担保、保险公司或贷款银行共同承担农村产权抵押融资风险。

另外，各地试点规范在补偿标准上也有不同，如重庆市按35%对银行农村产权抵押贷款损失进行补偿。湖南省要求每个试点县市建立100万元以上的农村产权抵押贷款风险补偿专项资金。浙江省长兴县按金融机构实际损失部分的30%对其进行风险补偿，在县小微企业风险补偿资金中列支，每年累计补偿金额上限为150万元。四川省成都市以政府出资设立的风险担保基金为依托，为产权流转和抵押融资提供担保服务，明确对农村产权抵押物损失的处置标准，其中风险基金承担80%，贷款银行承担20%。[②] 山东省莒南县由县财政出资1000万元设立了农村产权抵押融资风险补偿专项资金，承担金融机构损失的1/3，其中县财政承担70%，镇街承担30%。山东省临沭县由县财政出资

① 2014年浙江省长兴县《关于深化农村土地承包经营权抵押贷款试点工作的实施意见》；2010年陕西省杨凌示范区《农村土地经营权抵押融资管理办法（试行）》；2014年浙江省宁波市《农村土地经营权抵押贷款指导意见》；2020年山东省莒南县《关于开展土地承包经营权等农村产权抵押融资工作意见（试行）》。

② 参见中国农业银行湖北省分行课题组、朱正罡、黄利荣：《中国农村产权交易所运作模式比较研究——基于农村产权抵押融资的视角》，载《农村金融研究》2014年第6期。

“两权”抵押融资风险补偿资金池，[①] 对银行因“两权”抵押的不良贷款，由风险补偿（缓释）资金按照银行本金损失额的20%给予补偿。补偿后，贷款银行应启动债务追偿程序，追偿所得资金先用于偿还银行债权，剩余部分按比例补回风险补偿基金。这一贷款银行债务追偿程序类似于《保险法》中的代位求偿权制度。山东省潍坊市试点规范对银行因开展农村产权抵押而产生的不良贷款本金净损失给予20%补偿。[②] 陕西省杨凌示范区将土地经营权抵押权实现分成了挂牌交易、再流转和处置三种途径，风险补偿资金按照贷款未获清偿部分的不同比例分别予以代偿。[③] 挂牌交易的抵押物三个月内未流转的由农村产权抵押融资风险补偿基金按银行未获清偿额的80%代偿；再流转后的不足部分按80%代偿；处置时的不足部分按70%代偿，风险补偿资金代偿后可以向抵押人追偿。笔者认为这样规定不是太合理，因为都是按债权未获得清偿部分的一定比例来代偿，挂牌交易属于再流转的一种方式，而挂牌交易和再流转都是抵押物处置手段，不需要分三种情况，尤其是不应在代偿比例上有所区别。

上述探索给有关政府机关的行政决策以及理论研究指示了一个可能的方向，能否成立一个专门机构或者企业法人主体，以之为载体整合地方试点规范中行之有效的风险补偿措施，统筹实现土地经营权流转、抵押融资和回购等多种功能。如果此路可行，这将是地方试点规范的重大贡献，也是国务院开展土地经营权抵押融资试点的重要收获。结合调研，笔者认为农村土地银行可以实现以上设想。

## 三、地方政府在纾解“新农地金融困境”中的作用

在农村土地经营权抵押融资试点过程中，地方政府充当政策制定者和市场引导者的双重角色。在政策制定上，地方政府通过出台试点规范，推动农村土地经营权抵押融资探索，界定土地经营权抵押融资

① 2017年山东省临沭县《农村土地承包经营权和农民住房财产权抵押融资风险补偿（缓释）资金池管理办法》。

② 2016年山东省潍坊市《农村产权抵押融资风险补偿资金池管理办法》。

③ 2010年陕西省杨凌示范区《农村土地经营权抵押融资管理办法（试行）》。

的抵押主体、登记、抵押权实现等基本问题。[①] 在市场引导上，地方政府参与和支持土地经营权确权登记、农村产权交易市场搭建、流转及抵押合同鉴证、抵押物价值评估机构设置等。为农地金融机构提供贴息贷款，设立风险补偿基金购买土地金融机构的股份或不良资产支持农地金融发展。[②] 以成渝城乡统筹改革试验区为例，四川省成都市在国家设置统筹城乡综合改革区的背景下，通过一系列地方政策突破土地法律障碍，集中体现了地方政府在土地经营权抵押融资中的核心推动作用。[③] 在试点工作开展上，地方政府牵头成立土地经营权抵押贷款试点工作领导小组，协调金融机构与政府各部门推进试点工作，[④] 充当土地经营权抵押融资风险的“政策兜底者”，[⑤] 周密安排农地抵押贷款强制保险、风险补偿基金、抵押物处置等土地经营权抵押融资风险防范机制，主要做了以下工作。

第一，建立完善的土地承包经营权属登记制度和农村产权流转交易平台。健全的土地经营权属登记制度和产权流转交易市场是开展承包土地经营权抵押贷款业务的两个重点环节，也是防范抵押贷款风险的有力举措。因此，制定完备的土地承包经营权属登记流程和土地经营权流转交易市场的运行规范，既保证了登记信息的真实性和可靠性，又可为各类产权流转交易行为提供政策咨询、信息发布、组织交易以及资产评估、金融支持等综合服务，保证承包土地经营权的流转交易能够公开、公正、规范地运行。

第二，地方财政出资成立融资担保公司，设立土地经营权抵押贷款的专项风险抵补基金。在抵押贷款风险的控制方面，地方政府利用财政资金成立土地经营权抵押贷款风险补偿基金，为贷款银行未获清偿债权提供一定比例的贷款损失补偿，或者由地方政府设立的农村产

① 2012 年武汉市《农村土地经营权抵押贷款操作指引（试行）》。

② 参见史卫民：《农地抵押贷款模式的比较考察与我国的路径选择》，载《现代经济探讨》2010 年第 9 期。

③ 2009 年四川省成都市《关于成都市农村产权抵押融资总体方案及相关管理办法》。

④ 参见丁屹：《铜陵县农村土地承包经营权抵押贷款工作的实践与思考》，载《安徽农学通报》2016 年第 6 期。

⑤ 参见唐薇、吴越：《土地承包经营权抵押的制度“瓶颈”与制度创新》，载《河北法学》2012 年第 2 期。

权抵押融资风险补偿基金按基准价格收购土地经营权，以此来降低贷款坏账风险。[①] 但该做法在理论上也受到不少质疑，如有学者就认为，“在土地经营权抵押物处置上，地方政府利用财政资金成立风险基金进行保障，政府推动土地经营权抵押使之具有了政府引导性。事实上，土地经营权抵押属于民事行为而不应当由政府行为介入”。[②]

第三，完善农业保险配套政策，探索创建农地抵押贷款强制保险。贷款银行在开展农村土地经营权抵押业务时，可要求抵押人参加以贷款银行为保险受益人的强制保证保险。一方面可以降低农户以农地抵押贷款的风险，为借款人提供增信支持；另一方面在发生抵押人贷款违约风险，银行催收追索未果时，可先由保险公司按照保证保险约定先行代偿，以确保贷款银行抵押权的实现。保险公司代为清偿后可通过土地经营权流转方式处置抵押物，行使优先受偿权。

第四，探索土地经营权抵押物处置方式。为确保金融机构抵押权的顺利实现，通过多种方式依法处置土地经营权。一是变更土地经营人，通过农村产权交易所将抵押物以转包、出租、互换、入股等多种方式，在不改变土地用途的情况下，变更土地经营人，由新的土地经营人继续履行还贷义务；二是转让土地经营权，通过农村产权交易所流转抵押物，以其收益清偿贷款；三是变现抵押财产，发生借贷双方约定的实现抵押权的情形时，抵押权人与抵押人在协商的基础上，可将抵押财产折价、拍卖、变卖，以所得价款优先受偿；四是提起仲裁或诉讼，当不能通过协商方式处置抵押物时，贷款人通过仲裁或诉讼方式解决纠纷，以确保金融机构抵押权的实现。[③] 在金融机构和土地经营者之间，政府推动土地经营权抵押使土地经营权抵押具有政府引导性。有观点认为土地经营权抵押融资属于民事行为而不应当由政府行为介入，[④] 笔者认为，该观点显然并不了解地方政府在土地经营权抵押

---

① 参见陈旭：《安徽省农户土地承包经营权抵押贷款试点县模式分析》，载《农村经济与科技》2017 年第 14 期。

② 童彬：《农村土地经营权抵押制度研究——以制度困境、主要模式、风险控制和处置机制为路径》，载《社会科学家》2014 年第 10 期。

③ 2018 年福建省漳浦县《农村承包土地的经营权抵押贷款管理办法》。

④ 参见童彬：《农村土地经营权抵押制度研究——以制度困境、主要模式、风险控制和处置机制为路径》，载《社会科学家》2014 年第 10 期。

融资中的作用。

## 第四节　土地经营权抵押融资中抵押物处置方式创新

抵押权变现的难易程度是金融机构确定抵押率的重要参考因素，由于土地经营权的特殊性，以折价、变卖、拍卖等方式将其变现的时间长、成本高，制约农村土地的融资功能。抵押权的实现方式也因此一直被视为土地经营权抵押制度的最大障碍所在，也是地方试点中着力要解决的主要问题。关于抵押权的实现模式，《民法典》第410条规定先通过协商方式实现抵押权，协商不成的，抵押权人可以请求人民法院拍卖、变卖抵押财产，试点规范中经法定程序实现土地经营权抵押权的规定有“舍近求远”之嫌。基于前述抵押物处置方式和抵押权实现机制的关系，抵押物处置和抵押权实现殊途同归，最终都是为了保障金融机构债权。因此，凡是有利于土地经营权抵押权最终实现的措施，都可以纳入实现机制的范畴。结合前文对地方试点情况的统计分析，作为土地经营权实现机制的重要组成部分和抵押物处置的有效手段，除了传统的折价、拍卖、变卖、流转等方式外，相关试点尝试探索了多种抵押物处置的灵活方式。

### 一、土地经营权抵押权的“预约实现”模式

土地经营权抵押权的“预约实现”模式，是指在土地经营权抵押权设立之时，已经制定了未来抵押物处置或抵押权实现的预案，将其作为借贷合同及抵押合同的条款，该类条款为附生效条件的内容，到期借款人不能按时足额清偿的，则预案条款生效，抵押物处置或抵押权实现程序启动。《民法典》第495条规定，当事人约定在将来一定期限内订立合同的认购书、订购书、预定书等，构成预约合同。在立法层面认可并保护合法的预约合同。结合地方实践，如下模式可归入土地经营权抵押权的“预约实现”模式，一是土地经营权结对融资模式，即互保模式，是指金融机构在土地经营权抵押设立时，围绕抵押物处置设计开发信贷产品，提前找好抵押物处置下家，若到期借款人违约，

下家代为偿还贷款后，则可以获得抵押的土地经营权，[①] 这消除了金融机构的抵押物处置顾虑。抵押融资联保、互保模式下的土地经营权处置机制较为方便、高效，直接由联保、互保土地经营者或个人获得抵押土地的经营权，由其负责经营、管理抵押土地，并获得土地净收益，直至金融机构收回贷款本息。2015 年以来山东省推出的“双保惠农贷”“结对融”等信贷产品就属于此种模式。[②] 二是土地经营权储备项目库模式。金融机构在新型农业经营主体中选择优质主体，建立土地经营权储备项目库。借款人申请土地经营权抵押贷款时，需在项目池中选择一到两家经营范围相同或相近的主体作为承接储备主体，签订抵押物承接意向协议。若贷款出现不良，借款人与承接主体通过农村产权交易所签订再流转合同，承接主体按原合同支付租金，以原借款人的土地经营权地上附着物收益或应向原借款人支付的费用等偿还金融机构贷款。[③] 笔者认为，储备项目库模式可以在土地经营权抵押权设立时防患于未然，帮助金融机构在抵押权行使时高效、便捷地处置抵押物，但其弊端是借款人需要在项目库中匹配到经营范围相同或相近的承接主体，还需要签订承接意向协议，在降低金融机构履约成本的同时，增加了借款人的立约成本。

## 二、土地经营权收储、收购模式

土地经营权收储、收购模式，一般是有政府或混合所有制背景的农村资产管理公司，开展对土地经营权抵押融资的金融机构，在其因行使土地经营权抵押权而需要处置抵押物时，一定条件下以收储、收购方式购买用于抵押的土地经营权，帮助金融机构实现抵押权。实践中，各地做法因地制宜、形式多样，一是规定由当地农业担保公司组

---

① 参见李伟、牛玉莲：《“两权”抵押贷款抵押物流转处置问题的思考》，载《清华金融评论》2016 年第 10 期。

② 《“鲁担惠农贷”为农户引来“金融活水”》，载山东省农村信用社联合社网 2021 年 3 月 26 日，http://www.sdnxs.com/sdnxs/373991/374254/730298/index.html。

③ 参见李伟、牛玉莲：《“两权”抵押贷款抵押物流转处置问题的思考》，载《清华金融评论》2016 年第 10 期。

建国有农村资产经营管理公司，处置金融机构农村产权抵押不良资产，[①] 再通过农村产权交易所对收储的土地经营权进行流转交易；二是由当地集体经济组织或农村产权抵押融资风险机构按基准价格收购；[②] 三是通过专设机构收储等方式，确保承贷银行能顺利实现抵押权；[③] 四是成立政府牵头、社会资本参与的农村资产管理公司、农业收储公司、农村物权公司和农村产权收储中心，统一收购和处置无法流转或流转不成功的抵押物；[④] 五是由资产经营管理有限公司、农村产权流转交易平台，开展面向金融机构土地经营权抵押贷款和担保机构土地经营权抵押贷款代偿债权的收购处置业务；[⑤] 六是建立农村产权资产管理公司或收储中心，由收储中心对不良信贷资产进行债权回购，用于收储、托管、经营土地经营权不良抵押资产；[⑥] 七是金融机构与村委会、中介组织协商，由当地村集体经济组织或其他具有资质的中介组织按基准价格收购用于抵押的土地经营权；[⑦] 八是由县农村土地物权管理服务中心收储或者由所在地镇（街道）农村土地承包经营权流转中心回购土地经营权；[⑧] 九是由土地经营权的流出方回购抵押物，回购收入用于清

---

① 2011 年重庆市《关于开展农村土地承包经营权居民房屋和林权抵押贷款及农户小额信用贷款工作的实施意见（试行）》；2014 年甘肃省陇南市《农村土地承包经营权抵押贷款实施细则（试行）》；2014 年浙江省宁波市《农村土地经营权抵押贷款指导意见》。

② 2011 年海南省《农村土地承包经营权抵押融资管理办法》。

③ 2015 年安徽省《关于开展农村承包土地的经营权和农民住房财产权抵押贷款试点的实施意见》。

④ 2015 年山东省《关于贯彻国发〔2015〕45 号文件做好农村承包土地经营权和农民住房财产权抵押贷款试点工作的实施意见》；2016 年湖南省《关于开展农村承包土地的经营权和农民住房财产权抵押贷款试点的实施意见》；参见李伟、牛玉莲：《“两权”抵押贷款抵押物流转处置问题的思考》，载《清华金融评论》2016 年第 10 期。

⑤ 2010 年四川省成都市《农村土地承包经营权抵押贷款工作方案》；2016 年重庆市《关于印发重庆市农村承包土地的经营权和农民住房财产权抵押贷款试点工作方案的通知》。

⑥ 2014 年甘肃省陇南市《农村土地承包经营权抵押贷款实施细则（试行）》；2016 年四川省《农村承包土地的经营权和农民住房财产权抵押贷款试点实施方案》。

⑦ 2011 年四川省成都市《农村土地承包经营权抵押融资管理办法（试行）》；2012 年浙江省桐庐县《农村土地承包经营权抵押登记管理办法》；2014 年中国农业银行《农村土地承包经营权抵押贷款管理办法（试行）》；2014 年云南省砚山县《农村土地承包经营权抵押贷款暂行办法》；2014 年湖南省永兴县《农村土地承包经营权抵押融资管理办法（试行）》。

⑧ 2013 年山西省新绛县《关于农村土地承包经营权抵押贷款的实施意见的通知》；2010 年浙江省慈溪市《农村土地承包经营权质押和林权抵押贷款管理办法（试行）》。

偿贷款本息。①

## 三、土地经营权强制管理模式

现实中，如果出现抵押的土地经营权无人受让的情况，当抵押权人是具备农业经营能力的自然人、农户、种植大户时，问题不难解决。但如果抵押权人是金融机构，问题就比较棘手。有学者通过对德国、日本相关制度的考察并结合各地试点情况，创造性地提出了建立强制管理制度的建议。所谓强制管理，是指执行机关对于被执行的不动产委托管理人实施管理，以其所得收益清偿债权的制度。强制管理以不动产或不动产权利的使用价值及其收益为对象，其实施不改变抵押财产的原权属，对于不宜变价或不能变价的抵押财产，在抵押权的实现上具有其优势。我国现行法律没有明确强制管理的抵押权实现方式，但实践中已经有这种做法。例如，抵押权人可以采取入股、出租等非转让方式实现抵押权，受让方并不取得土地的经营权，而只是以取得的入股收益或出租收益优先受偿。② 适用强制管理方式实现抵押权，不会导致土地经营权转让，农民也不会失去基本生活保障，对作为抵押人的农户利益侵害更小，更为合理。③

有学者认为，建立土地经营权强制管理制度有其必要性，但该制度也存在管理成本高昂、道德风险较大等问题，重庆市和吉林省在试点中均成立专门公司对相应资产进行管理并不合理，在设立强制管理制度时可考虑设立自我管理制度。自我管理是在抵押物不能通过折价、拍卖、变卖方式进行处理时，抵押人可以主张对用于抵押的土地经营权进行日常管理，收益用于清偿金融机构债权。与强制管理相比，自我管理存在一定的优势：一是降低管理成本。进行强制管理需要设立专门的强制管理机构，如公司等法人机构；或者不设立专门的管理机构，直接由法院授权集体经济组织对被抵押的土地进行管理，但依旧

① 2014 年浙江省《关于开展农村土地经营权抵押贷款工作的意见》。

② 参见房绍坤：《论土地承包经营权抵押的制度构建》，载《法学家》2014 年第 2 期。

③ 参见高圣平：《农地金融化的法律困境及出路》，载《中国社会科学》2014 年第 8 期；武亦文、杨勇：《论土地承包经营权处分之限制性规范的科学配置——基于司法裁判文书的整理和分析》，载《中国农村观察》2017 年第 6 期。

需要专门管理人员，这些都需要一定的成本。而在自我管理中，不需要设立专门的管理机构或人员，可极大地降低管理成本。二是存在内在激励机制。自我管理人是抵押人，抵押人有天然的尽职尽责管理、收获更多收益以清偿其自身债务的内在激励，不存在专设管理机构或其他管理人的道德风险。三是兼顾双方利益。抵押人在内在激励机制作用下，可全程参与农作物变现过程，确保变卖的农作物用来实现债权，既降低了抵押人所担心的道德风险，又不会导致抵押权人的经济风险。[①]

## 四、土地经营权其他处置模式

依托土地流转服务中心或农村产权流转交易市场作为抵押物处置平台，促进抵押农地的再流转，降低资产处置风险。[②] 通过保险理赔的方式实现抵押权，[③] 通过投保农村产权融资贷款保证保险，明确抵押权人为保险合同的第一受益人，由保险公司先行理赔所获价款优先受偿。

至于实务中出现的贷款重组模式，是指金融机构由于借款人无力还款而对借款合同做出调整的行为，一般由双方重新签订合同，对偿债主体、担保方式或者期限、金额利率、还款计划等要素做出调整。[④] 该处置方式是有条件的，包括借款人有还款意愿、还款能力以及能够按时付息。[⑤] 所以，贷款重组的实质不是土地经营权抵押权的实现或抵押物的处置，只是债务偿还方式和时间发生变化，并未解决抵押权如何实现或抵押物如何处置的问题。一旦重组协议到期，借款人仍未按照约定履行重组协议，抵押权人将启动土地经营权处置或实现程序。

上述措施大大丰富了抵押物处置方式和土地经营权抵押权的有效实现途径。此类规范，尤其是在2015年国务院《关于开展农村承包土地的经营权和农民住房财产权抵押贷款试点的指导意见》（国发〔2015〕

---

① 参见庞伟伟：《论土地承包经营权抵押制度之重构》，载《中国不动产法研究》2016年第1期。

② 2014年甘肃省定西市《农村土地承包经营权抵押贷款管理办法（试行）》。

③ 2012年安徽省铜陵市《农村土地承包经营权抵押融资管理办法》。

④ 参见刘堃：《刍议贷款重组》，载《新金融》2004年第7期。

⑤ 参见焦富民：《“三权分置”视域下承包土地的经营权抵押制度之构建》，载《政法论坛》2016年第5期。

45号）之后出台的规范，在风险补偿机制层面有了较大的进展，无论是补偿形式还是其实施效果，都较2015年前的地方试点规范有着更加完善和科学的规定，更加注重实施效果。有学者将农村土地经营权抵押的主要模式总结为“直接抵押贷款模式、小额循环贷款模式、担保公司贷款模式、土地抵押协会贷款模式”。① 笔者认为，抵押模式既和抵押权实现具有密切关系，也和抵押物处置方式紧密相关。可以这样说，一定程度上，土地经营权融资抵押模式决定了抵押权实现的难易程度，土地经营权融资抵押模式和抵押物处置方式具有因果关系，体现在：第一，适当的融资抵押模式使土地经营权抵押不至于进行到需要处置抵押物的阶段，而是在此之前债权就已经实现，不用再通过行使抵押权的方式保障债权。比如综合信用担保、反担保、互保、担保公司担保等模式。第二，通过融资抵押模式的设计，为土地经营权预设受让人，预设受让人可以是农民土地流转协会、其他农户、专业担保公司等，在需要处置抵押物以保障债权实现时，由预设受让人受让土地经营权。这样可以有效解决因土地经营权流转市场不健全、流转周期长、流转程序复杂而产生的抵押物流转难题，从而以较低交易成本实现抵押权，降低债权人处置抵押物的风险。第三，由抵押权的实现与债权实现的关系来看，抵押权是债权实现的担保方式，当金融机构可以通过其他方式实现债权时，出于理性考虑，不会再借助处置土地经营权的方式保障债权。因此，地方实践中出现的各类融资抵押模式，尽管形态各异，但其共同之处是：先尝试搭建不依赖抵押权而实现债权的通道。当不得不通过行使抵押权、处置抵押物来保障债权时，再建立以低交易成本处置抵押物的便捷途径。所以，实践中才会出现如下怪异现象：现象一是农户为从金融机构拿到借款，需要提供除土地经营权抵押以外的其他组合式担保，这给本就资金紧张的农户或农业经营企业带来更大的负担；现象二是本为裁判角色的地方政府直接下场参与“游戏”，动用财政资金成立风险补充基金，以解除金融机构的后顾之忧，甚至在政策制定中过于照顾金融机构利益而忽视土地经

① 童彬：《农村土地经营权抵押制度研究——以制度困境、主要模式、风险控制和处置机制为路径》，载《社会科学家》2014年第10期。

营权人利益；现象三是金融机构在各方呵护和多重保证之下，出于对地方政策的回应考虑，依然小心翼翼地、象征性地参与土地经营权抵押贷款，但稍遇风险就马上撤回。这些现象出现的原因是什么？那就是农业生产的天然风险性、资本的逐利性（比较利润）、土地经营权流转的便捷性。这其中，农业生产的天然风险性、资本的逐利性基本无法改变，唯一有较大提升空间的就是“土地经营权流转的便捷性”，土地经营权便捷地流转有赖于土地经营权流转交易平台的建设。

# 第五章　土地经营权抵押权实现中农村产权流转交易平台研究

## 第一节　农村产权交易平台设置背景与条件

根据各类农村产权与农村土地的关系，可以将分为核心层、基础层和扩展层，不同层次的产权之间存在内在的逻辑联系，构成一个完整的农村产权体系。农村产权涵盖所有以集体土地为中心的农村权利形式，以集体土地所有权为核心，由若干用益物权、担保物权、债权、股权和知识产权所形成的权利体系，是一个“权利群”。流转交易是发挥农村产权价值的一种基础手段，也是生产要素的活力之源，更是推动农村产权改革的根本目的和实现农村资产资本化的核心环节。农村产权流转交易市场是为各类农村产权依法流转交易提供服务的平台，包括现有的农村土地承包经营权流转服务中心、农村集体资产管理交易中心、林权管理服务中心和林业产权交易所，以及各地探索建立的其他形式农村产权流转交易市场。[①] 交易市场的设立将促进农村产权的流转和交易，提高农民收入，激活农村产权要素市场，优化城乡资源配置，繁荣农业农村经济。[②] 建设农村产权流转交易市场是深化农村产权制度改革的必然要求和重要环节，是实现农村产权价值的必经途径。随着我国全面深化改革战略的推进，包括农村土地产权在内的各类农

① 2014 年国务院办公厅《关于引导农村产权流转交易市场健康发展的意见》；2016 年原农业部《农村土地经营权流转交易市场运行规范（试行）》。

② 参见陆剑、彭真明：《农村产权交易的制度建构——基于成都、武汉农村产权交易所的实证研究》，载《农村经济》2010 年第 9 期。

村要素在城乡之间普遍流动，各地陆续设立了农村产权交易所等公共服务平台。规范的土地经营权流转市场有助于土地经营权实现顺利流转、方便抵押物及时变现、降低抵押权实现成本，激发银行发放土地经营权抵押贷款的动力，推动农地抵押融资业务的开展。①“要让土地经营权抵押真正成为解决农村贷款难问题的有效途径，关键是要创新农地抵押的市场条件，通过市场机制的正常运行来保证金融机构抵押债权能够顺利实现，让金融机构自愿参与到农村承包土地经营权贷款业务中来。”②

2013 年中央一号文件中共中央、国务院《关于加快发展现代农业进一步增强农村发展活力的若干意见》提出“全面开展农村土地确权登记颁证工作”，2018 年中央一号文件中共中央、国务院《关于实施乡村振兴战略的意见》提出“全面完成农村集体土地确权登记颁证工作”。农村土地确权工作原本计划在 2020 年年底结束，但受疫情影响，全国各地确权工作有所迟滞，但总的来说，全国农村土地确权工作 2021 年年底已基本完成。产权明晰是交易的前提，③ 我国农村产权的界定工作已经基本完成，具备了流转交易的基础条件，也产生了建设农村产权交易市场的需求。回溯农村土地权利的流失过程，就是通过关闭农村要素市场、为城乡土地设定不同的市场领域并垄断二者之间的中介环节来实现的。作为对此前政策的“纠偏”，近年来中央农村土地制度改革中的“还权赋能”做法，不仅仅是赋予农民权利或让与农民利益，而是要通过重启要素市场、建立城乡统一的市场体系来落实农民的土地权能。④ 有学者借助 2000 年和 2012 年的农户家庭微观调研数据，研究发现土地流转与农民收入增加具有显著的正效应。完善的土地经营权流转市场是健全“三权分置”制度的基础，因此，需要把农

① 参见史卫民：《农地抵押贷款模式的比较考察与我国的路径选择》，载《现代经济探讨》2010 年第 9 期。

② 王朝明、朱睿博：《农村承包土地经营权抵押贷款的理论模型与实践经验》，载《河北经贸大学学报》2016 年第 5 期。

③ 参见曾小春、田清旺、邓晓兰：《产权交易中心的经济学分析》，载《中国软科学》2001 年第 8 期。

④ 参见陈明：《农村集体经营性建设用地入市改革的评估与展望》，载《农业经济问题》2018 年第 4 期。

地流转市场的培育作为关键任务。①

## 第二节　农村产权交易平台现状分析

近年来，国家及各试点地区出台了一系列政策，如表5.1所示，对农村产权交易市场的设立、运行和监管提出了具体指导意见，持续推动包括土地经营权交易市场在内的农村产权交易市场建设。农村产权交易平台是以农村产权交易所为核心，包括土地银行、融资担保、风险基金等协同配套机制在内的完整的农村产权市场化配置体系。2008年，全国第一家综合性农村产权交易所在四川省成都市成立，重庆市、武汉市随后也设立了农村产权交易所，截至2017年，全国成立了14家省级或省会级农村产权交易所。各农村产权交易所也都有配套管理办法，对包括农村产权交易所的组织形式、法律架构、交易范围、交易规则等事项做出明确规定。资料显示，截至2015年，全国有800多个县市、13，000多个乡镇成立了土地流转服务中心。② 截至2020年，全国有1239个县（市、区）、18，731个乡镇建立农村土地经营权流转服务中心。③ 全国多数省（直辖市）、省会城市和试点地区都建立了各种形式的农村产权交易市场，有代表性的农村产权交易市场设置情况如表5.2所示。设立农村产权交易平台对深化农村改革，特别是农村土地制度改革有重要作用，推动了农村产权的流转和农村金融的发展，为我国农村土地制度改革积累了丰富经验。

**表5.1　国家及各试点地区出台的农村产权交易市场政策**

| 序号 | 发布主体 | 发布时间 | 规范性文件 |
|---|---|---|---|
| 1 | 国务院办公厅 | 2014年12月30日 | 《关于引导农村产权流转交易市场健康发展的意见》 |

① 冒佩华、徐骥：《农地制度、土地经营权流转与农民收入增长》，载《管理世界》2015年第5期。

② 参见叶兴庆、张云华、伍振军：《农村产权流转交易市场：现状与问题》，载《中国农村金融》2015年第2期。

③ 《对十三届全国人大三次会议第6621号建议的答复摘要》，载农业农村部网，http：//www. moa. gov. cn/govpublic/FZJHS/202011/t20201119_ 6356560. htm。

续表

| 序号 | 发布主体 | 发布时间 | 规范性文件 |
|---|---|---|---|
| 2 | 农业部（已撤销） | 2016年6月29日 | 《农村土地经营权流转交易市场运行规范（试行）》 |
| 3 | 武汉市人民政府办公厅 | 2009年4月29日 | 《武汉市农村产权交易管理办法（试行）》 |
| 4 | 山东省人民政府办公厅 | 2015年5月21日 | 《关于贯彻国办发〔2014〕71号文件引导农村产权流转交易市场健康发展的实施意见》 |
| 5 | 四川省人民政府办公厅 | 2015年6月15日 | 《关于全省农村产权流转交易市场体系建设的指导意见》 |
| 6 | 云南省人民政府办公厅 | 2015年9月21日 | 《关于建立和完善农村产权流转交易市场的意见（试行）》 |
| 7 | 上海市农委 | 2016年5月5日 | 《关于本市推进农村土地承包经营权流转公开交易市场建设的实施意见（试行）》 |
| 8 | 北京市人民政府办公厅 | 2018年5月3日 | 《北京市农村产权交易所交易管理办法（试行）》 |
| 9 | 天津市人民政府办公厅 | 2018年5月21日 | 《天津市农村产权流转交易市场管理办法（试行）》 |
| 10 | 河北省人民政府办公厅 | 2019年10月29日 | 《河北省农村产权流转交易管理办法》 |

**表5.2 代表性农村产权交易市场设置情况**

| 序号 | 设置年份 | 农村产权交易市场 | 法律性质 |
|---|---|---|---|
| 1 | 2008 | 成都农村产权交易所 | 非营利公司法人 |
| 2 | 2009 | 武汉农村综合产权交易所 | 国有非营利公司法人 |
| 3 | 2009 | 广州农村产权交易所 | 公司法人 |
| 4 | 2010 | 重庆农村土地交易所 | 事业单位法人 |
| 5 | 2010 | 北京农村产权交易所 | 国有非营利公司法人 |
| 6 | 2010 | 上海农业要素交易所 | 国有非营利公司法人 |
| 7 | 2010 | 安徽省农村综合产权交易所 | 国有公司法人 |
| 8 | 2010 | 杭州农村综合产权交易所 | 国有公司法人 |
| 9 | 2011 | 昆明泛亚农村产权交易所 | 公司法人 |
| 10 | 2011 | 天津农村产权交易所 | 国有公司法人 |

续表

| 序号 | 设置年份 | 农村产权交易市场 | 法律性质 |
| --- | --- | --- | --- |
| 11 | 2014 | 山东农村产权交易所 | 国有公司法人 |
| 12 | 2015 | 河北农村产权交易所 | 公司法人 |
| 13 | 2015 | 温州市农村产权服务中心 | 公司法人 |

第一，确定地方农村产权交易平台的设置级别，一方面，要考虑交易的便捷性以及交易所对区域内农村产权资源的整合和调动能力；另一方面，交易所所处的政策环境和政策支撑力度也是必须要考虑的重要因素，比如能否借助于国家综合改革、土地改革或统筹城乡改革试点政策。考察已有的农村产权交易所，成都和武汉两地的农村产权交易所较为成功地实现了设置目的，而两地都有国家级的农村制度改革政策背景，武汉市为两型社会建设试验区，成都市是统筹城乡改革试验区。承担着在政策层面的先试先行、政策探索任务，便于在有关部门的支持下开展制度创新。

第二，我国现有的农村产权交易平台呈现以下特点：一是多层性。2014 年 12 月 30 日国务院《关于引导农村产权流转交易市场健康发展的意见》（国办发〔2014〕71 号）中提到，“市场建设应以县域为主，确有需要的地方可以设立覆盖地（市）乃至省（区、市）地域范围的市场，鼓励各地探索符合农村产权流转交易实际需要的多种市场形式”。根据本地经济社会发展状况，建设相关的农村产权交易服务组织或机构，形成市、区、乡（镇）三级交易平台统一管理、协作联动的农村产权交易市场体系。二是单一性。我国各级地方政府所进行的农村产权交易市场的探索，普遍存在配套制度残缺和措施不完善现象，一些地方所设立的农村产权交易所面临重重困难，效果不佳，无法破解农村产权制度的局限。三是区域性。各地方建立的农村产权交易平台都属于区域性交易市场，只限于农村产权交易所所在地行政区划内的农村产权交易，交易品种、影响力及其辐射能力有限。国务院《关于引导农村产权流转交易市场健康发展的意见》（国办发〔2014〕71 号）是国家层面首部针对农村产权流转交易市场的指导性文件，强调了农村产权流转交易市场必须坚持为农服务的宗旨，突出公益性。因此，在实务中，各地的农村产权交易平台无论是营利性还是非营利性都是由政府主导的，无论是事业法人还是企业法人都坚持以公益性为主。

第三，从法律性质看，农村产权交易所可以是事业法人，也可以是公司法人，但都突出公益性，不以营利为目的。地方农村产权交易平台的法律架构一般采用三级架构，市级交易市场基本架构为市、县、乡（镇）模式，省级交易市场由覆盖全省的综合交易平台、市级交易平台和县乡交易平台共同组成。《关于引导农村产权流转交易市场健康发展的意见》（国办发〔2014〕71 号）对农村产权流转交易市场的交易范围做出了概括性规定，即提供发布交易信息、受理交易咨询和申请、协助产权查询、组织交易、出具产权流转交易鉴证书、协助办理产权变更登记和资金结算手续等基本服务。以全国第一家规范建设的农村产权交易市场——成都农村产权交易所为例，其交易范围包括农村土地承包经营权、林权、农村房屋所有权、集体建设用地使用权、农村集体经济组织股权、农业类知识产权等农村产权的交易；农村土地综合整治腾出的集体建设用地挂钩指标、占补平衡指标的交易；资产处置；市场信息咨询服务。多数试点地区农村产权交易所的交易内容都涵盖试点辖区内农村集体产权依法转让、出租、入股、抵押或其他方式的流转交易。具体包括：农村土地承包经营权，农村集体经济组织“四荒”地使用权，农村集体经营性建设用地使用权，林地使用权，林木所有权，林木使用权和山林股权，农村水域、滩涂养殖权，农村集体经济组织股权，农村房屋所有权，农村宅基地使用权，农业生产性设施设备使用权，农业类知识产权，农村集体投资的工程建设项目、大宗设施采购等农村重大经济事项等。

第四，近年来在地方农村土地制度改革探索中出现的“土地银行”，其组织形态表现为土地储备与开发机构、土地存贷与租赁机构、土地投融资机构、土地互助合作组织、土地专业信用合作社以及土地入股与托管等。虽然“土地银行”客观上起到了促进农地流转的作用，但其主要目的还是“提供土地抵押贷款和发行土地债券”，并未成为一种主要的农村产权交易平台形式，但其显示的适用性已经引起理论研究和实务界的关注。[①]

## 第三节　区域性农村产权交易平台建设探索
### ——以中原农村产权交易所为例

### 一、区域性农村产权交易平台概述

农村产权交易市场是为农村产权要素流动提供交易场所的有形市场，农村产权交易市场建设是构建产权市场机制的重要内容，也是促进农村产权交易、保障农村集体资产保值增值的重要手段。要推进集体产权有序流转，必须在公开的有形市场进行，保证市场交易信息公开，形成公平的竞争环境，规范农村产权交易程序，构建完善的市场交易规则。[②] 随着农村产权要素在城乡间普遍流动，各地陆续设立了农村产权交易所等流转服务平台。如上文所述，国内农村产权交易市场的设置多为三级架构模式，基本是以行政区划（市、县、乡）范围来设置交易市场的，难免出现功能单一、交易量小、影响力弱等问题。国务院办公厅于2014年12月30日发布《关于引导农村产权流转交易市场健康发展的意见》（国办发〔2014〕71号），这是我国首次针对农村产权流转交易市场建设出台的规范性文件。该指导性文件中明确规定，农村产权流转交易市场是政府主导、服务“三农”的非营利性机构，可以是事业法人，也可以是企业法人。[③] 在农村产权交易所设置模式上，“一个交易所＋多个服务中心”是国内主流模式。[④] 通过对国内典型农村产权交易市场的调研，了解已有农村产权交易市场的建设背

① 参见刘云生：《中国农村土地银行法律问题研究》，法律出版社2017年版，第2～6页；李蕊：《中国土地银行法律制度构建研究》，法律出版社2014年版，第33～34页；［美］弗兰克·亚历山大：《土地银行与土地储备》，程维多、肖文译，科学普及出版社、中国科学技术出版社2015年版，第8～14页；宋建坤：《国家土地银行论》，北京交通大学出版社2016年版，第92页。

② 参见张鹏：《当前农村集体经营性建设用地制度改革若干构想》，载《苏州大学学报（哲学社会科学版）》2014年第3期。

③ 如北京农村产权交易所就是一家国资背景的非营利性流转交易机构，2001年由北京市农业投资有限公司出资设立。

④ 参见陈清明、马洪钧、谌思：《农村产权交易市场发育现状及绩效评价——基于重庆市土地流转问卷调研》，载《调研世界》2015年第5期。

景、运行机制及存在的问题，分析调研资料并提取农村产权交易市场建设经验，笔者认为，对于绝大多数地区来说，特别是粮食主产区和农村人口比重仍然比较高的地区，农村产权交易所的建设应当把握慎重稳妥原则。相对已有模式，设立区域性农村产权交易所更具合理性。这里以构建中原农村产权交易所为例，将农村土地产权制度与相关制度置于统筹城乡发展的大背景下，探讨河南省在中原经济区建设背景下进行农村集体土地制度协同创新的必要性，阐释其建设理由和基本制度框架，并提出相关制度设想。

## 二、设立中原农村产权交易所的必要性

第一，中原经济区农村产权制度先试先行、制度探索的需要。以集体土地“三权分置”为核心的新一轮土地制度改革，将使我国农业生产关系发生深刻改变。土地制度改革的关键点在于在土地确权的基础上设立城乡统一的农村产权交易市场。如果说中国的改革开放经验是对世界的贡献，那么，中原经济区农村产权制度改革的经验就是对中国的贡献。经由区域试点—经验总结—全国立法的渐进过程，让中原农村产权交易所的建设经验为国家相关部门提供参考意见，为中央立法机关提供立法建议。

第二，区域经济竞争的需要。“三区一群”战略的实施使河南在全国大局中的地位日益提升，战略叠加效应持续增强。连通境内外、辐射东中西的现代立体交通体系和物流通道枢纽优势进一步增强了中原经济区的辐射面和影响力。在区域经济竞争日趋激烈的背景下，要素市场的影响力和辐射力将成为城市的核心竞争力。但据统计，在国家中心城市中，目前只有郑州市和西安市没有设立农村产权交易所。

第三，农业规模化经营的需要。经由农村产权交易所，实现农村产权市场化配置、土地规模化流转、规模化经营，同时吸引社会资本投向农村，为农村产权注入金融元素；构建农村产权担保融资制度，从根本上缓解农民融资困难，改善农村产权要素的低效状况，并最终实现农民、农业和金融机构的共赢，实现乡村振兴。

第四，农村产权价值发现的需要。经济学研究表明，产权的价值与其流动性具有正相关关系。农村产权交易平台将农村土地与其附属

权利变成可交易的资本化商品，为其提供制度溢价的可能，推动农村土地产权的价值化。同时，中原农村产权交易所也有助于农业与农村大数据平台建设，满足国家数据统计与农村产权主体信息交流的需求，以数字“赋能”农村土地制度改革和农业产业发展。

## 三、设立中原农村产权交易所的可行性

第一，符合中央政策要求和地方政策导向。《河南省 2018 年国民经济和社会发展计划》提出要深化农村集体产权制度改革，抓好国家级和省级农村产权制度改革试点，推进涉农县（市、区）农村产权综合交易平台全覆盖。《河南省国民经济和社会发展第十三个五年规划纲要》也提出要试点推动农村土地银行发展，建立农村产权交易市场，依法推进土地经营权有序流转。设立中原农村产权交易所将成为健全农村产权交易体系、满足“三区一群”发展战略需要、实现河南省经济与社会发展目标的重要抓手，符合中央和地方政策导向。中原经济区“新型城镇化、新型工业化、新型农业现代化”进程也是一种土地用途的变动过程，将逐渐改变人口与土地、农用地与建设用地、集体建设用地与国有建设用地之间的对比关系。中原经济区建设过程中，工业化、城市化进程的加速必然面临土地资源配置矛盾的制约。因此，集体土地产权制度不仅已经成为中原经济区经济社会协调发展的最重大问题和最突出矛盾，而且在未来相当长的一段时期内，将与河南省的农村和农业发展、城市规划布局、区域经济调控以及社会保障体系构建等重点问题紧密联系。需借鉴其他经济区建设经验，通过法律赋予农民土地转用的权利，推动土地市场化流转。这样既可以保障耕地面积，又可以给农民带来财产性收益，还可以抑制政府的土地财政政策，缓和社会矛盾。同时，要保护农村集体土地产权主体的合法权益，促进农村集体土地资源的集约、高效、合理利用，按照效率标准完善立法，创新农村集体土地产权制度。设立中原农村产权交易所，符合中央政策导向和地方“十四五”规划目标。出于国家资源要素市场制度改革探索、河南省经济和社会发展、区域经济竞争、农业规模化经营、农业大数据平台建设的考虑，应借鉴外省市经验，在集体土地产权制度方面大胆探索，在郑州市设立区域性农村产权交易市场。在农

村产权制度方面先试先行，为我国农村产权制度改革和全国性农村产权交易市场建设提供实践经验；实现农村产权价值，增强中原经济区区域经济竞争力，支撑“三区一群”战略和国家中心城市建设。构建和发展农村产权交易平台有利于更好服务“三农”，提高农村产权的配置效率，促进农村经济要素合理流动和农村经济发展。

第二，中原农村产权交易所具有区位优势。目前，在交易所的设置问题上，中央文件要求市场建设应以县域为主，确有需要的可以覆盖到市乃至省区域范围内的市场，承担更大范围的信息整合发布和大额流转交易工作。有学者认为在县级设置比较好,[①] 因为在农村产权所在地的行政区划内设立交易所，一方面可以降低农村产权流转交易费用，另一方面便于解决农村产权流转交易纠纷，使农村产权资源能够物尽其用，发挥最大的经济和社会效益。笔者认为，市场覆盖面、交易量等问题是设置农村产权交易所的必要考量因素。中原经济区是以郑州大都市区为核心、以中原城市群为支撑、涵盖河南全省延及周边地区的经济区域。2011 年 9 月 28 日，国务院发布《关于支持河南省加快建设中原经济区的指导意见》，该意见从战略高度将中原经济区定位为“全国工业化、城镇化和农业现代化协调发展示范区”，明确要加大“三化”协调发展力度，允许在土地节约集约利用方面先行先试，加快农村土地管理制度改革试点。《中国共产党河南省第九次代表大会决议》也提出了全面实施建设中原经济区、加快中原崛起河南振兴总体战略，持续探索不以牺牲农业和粮食、生态和环境为代价的“三化”协调科学发展之路。河南省作为我国中部地区的重要省份，郑州市作为国家中心城市之一，随着以河南省为承载主体的“三区一群”国家战略的实施，中央政策允许河南省采取更加灵活的政策措施。中原农村产权交易所的发展立足中原经济区，覆盖中原经济区城市群，借鉴传统农村产权交易市场建设经验，探索适应中原经济区农村产权流转的途径和机制；拓展农村土地物权法律制度视野和空间，充实农村产权流转理论内涵，进而完善中原经济区农村产权交易制度，创建全国

---

① 参见张四梅：《集体经营性建设用地流转制度建设研究——基于优化资源配置方式的视角》，载《湖南师范大学社会科学学报》2014 年第 3 期。

一流农村产权交易市场。构建中原农村产权交易所应以农村产权交易所为核心，建立中原土地银行、融资担保公司、风险补偿基金等协同配套机制在内的完整的农村产权市场化配置体系。

第三，拥有农村产权交易的实践基础条件。河南省是农业大省，国家功能定位是粮食生产核心区，统计数据显示，2016 年河南省粮食综合生产能力跨越 1200 亿斤大关，为保障国家粮食安全做出重要贡献。“十二五”期间，全省土地经营权流转面积达 3783 万亩，占家庭承包面积的 38. 9%。河南省成立县一级土地流转服务机构或服务大厅的县市分别占总数的 58. 0% 或 50. 0%，乡镇成立流转服务机构或服务大厅的分别占总数的 38. 0% 和 30. 5%。截至 2021 年 5 月，承包地“三权分置”改革不断深化，全省土地流转面积为 3823 万亩、土地托管面积为 3721 万亩，规模经营面积占家庭承包耕地面积的比重达到 69. 3%。[①] 作为全国农村改革试验区，包括新乡市在内的多个地市被省委、省政府确定为农村综合产权交易工作试点市，为中原农村产权交易所的设立和规范运行打下了良好基础。成都、武汉等地的农村产权交易所已运行近 10 年，其试点经验为河南省学习借鉴、发挥后发优势提供了实践可能，域外土地银行建设与运行经验也可供借鉴。

第四，具备设立农村产权交易所的技术条件。河南省拥有农村产权交易的现实基础和技术条件，郑州商品交易所成立于 1990 年，是经国务院批准成立的国内首家期货市场试点单位；中原股权交易中心 2015 年成立，根据国务院办公厅《关于规范发展区域性股权市场的通知》（国办发〔2017〕11 号）的要求，河南省政府同意确定中原股权交易中心为河南省唯一合法的区域性股权市场运营机构。以上经济要素流转交易市场的发展经验和交易资源，能够为中原农村产权交易所的建设和发展提供支撑。

## 四、构建中原农村产权交易所的措施

第一，设立中原农村产权交易所，完善农村产权制度顶层设计。

① 《“开局十四五　奋进新征程”系列新闻发布会（四）：全面实施乡村振兴战略，加快农业农村现代化》，载河南省人民政府门户网，https：//www. henan. gov. cn/2021/05 - 21/2148912. html。

出台中原农村产权交易所的地方法规与政策，中原农村产权交易所设在河南省省会郑州市，农村产权交易的发展定位为：立足中原经济区，覆盖中原城市群，面向全国，创建全国一流的农村产权交易平台。采用电子化交易和网络化交易的方式，交易所建立网站，县市乡可以设立电子交易屏幕。未来全国统一的农村产权交易平台可以通过合并各省（直辖市、自治区）区域性平台的方式来实现。中原农村产权交易所应重视和完善农村产权交易所的顶层设计，注重政策的战略性和实效性相结合、前瞻性和稳定性相结合、本土经验与国际化视野相结合，为农村产权交易制度改革提供相关的政策支持。允许农村产权抵押融资，放开的范围一方面要与中央政策保持一致，另一方面也要与中原农村产权交易所的交易品种和政策的推进速度保持一致，避免出现抵押品种与交易平台允许品种脱节的情况。建立农村产权制度改革容错机制，农村产权交易平台建设和运行过程中要把握渐进性原则，先选择中原经济区内不超过20%左右的县作为试点，出台政策鼓励基层开展农村产权制度创新，运行2～3年积累经验，在试点范围、交易品种和交易方式选择上逐层推进、逐步完善。

第二，健全交易规则。交易规则包括交易主体、交易品种、交易方式等内容，交易主体包括农村承包经营户、农业专业合作社、农业类公司、其他非法人类农业企业以及因行使抵押权而取得土地经营权的金融机构；交易品种是以农村土地所有权为核心的“权利群”。如前所述，包括核心层、基础层、扩展层，中原农村产权交易所设立初期，交易品种包括农村土地经营权（包括以承包方式获得的以及通过招标、拍卖方式获得的）、集体建设用地使用权、宅基地及其上的房屋、林权、“四荒”地使用权、养殖水面滩涂、农民专业合作社出资份额、农业类公司的股权等；中原农村产权交易所采用挂牌交易方式，不同于证券交易的集中交易和连续交易方式。健全农村产权交易市场管理规范，加强农村产权交易市场制度顶层设计，采取列举加概括的方式，明确农村产权交易所的交易范围，明确交易主体、交易品种、交易方式和交易机制。建立专门的交易登记或鉴证机构，实现农村产权交易市场的制度协同。细化农村产权交易规则，农村产权交易规则主要对流转交易的基本流程做出相关规定，其主要包括交易方式，农村产权交易标的评估，农村产权交易的内部决策、审批程序等内容。有学者从乡村社会稳定的角度研究农村产权交易规则，认为如果违背交易自愿原则，强制推动农村产权流转，将可能会切断农民在城乡之间的进退和流动。当城市经济等不景气的时候，返乡农民就无地可种、无家可归，失去退养的基础，进城失败的一些农民也就没办法再回到农村去，这样就会造成整个社会的不安定，衍生社会问题。① 综观各农村产权交易所的管理办法及交易规则，交易所的职责边界定位都是重点规范内容，交易所和政府相关部门职能交叉将影响整个交易所运行效率。武汉农村综合产权交易所对农户土地交易采取鼓励进场交易的态度，对于村集体所有的“四荒”地则强制要求必须进场交易。也就是说，在自愿与强制的问题上，需要区别交易对象以及具体交易品种。②

第三，完成农村产权的确权和交易登记。初始登记在农业部门，保持不变。农村产权因流转而产生的二次登记由中原农村产权交易所负责，更为便利和及时。二次登记包括农村产权的抵押登记，农村产权因租赁、转让而产生的权利变更登记，农民专业合作社出资份额、农业类公司的股权变更登记等。农村产权交易平台是为农村产权提供交易场所的，而农村产权的确权是流转的前提和基础。确权颁证意味着农村产权的权利明晰，产权越清晰，交易市场就会越规范，农村产权交易价格也会越高，交易主体对交易的安全性就会更有信心。农村产权不能尽快完成确权将成为农村产权交易最大的掣肘，制约农村产权交易平台的建设发展。

第四，建立和完善农村产权价值评估体系，研究制定农村产权估价规程，引导农村产权流转交易市场健康发展。价值评估是农村产权投资入股、交易流转、抵押融资等法律行为中产权的主要定价依据，政策性比较强。目前我国已经制定颁布了《城镇土地分等定级规程》《城镇土地估价规程》两个国家标准和《农用地分等规程》《农用地定

---

① 参见程欣炜、林乐芬：《农村产权市场化创新机制效应分析——来自全国农村改革试验区东海农村产权交易所的实践模式》，载《华东经济管理》2014 年第 9 期。

② 参见王德福：《农村产权交易市场的运行困境与完善路径》，载《中州学刊》2015 年第 11 期。

级规程》《农用地估价规程》三个行业标准。① 鉴于农村产权形式多样，其流转交易、抵押融资尚处于试点探索阶段，对其使用权权益及价值的研究尚待深入，尚不具备制定“农村产权估价规程”的基础条件，建议分步进行。先梳理农村产权交易方式及权益类型，明确流转价格内涵及类型，然后研究制定各类评估技术规范。通过以上方式，分步制定完善农用地、宅基地等土地产权估价规范，最终形成以土地为核心的农村产权评估机制。

第五，加大农村金融支持力度，建立农村产权抵押融资风险分担与补偿机制。成立中原土地银行，为农村产权提供抵押融资服务。土地银行是指主要经营土地存贷及与土地有关的长期信用业务的金融机构。欧美和亚洲一些国家为提高农村土地资源利用效率，先后设立土地银行，取得了良好效果。要让农村产权抵押真正成为解决农村贷款难问题的有效途径，关键是要创新农村产权抵押的市场条件，通过市场机制的正常运行来保证金融机构抵押债权能够顺利实现，让金融机构自愿参与农村产权抵押贷款业务。开办和拓展涉农保险，分散农业自然风险，在险种、费率、理赔等方面，既要考虑农业需求和农村现状，也要考虑保险企业市场化运作需要，支持“三农”事业发展。设立中原农村产权融资担保股份有限公司和中原农村产权融资风险基金，中原农村产权交易所设立与运行初期，担保公司和风险基金采用政府主导模式，由省、市、县三级政府出资成立并主导运营，设立 3 ~ 5 年的政策引导期，分阶段逐步过渡到市场主导模式。

第六，结合乡村振兴战略需要，建设农村产权大数据信息平台。农村产权大数据信息平台承载着农村产权信息发布、交流、统计分析等功能，为国家宏观调控、相关部门出台政策和农业产业导向提供决策依据。农村产权大数据信息平台还可以克服其他以县、市、省域范围设立的区域性农村产权交易平台的弱点，中原农村产权交易所是面向整个中原经济区，包括河南省全省，山东、山西、河北、安徽等省的局部地区。农地流转的交易成本是农户参与农地流转市场的重要影

① 参见王文：《农村集体经营性建设用地使用权权益及其价值研究》，载《中国土地科学》2015 年第 7 期。

响因素。农户是否参与农地流转市场是基于自身利益来衡量的，农地流转的交易成本是交易利益的损失，当交易成本高于交易利益时，农户就会拒绝参加农地流转市场。[①] 建设农村产权大数据信息平台，在整个中原经济区实现农村产权登记、评估、流转交易数据的共享，提高土地经营权流转双方的资源匹配效率。[②]

第七，逐步建立农村产权交易平台相关配套措施。一是建立农村产权交易市场发展资金。可以借鉴公司制企业管理经验加强农村产权交易所建设，但农村产权交易所的组织形式还是以事业法人或非营利性公司法人为必要。不绝对禁止营利性资本参与农村产权交易所事务，但要防止产权交易所成为追求股东利益最大化的营利性法人。因此，农村产权交易所建设及运行资金需求，可以通过建立交易所发展资金来解决。二是建立中介机构入库规则，为农村产权交易提供专业服务。国务院办公厅印发的《关于引导农村产权流转交易市场健康发展的意见》（国办发〔2014〕71 号），允许农村产权交易市场根据自身条件，开展资产评估、法律服务、产权经纪、项目推介、抵押融资等配套服务，还可以引入财会、法律、资产评估等中介服务组织以及银行、保险等金融机构和担保公司，为农村产权流转交易提供专业化服务。可以借鉴成都农村产权交易所的做法，采取中介机构入库方式，吸收律师事务所、资产评估师事务所、会计师事务所以及公证处等中介机构加入交易所，为农村产权交易提供配套服务，解决交易所功能相对单一、专业服务不足的问题。[③] 三是成立全国农村产权交易行业协会。成立农村产权交易市场行业协会，有利于充分发挥行业协会推动行业发展以及行业自律的作用，推进行业规范、交易制度和服务标准建设，加强经验交流、政策咨询、人员培训等。[④] 2015 年，北京、成都、重庆等农村产权交易所就开始探索建立农村产权流转交易市场行业协会，

---

① 参见李强、段豫川：《降低农用地承包经营权流转的交易成本》，载《光明日报》2014 年 1 月 1 日，第 5 版。

② 参见许红洲：《网络平台为土地流转增效提速》，载《经济日报》2016 年 9 月 20 日，第 11 版。

③ 参见陈清明、马洪钧、谌思：《农村产权交易市场发育现状及绩效评价——基于重庆市土地流转问卷调研》，载《调研世界》2015 年第 5 期。

④ 2014 年国务院办公厅《关于引导农村产权流转交易市场健康发展的意见》。

2019年8月20日，中国产权协会农村产权交易分会成立，这是积极发挥产权交易资本市场功能作用、助力实施乡村振兴战略、加快推进农业农村现代化的重要举措。①

## 第四节　农村产权交易平台运行效果及存在问题

设立农村产权交易市场，健全了农村产权要素交易制度，营造了农村资产资本化、规范化的市场环境，有效地突破了现代农业的发展"瓶颈"，推进了农村各项制度改革。② 同时也有利于更好地服务"三农"，提高农村产权资源配置效率，促进农村经济要素合理流动和农村经济发展。经整理分析相关政策和规范性文件，了解各地农村产权交易所建设和运行效果，可以发现，现有农村产权交易平台存在如下共性问题。

第一，部分农村产权交易市场交易量和交易额较小。数据显示，截至2014年6月，全国土地承包经营权流转部分占总面积的约28.8%，其中只有很少一部分是在场内进行交易的，大部分都是由农民自发进行的。如瑞安市中禾土地流转信息咨询有限公司成立于2011年5月，是温州市第一家农村土地、林权流转服务机构，因交易额过小已被吊销了营业执照。类似情况还有扬州市江都区农村产权交易中心、济源市农村产权交易中心等，成立以来农村产权交易额非常小，农村产权交易辐射半径也较小，交易所成立的必要性自然大打折扣。有研究表明，很多农村产权交易所存在夸大交易量及交易额的问题，③ 交易所把一些只是办理了"交易鉴证书"的项目的交易额纳入统计范畴，很明显是夸大了交易量。

第二，存在强制农村产权入市流转的情况。按照中央政策精神，

---

① 《中国企业国有产权交易机构协会农村产权交易分会成立大会暨中国产权交易资本市场助力乡村振兴研讨会在哈尔滨召开》，载中国产权网2019年8月21日，http：//www.cspea.org.cn/article/hydt/xhdt/201908/20190800006852.shtml。

② 参见吴群：《农村产权交易市场发展若干问题思考》，载《现代经济探讨》2014年第10期。

③ 参见程欣炜、林乐芬：《农村产权市场化创新机制效应分析——来自全国农村改革试验区东海农村产权交易所的实践模式》，载《华东经济管理》2014年第9期。

农村产权流转与否、流转时经交易所交易还是私下交易，应由农村产权主体自主决定。但从交易管理办法及交易规则来看，有部分地区农村产权交易所要求辖区内的农村产权流转必须经交易所挂牌完成，这违背了农村产权流转的自愿原则，与中央的政策是相悖的。交易环节的强制因素将阻碍农村产权流转，提高交易成本，总体来看对交易是不利的。①

第三，农村产权交易所功能异化，增加了产权交易成本。在省级、省会城市级和有代表性的试点地区农村产权交易市场的管理办法中，普遍存在农村产权交易鉴证流程。产权流转交易鉴证是农村产权交易市场的服务内容之一，鉴证书是在产权交易合同签订后、由农村产权交易所审核并出具的，鉴证书载明了项目编号、签约日期、转让方与受让方全称、受托经纪会员全称、标的、交易方式、成交金额、合同价款支付方式等事项，并使用统一格式打印。有学者认为产权交易鉴证实际上是对产权交易的一种规范和管理，这本应是相关政府部门的行政职责，交易鉴证业务导致了农村产权交易所的功能异化。②

① 参见陈清明、马洪钧、谌思：《农村产权交易市场发育现状及绩效评价——基于重庆市土地流转问卷调研》，载《调研世界》2015 年第 5 期。

② 参见程欣炜、林乐芬：《农村产权市场化创新机制效应分析——来自全国农村改革试验区东海农村产权交易所的实践模式》，载《华东经济管理》2014 年第 9 期。

# 第六章　土地经营权抵押权实现中的利益平衡：优先购买权制度

允许农村土地经营权抵押，注重了农村土地的财产功能，弱化了其社会保障功能。因此，在抵押权实现机制设计上，要考虑能够替代或补充土地社保功能的措施，在抵押权人、抵押人、抵押物受让人等相关主体之间实现利益平衡。相关主体间的利益平衡是影响土地经营权抵押权顺利实现的关键因素之一。在农村土地“三权分置”改革背景下，结合《土地管理法》的最新修改，及时总结地方试点经验，梳理现行规范，分析土地经营权流转，尤其是土地经营权抵押权实现过程中的优先购买权制度。通过明确类型和权利主体、规范行使条件、完善行使程序等措施，建立土地经营权流转中的优先购买权制度，促进农村土地资源的有效利用，对于科学制定土地经营权抵押流转规范有重要价值。

## 第一节　土地经营权抵押权实现中优先购买权的制度价值

### 一、土地经营权抵押权实现中的优先购买权概述

优先购买权是优先权的一种形式，又称先买权，是指在权利人出卖不动产、动产或其他财产权利时，特定主体依法律规定或合同约定所享有的在同等条件下优先购买或受让的权利。关于优先购买权的法

律效力，有债权效力说、物权效力说、区别效力说。[①] 优先购买权是一种形成权，[②] 强调通过有偿购买来受让财产权，[③] 权利人在同等条件下有先买权，各类法定优先购买权应有同一属性。[④] 优先购买权是民事法律体系中的一个重要制度，该制度是合同自由、意思自治与交易安全原则对诚实信用、情事变更及契约解释原则让步的产物，是社会经济发展要求的必然结果。[⑤] 有学者认为优先购买权具有减少冲突、维护既存的经济秩序、尽物（权利）之用的价值功能，是法律进行利益衡量的结果，优先购买权的适用使资源获得最佳配置，[⑥] 但也有观点认为优先购买权制度对出让人、第三人、优先购买权人三方利益的合理实现，标的交易价格的正常形成以及市场财产秩序的有序运行存在负面影响。[⑦]

相关理论研究和立法实践表明，土地经营权可以作为优先购买权的权利标的，[⑧] 在“三权分置”背景下，优先购买权的一般理论分析和结论在土地经营权抵押权实现过程中同样适用。相关法律规范涉及土地经营权的优先权表述中，有优先承包权、优先购买权、优先续约权、优先受让权等不同说法。从土地承包经营权的产生过程可以看出，承包人获得土地经营权，也应支付对价，取得的是用益物权，所以，将

---

① 参见石鲁夫：《先买权法律效力研究——兼论对先买权人的法律救济》，载《社会科学研究》2011 年第 2 期。

② 参见赖淑春：《优先购买权的法理分析及在执行程序中的适用》，载《法学论坛》2009 年第 2 期。

③ 如集体经济组织成员在土地承包经营权流转时的优先权（《农村土地承包法》第 38 条）、集体经济组织成员对于“四荒”地的优先承包权（《农村土地承包法》第 51 条）、职务技术成果的完成人对于该成果的优先受让权（原《合同法》第 326 条）、委托人对于专利申请权的优先受让权（原《合同法》第 339 条）、共有人对于共有的专利申请权的优先受让权（原《合同法》第 340 条），上述规定中尽管未以“优先购买权”来表述，但相关权利都属于“优先购买权”的范畴。

④ 参见常鹏翱：《论优先购买权的法律效力》，载《中外法学》2014 年第 2 期。

⑤ 参见茆艺宗：《从“同等条件”看优先购买权制度的价值取向——兼论在我国民法典体系内构建新的优先购买权制度》，载《安徽农业大学学报（社会科学版）》2004 年第 5 期。

⑥ 参见许尚豪、阚英：《论优先购买权价值功能与法理基础的统一性》，载《政法论丛》2008 年第 1 期；赖淑春：《优先购买权的法理分析及在执行程序中的适用》，载《法学论坛》2009 年第 2 期。

⑦ 参见张鹏：《按份共有人优先购买权制度的经济分析》，载《法商研究》2016 年第 1 期。

⑧ 参见廖焕国、严浩：《先买权制度论纲——兼评我国物权法草案建议稿中的先买权制度》，载《法学评论》2003 年第 6 期。

集体经济组织成员的这种优先承包权称为优先购买权亦无不妥。相关立法中之所以会出现优先承包、购买、续约、受让等不同表述，一是因为权利主体在不同流转环节有所区别；二是因为在不同规范中表述也不同，但其法理基础和逻辑架构是一致的。因此，为便于行文，除非有特别说明，本研究将土地经营权流转过程中的此类优先权统称为优先购买权。

## 二、土地经营权抵押权实现中优先购买权的学理分析

关于土地经营权优先购买权的法理基础，通说认为是本集体经济组织的成员权，[①] 有学者在以宅基地使用权为例分析农村土地权利优先购买权时，认为农民所拥有的宅基地是基于集体成员身份、通过一定程序取得的，集体经济组织成员有潜在的份额。出于控制农村土地资源外流之考虑，在集体经济组织内部建立成员间的土地使用权优先购买权。[②] 来自对土地承包经营权闭合属性的守护，依据相关政策和法律规定，承包地的分配仅限于在本集体经济组织范围内进行，并采取按人分配标准，这就是土地承包经营权的闭合性特征。延伸到土地承包经营权流转阶段，本集体经济组织成员具有了优先权。[③] 有学者建议在试点中可通过对抵押权实现方式的设计，对抵押人及其所在集体农民的利益予以适当保护，比如可以规定在抵押人丧失土地的承包经营权后，享有耕地的优先承租权等。[④] 随着“三权分置”政策的推行，在土地经营权流转的大趋势下，打破土地承包经营权的闭合性将成为常态，会对基于成员权的优先购买权造成影响。

关于优先购买权在土地经营权拍卖情形中的适用问题。按照字面意思理解，既为“优先购买权”，其前提是有“出卖”行为。而对于“出卖”，其特征一般较明确，“买卖，谓当事人约定一方转移财产权于

---

① 参见李锡鹤：《论民事优先权的概念》，载《法学》2004 年第 7 期。

② 参见孙宇、冯向辉：《宅基地优先购买权初探》，载《中国农村观察》2007 年第 5 期。

③ 参见王立争、马艳辉：《集体经济组织成员优先权的法律构造》，载《河北学刊》2014 年第 6 期。

④ 参见黎翠梅：《农村土地承包经营权抵押贷款制度探讨》，载《软科学》2008 年第 2 期。

他方，他方支付价金之契约”。在解释“出卖”的含义时，若仅作文义解释亦太过狭隘，在优先购买权的买卖中，以有偿、终局取得财产权为界定标准，包括移转标的物所有权和支付价款。比如遗赠、赠与和继承等行为，只具备转移标的物所有权的特点，则不属于“出卖”的范围。有偿设立土地承包经营权的行为就属于先买权的基础事实，这是因为我国的土地所有权不能流通，土地承包经营权人通过支付承包费，获得了相应的支配权和处分权，这实际上是土地所有权人出卖这些权能的后果，据此，采用招标、拍卖、公开协商等方式承包农村土地的，本集体经济组织成员在同等条件下有优先承包权。[①] 土地经营权作价出资或入股时，租赁人可以行使优先购买权。入股后成立的股份合作制企业转让股权时，租赁人可以行使优先购买权。至于“拍卖”，有学者认为若拍卖时仍允许一定主体享有优先购买权，则“应买之人势必锐减，卖价难免偏低”，但是该理由也能在普通买卖情形下适用，既然法律容忍了普通买卖之中可以享有优先购买权，为何不能适用于拍卖中？鉴于此，最高人民法院《关于审理城镇房屋租赁合同纠纷案件具体应用法律若干问题的解释》（法释〔2009〕17号，2020年修正）明确支持承租人在“拍卖”程序中享有优先购买权。[②] 据学者研究，1956年《民法典所有权编（草案）》第33条曾规定：“按份共有人出让自己在共有财产中的份额时，其他共有人有优先购买权，但由法院公开拍卖时除外。”[③] 但该规定在《民法通则》（已失效）、原《民法总则》（已失效）和《民法典》中并未出现。土地经营权抵押权实现方式主要是拍卖、变卖、折价，是特殊形式的流转，其性质仍然是使用权买卖，不能剥夺相关主体优先购买的权利。

关于优先购买权与相关制度的选择。土地的整体化开发利用具有一定的社会公共性，应当基于利益优先考量因素给予法律上的倾斜保

① 参见常鹏翱：《论优先购买权的行使要件》，载《当代法学》2013年第6期。

② 参见付俊伟：《试论承租人优先购买权》，载《苏州大学学报（哲学社会科学版）》2015年第2期。

③ 张鹏：《按份共有人优先购买权制度的经济分析》，载《法商研究》2016年第1期。

护。[①] 优先购买权的实质在于为权利人提供一个优先买受的机会，意在基于价值判断和政策考量，适度突破债权平等原则。[②] 为了保护农民利益，提升农村土地资源价值，有学者提出设定土地经营权流转最低保护价。[③] 在地方试点规范中，如海南省、安徽省铜陵市等省市的土地承包经营权抵押融资规范，规定“抵押物的价值不得低于区（县）政府公布的同期、同地区、同类型农村土地承包经营权基准价格”。[④] 笔者认为，地方政府以基准价格为参照设定土地经营权最低保护价，有一定合理性。但从发挥市场机制作用的角度来看，通过优先购买权制度来实现保护农民利益的目的，相比设定土地经营权最低保护价是更为妥当的方案。最低保护价和优先购买权制度价值殊途同归，而优先购买权有着更为健全的制度设计和更为成熟的制度实施条件，更具有适用性。在土地经营权流转中设置优先购买权制度有充分的法理依据，并且随着土地经营权流转工作的不断推进，其重要性将日益凸显。

关于优先购买权的公平性。有研究从交易成本角度考虑，认为优先购买权的存在对第三人不公平。因为交易成本均由出让人和第三人承担，优先受让权人行使权利时却无须承担交易成本，对第三人的不公平至为明显。[⑤] 虽然优先购买权对当事人的影响客观存在，但笔者认为，对交易成本的分析应从社会整体成本角度考虑。交易价格的形成是一个博弈的过程，第三人出价时，在明知道标的物承载优先购买权的情况下，是会如学者所言“一次性给出自己意愿支付的交易价格，甚至是抬高交易价格”？还是会给出比原价更低的出价？笔者认为，同一标的物的价值因是否承载权利负担而不同，对于承载着优先购买权的土地经营权，第三人会压低而不是抬高价格。原因在于：首先，交

---

① 参见张鹏：《按份共有人优先购买权制度的经济分析》，载《法商研究》2016 年第 1 期。

② 参见石鲁夫：《先买权法律效力研究——兼论对先买权人的法律救济》，载《社会科学研究》2011 年第 2 期。

③ 参见周维德：《农村土地承包经营权抵押：困惑及实现》，载《广西社会科学》2014 年第 11 期。

④ 2012 年海南省《农村土地承包经营权抵押融资管理办法》、2012 年安徽省铜陵市《农村土地承包经营权抵押融资管理办法》。

⑤ 参见张鹏：《按份共有人优先购买权制度的经济分析》，载《法商研究》2016 年第 1 期。

易标的物承载了优先购买权，相对于没有承载优先购买权的标的物，第三人不愿意给出更高或同等次的价格。其次，对出卖人而言，其对标的物的价格期望值会比未承载优先购买权时要低，较低的交易价格符合出卖人的预期。再次，优先购买权人行权的条件是出卖人和第三人之间达成合同，第三人更高的出价更有利于促使合同的达成，从而更易触发优先购买权人的行权条件。而优先购买权人一旦行使权利，则第三人为达成合同而支出的交易成本就无法通过合同履行来弥补。所以，所给的较低的交易价格本身就包含了对第三人合同落空可能性的补偿。这也正是被相关研究忽略的一点，即没有考虑第三人的交易成本。交易标的承载优先购买权与否，将导致标的物对第三人的价值有所差异。比如某物在不存在其他权利负担时，其正常价值为100单位，当该物承载权利负担时，其价值会低于100单位。土地经营权承载有优先购买权的情况，必然影响第三人愿意支付的交易价格，其出价会低于正常出价。最后，优先购买权是形成权，存在这种权利不代表权利人一定会行使这种权利，两者不是简单的对应关系。优先购买权人是否行使优先购买权，取决于诸多因素，例如，上文所说的标的物对优先购买权人的价值；又如，优先购买权人的购买意愿、购买力、第三人购买的意愿是否强烈等。

"就第三人而言，因为其将无法获得出卖人的实际交付，故而将是白费相关的谈判成本，并可能还要面对难以向出卖人追讨已经履行的对待给付的风险。"① 该问题的出现应该与优先购买权行使的时间点有关。另外，谈判成本的沉没不仅是第三人的，伴随"沉没"的还有出卖人的谈判成本。因此，解决方案是将优先购买权行使时间点前移或者在出卖人和第三人合同条款中设定免责条件。但免责条件仅能解决出卖人陷于赔偿责任的困境，不能起到降低出卖人和第三人交易成本的作用。如果从社会总成本的角度来看，出卖人与第三人谈判成本的增加与出卖人和优先购买权人谈判成本的减少，是可以一并考虑的。综合来看，社会总成本并未增加，支出的谈判成本可以通过合同的成立和履行得到补偿。而这一合同是出卖人与第三人的合同，还是出卖

---

① 史浩明、张鹏：《优先购买权制度的法律技术分析》，载《法学》2008年第9期。

人与优先购买权人的合同则在所不问。由此需要出卖人在与第三人的合同订立过程中，通过以下手段避免承担履行不能的赔偿责任：一是明确告知第三人优先购买权的存在，如实披露优先购买权人等；二是约定若因优先购买权人行使权利，导致出卖人与第三人已成立的合同不能履行的情况，出卖人不承担违约责任；三是可以约定出卖人不能履行时，出卖人可以替代标的履行合同；四是将合同视为附条件或附解除权的合同。[①] 笔者认为，如果出卖人告知第三人优先购买权的存在，上述第二、三情况是可以达成的。一方面，对第三人而言，这是其需要承担的不确定性；另一方面，通过所披露事实信息（存在优先购买权）的影响，第三人可以获得相对谈判优势地位的补偿。也就是说，标的物的价格因是否承载权利负担（优先购买权）而有所不同。从而在承载权利负担的情况下，第三人可以因优先购买权人不行使优先购买权而获得有风险的收益，即以相对较低的价格取得标的物。对第三人来说，这里的风险就是因优先购买权人行使优先购买权而导致的谈判成本无法收回。对出卖人而言，如实披露标的物存在优先购买权的信息，体现在谈判上，可能会对交易价格产生影响，但可以避免其因履行不能而承担违约责任。因此，笔者认为，优先购买权的行使时间点选在出卖人与第三人达成合同后是可行的，但需要辅之以出卖人的如实告知或披露义务。另外，第三人出于对个人利益保护的考虑，在出卖人未披露、自己也不知道是否存在优先购买权的情况下，可以通过合同条款的设计，约定出卖人未告知存在优先购买权的情形及相应的法律责任，一来可以保护个人权益，二来可以提醒或督促出卖人履行告知义务。

## 第二节　土地经营权流转中优先购买权制度现状

### 一、土地经营权流转中优先购买权相关规范梳理

最高人民法院在 1952 年《解答关于处理房户行使优先购买权案件

① 参见戴孟勇：《论按份共有人优先购买权的行使规则》，载《法学杂志》2020 年第 9 期。

发生疑义问题的函》（法监字第8012号）中首次提到承租人优先购买权。1983年国务院《城市私有房屋管理条例》（已失效）第11条规定：房屋所有人出卖租出房屋，须提前3个月通知承租人。在同等条件下，承租人有优先购买权。1986年《民法通则》（已失效）第78条第3款就共有人的优先购买权作出规定。1990年国务院《城镇国有土地使用权出让和转让暂行条例》（已被修改）第26条规定：土地使用权转让价格明显低于市场价格的，市、县人民政府有优先购买权。从目前掌握的资料看，该条例是最早在土地使用权流转中规定优先购买权的规范性文件，其目的是防止国有土地低价转让。① 之后出台的其他相关法律规范，对优先购买权也都有涉及。2009年最高人民法院《关于审理城镇房屋租赁合同纠纷案件具体应用法律若干问题的解释》（法释〔2009〕17号，2020年修正）规定：出租人与抵押权人协议折价、变卖租赁房屋偿还债务，应当在合理期限内通知承租人。承租人请求以同等条件优先购买房屋的，人民法院应予支持。2016年中国银监会（已撤销）、国土资源部（已撤销）发布的《农村集体经营性建设用地使用权抵押贷款管理暂行办法》（银监发〔2016〕26号）规定：贷款到期后，借款人未清偿债务或出现当事人约定的实现抵押权的情形，银行业金融机构可以通过折价、拍卖、变卖抵押财产等合法途径处置已抵押的农村集体经营性建设用地使用权。所得价款由银行业金融机构优先受偿。土地所有权人在同等条件下享有使用权优先购买权。《民法典》第305条规定了按份共有人和房屋承租人的优先购买权。从上述规范可以看出，优先购买权基于共有权、租赁权和集体经济组织成员权而产生，适用对象包括房屋、土地经营权，农村集体经营性建设用地使用权，农村集体土地经营权，农村土地出资入股后的权益或收益分配权等。

近年来，随着土地经营权流转探索的深入，有些地方规范中也规定了土地经营权的优先购买权制度。土地经营权抵押权实现环节原承包人、集体经济组织其他成员或者新型农业经营主体的优先购买权，

① 参见杨遴杰、周文兴：《中国政府土地优先购买权功能分析》，载《中国土地科学》2011年第2期。

因其交易环节长、涉及主体多、实现方式特殊等因素，在产生原因、制度价值、权利主体、同等条件、实现程序等方面，与传统民商事优先购买权有较大区别。为了解土地经营权优先购买权的立法情况，本研究选取相关国家级规范性文件、省级及国家试点城市规范性文件，梳理汇总有关规范中土地经营权优先购买权的规定（见表6.1、表6.2）。分析土地经营权优先购买权规范存在的问题和不足，并对土地经营权抵押权实现过程中的优先购买权提出完善建议。

**表6.1　国家层面法律规范关于土地（承包）经营权流转中优先购买权的规定**

| 序号 | 规范名称 | 具体规定 | 权利类型 | 权利主体 | 行使条件 |
|---|---|---|---|---|---|
| 1 | 2005年最高人民法院《关于审理涉及农村土地承包纠纷案件适用法律问题的解释》（2020年修正） | 本集体经济组织成员在承包费、承包期限等主要内容相同的条件下主张优先承包权的，应予支持 | 优先承包权 | 本集体经济组织成员 | 承包费、承包期限等主要内容相同条件下 |
| | | 土地承包经营权流转中，本集体经济组织成员在流转价款、流转期限等主要内容相同的条件下主张优先权的，应予支持 | 优先流转权 | 本集体经济组织成员 | 流转价款、流转期限等主要内容相同条件下 |
| 2 | 2014年中共中央办公厅、国务院办公厅《关于引导农村土地经营权有序流转发展农业适度规模经营的意见》 | 鼓励承包农户依法采取转包、出租、互换、转让及入股等方式流转承包地。在同等条件下，本集体经济组织成员享有土地流转优先权 | 流转优先权 | 本集体经济组织成员 | 同等条件下 |
| | | 流转合同到期后流入方可在同等条件下优先续约 | 优先续约权 | 流入方 | |
| 3 | 2016年农业部（已撤销）办公厅《关于组织开展深化农垦改革专项试点工作的通知》 | 改革完善职工承包租赁经营管理制度。在同等条件下，职工承包租赁的土地可由其在农场务农的子女优先租赁经营 | 优先租赁权 | 职工在农场务农的子女 | 同等条件下 |

续表

| 序号 | 规范名称 | 具体规定 | 权利类型 | 权利主体 | 行使条件 |
|---|---|---|---|---|---|
| 4 | 2016年农业部(已撤销)《农村土地经营权流转交易市场运行规范(试行)》 | 流转交易合同到期后，流入方在同等条件下可优先续约 | 优先续约权 | 流入方 | 同等条件下 |
| 5 | 2016年中共中央办公厅、国务院办公厅《关于完善农村土地所有权承包权经营权分置办法的意见》 | 经营主体有权在流转合同到期后按照同等条件优先续租承包土地 | 优先续租权 | 经营主体 | 同等条件下 |
| 6 | 2018年《农村土地承包法》 | 土地经营权流转，在同等条件下，本集体经济组织成员享有优先权 | 优先受让权 | 本集体经济组织成员 | 同等条件下 |
|  |  | 以其他方式承包农村土地，在同等条件下，本集体经济组织成员有权优先承包 | 优先承包权 | 本集体经济组织成员 |  |
| 7 | 2021年农业农村部《农村土地经营权流转管理办法》 | 土地经营权流转的受让方应当为具有农业经营能力或者资质的组织和个人。在同等条件下，本集体经济组织成员享有优先权 | 优先受让权 | 本集体经济组织成员 | 同等条件下 |
|  |  | 土地经营权流转期限届满后，受让方享有以同等条件优先续约的权利 | 优先续约权 | 受让方 |  |

资料来源：万方政策法规数据库，http：//c. wanfangdata. com. cn/Claw. aspx。

**表 6.2　省级及地方试点规范关于土地（承包）经营权优先购买权的规定**

| 序号 | 规范名称 | 具体规定 | 权利类型 | 权利主体 | 行使条件 |
|---|---|---|---|---|---|
| 1 | 2010 年重庆市《农村土地承包经营权、农村居民房屋及林权抵押融资管理办法（试行）》 | 农村土地承包经营权、农村居民房屋及林权抵押融资抵押物的处置方式有：依法拍卖、变卖、流转等。在同等条件下，本集体经济组织及其符合购买条件的成员有优先受让权 | 优先受让权 | 本集体经济组织及其符合购买条件的成员 | 同等条件下 |
| 2 | 2011 年海南省农业厅《海南省农村土地承包经营权抵押融资管理办法》 | 抵押人在处置抵押的农村土地承包经营权时，原承包方农户、所在集体经济组织成员有优先购买权 | 优先购买权 | 承包方农户、所在集体经济组织成员 | 未明确 |
| 3 | 2014 年中国人民银行杭州支行、浙江省农业厅《关于开展农村土地经营权抵押贷款工作的意见》 | 抵押土地经营权的原承包方、土地所属村集体经济组织或其他成员享有优先受让权 | 优先受让权 | 原承包方、土地所属村集体经济组织或其他成员 | 未明确 |
| 4 | 2016 年四川省《农村承包土地的经营权和农民住房财产权抵押贷款试点实施方案的通知》 | 农村承包土地的经营权抵押贷款抵押物处置应当充分保障农户承包权、优先受让权和土地持续生产能力 | 优先受让权 | 农户 | 未明确 |
| 5 | 2010 年陕西省杨凌示范区《农村土地经营权抵押融资管理办法（试行）》 | 抵押人在处置抵押的农村土地经营权时，原承包方农户、所在集体经济组织成员有优先购买权 | 优先购买权 | 原承包方农户、所在集体经济组织成员 | 未明确 |
| 6 | 2011 年云南省昆明市《农村土地承包经营权抵押融资管理办法（试行）》 | 抵押权人在处置抵押的农村土地承包经营权时，原承包方农户、土地所属的集体经济组织或者其他成员享有优先受让权 | 优先受让权 | 原承包方农户、土地所属的集体经济组织或者其他成员 | 未明确 |

续表

| 序号 | 规范名称 | 具体规定 | 权利类型 | 权利主体 | 行使条件 |
| --- | --- | --- | --- | --- | --- |
| 7 | 2011年四川省成都市《农村土地承包经营权抵押融资管理办法(试行)》 | 抵押人在处置抵押的农村土地承包经营权（农村土地经营权）时，原承包方农户、所在集体经济组织成员有优先购买权 | 优先购买权 | 原承包方农户、所在集体经济组织成员 | 未明确 |
| 8 | 2012年安徽省铜陵市《农村土地承包经营权抵押融资管理办法》 | 抵押权人处分抵押物时，原承包方、所在集体经济组织成员同等条件下有优先受让权 | 优先受让权 | 原承包方、所在集体经济组织成员 | 同等条件下 |
| 9 | 2012年甘肃省定西市《农村土地承包经营权抵押贷款管理办法(试行)》 | 抵押人在再流转或处置抵押的农村土地承包经营权时，原承包方农户、所在集体经济组织成员有优先流转权 | 优先流转权 | 原承包方农户、所在集体经济组织成员 | 未明确 |
| 10 | 2012年河南省济源市《农村土地承包经营权抵押融资管理办法(试行)》 | 抵押人在处置抵押的农村土地承包经营权时，原承包方农户、所在农村集体经济组织成员有优先购买权 | 优先购买权 | 原承包方农户、所在农村集体经济组织成员 | 未明确 |
| 11 | 2013年山西省新绛县《农村土地承包经营权抵押贷款的实施意见》 | 金融机构和农村土地物权管理服务中心在处理农村土地承包经营权收储和转让时，原土地承包经营权所有者优先获得使用权的权利 |  | 原土地承包经营权所有者 | 未明确 |
| 12 | 2014四川省米易县《农村产权抵押融资管理办法(试行)》 | 抵押权人以折价、拍卖、变卖、流转等方式实现抵押权的，在同等条件下，本集体经济组织成员享有优先权 | 优先受让权 | 本集体经济组织成员 | 同等条件下 |
| 13 | 2014年湖南省永兴县《农村土地承包经营权抵押融资管理办法(试行)》 | 抵押人在处置抵押的土地承包经营权（土地经营权）时，原承包农户、所在集体经济组织成员有优先购买权 | 优先购买权 | 原承包农户、所在集体经济组织成员 | 未明确 |

续表

| 序号 | 规范名称 | 具体规定 | 权利类型 | 权利主体 | 行使条件 |
|---|---|---|---|---|---|
| 14 | 2014年甘肃省陇南市《农村土地承包经营权抵押贷款实施细则（试行）》 | 依据相关法律规定，农村资产管理公司通过农村产权交易平台对收储的土地承包经营权进行流转交易，土地承包经营权优先在本集体经济组织内部进行流转交易 | 优先受让权 | 本集体经济组织内部 | 未明确 |
| 15 | 2014年浙江省宁波市《农村土地经营权抵押贷款指导意见》 | 金融机构在处置抵押物时，抵押土地经营权的原承包方、土地所属村经济组织或其他成员享有优先受让权 | 优先受让权 | 抵押土地经营权的原承包方、土地所属村经济组织或其他成员 | 未明确 |
| 16 | 2017年北京市平谷区《农村承包土地经营权抵押贷款暂行实施办法》 | 抵押权人通过交易平台或其他方式处置农村承包土地经营权时，村集体经济组织、承包农户和土地所属的农村集体经济组织的其他成员享有优先受让权 | 优先受让权 | 村集体经济组织、承包农户和土地所属的农村集体经济组织的其他成员 | 未明确 |
| 17 | 2018年云南省砚山县《农村土地承包经营权抵押贷款暂行办法》 | 抵押人在处置抵押的农村土地承包经营权时，原承包方农户、所在集体经济组织成员有优先购买权 | 优先购买权 | 原承包方农户、所在农村集体经济组织成员 | 未明确 |

资料来源：万方政策法规数据库（http：//c. wanfangdata. com. cn/Claw. aspx）及各试点地区政府网站。

## 二、土地经营权抵押融资中优先购买权制度存在问题分析

上述规范包括全国层面的规范7部、地方规范17部，地方规范样本主要来自省级和地方试点地区。2015年国务院确定的232个土地经营权抵押融资试点，其规范内容大同小异，因此，只选取了部分地方规范加以统计。规范样本基本涵盖和反映了土地（承包）经营权优先购买权制度的发展脉络和现状，具有代表性和说服力。结合表6.1、表6.2统计，从整体上看，相关规范呈现以下特点：

第一，在国务院确定的土地经营权抵押融资地方试点中，虽然试点规范中也都有关于优先购买权的规定，但对优先购买权的类型、行使条件等内容缺少可操作性的规定；基本明确了优先购买权主体，但范围区别较大；只规定了民商事优先购买权、法定优先购买权，没有行政优先购买权、约定优先购买权的规定。

第二，相关规范所规定的优先购买权的行使条件不尽相同，可分为三类：其一，少数有较为明确的条件和定量标准。如2005年最高人民法院《关于审理涉及农村土地承包纠纷案件适用法律问题的解释》（法释〔2005〕6号，已被修改）规定："在承包费、承包期限等主要内容相同条件下，"或规定"在流转价款、流转期限等主要内容相同条件下"。其二，仅规定"同等条件"下，但未对"同等条件"做出进一步界定。如2010年重庆市《农村土地承包经营权、农村居民房屋及林权抵押融资管理办法（试行）》（渝办发〔2011〕11号）。其三，没有规定行使条件。如海南省、浙江省、四川省规范及大多数试点地区规范；作为一般原则，优先购买权的行使以"同等条件"为前提。但相关规范关于"同等条件"并没有给出客观、可靠的标准，其自由裁量空间较大，使是否可以行使优先购买权的判断充满不确定性，这是各地方试点规范的明显缺憾。

第三，关于优先购买权的行使程序，是所有规范中最为薄弱之处。国家层面有关于土地经营权优先购买权的实体性规定，但缺少具有可操作性的程序性规定。土地经营权抵押融资试点工作开展以来，相关部委规章中针对土地经营权抵押权实现中的优先购买权作出了规定，同样缺少程序性细节。地方试点规范中，个别地区有关于土地经营权优先购买权的规定，但基本上是套用上级规范性文件中关于优先购买权的做法，也缺少程序性规定。关于优先购买权的行使时间、优先购买权的竞合与限制、优先购买权的救济等问题均没有规定。

第四，为了解相关规范的司法适用情况，本研究检索了相关案例及裁判文书，以"优先购买权"为关键词检索北大法宝网站司法案例，截至2021年8月31日，相关案例有近7万件；以"优先购买权"为案件名称，在中国裁判文书网中仅检索到230份裁判文书。以上案例主要分三类，一是因不动产买卖而产生的共有人优先购买权；二是因房屋租赁而产生的承租人优先购买权；三是因股权转让而产生的股东优先购买权。笔者在上述网站中检索到个别宅基地使用权、建设用地使用权等不动产共有中优先购买权的案例，但没有检索到关于土地经营权流转中优先购买权问题的案例。①

## 第三节　土地经营权抵押权实现中优先购买权制度的完善

### 一、明确优先购买权主体

土地经营权用于抵押，当抵押权实现时，原土地经营权人、土地所有权人或其代表是否享有优先权？有学者提出，“在土地经营权存续期间或者期限届满时，土地经营权人有土地承包经营权的优先受偿权和土地经营权的优先获取权”。② 如果变卖抵押物，在同等条件下，原权利人、集体经济组织或其成员有优先购买权。同一集体经济组织内的承包户和其他农业经营者应当享有优先受让权。③

自2015年土地经营权抵押融资工作开展以来，随着土地经营权抵押流转探索的深入，地方规范也在逐步完善，多数地方的土地经营权流转规范中明确赋予一定主体优先购买权。如2017年北京市平谷区《农村承包土地经营权抵押贷款暂行实施办法》规定，以下主体享有优先购买权：村集体经济组织、承包农户和土地所属的农村集体经济组织的其他成员。从各地方试点土地经营权抵押融资规范来看，抵押人在处置抵押的农村土地经营权时，相比土地经营权其他流转形式，抵押融资、进而行使抵押权等法律行为使交易链条延长、涉及主体增加，优先购买权的权利主体也相应增加。笔者认为，这时应赋予原土地经

① 研究思路和方法借鉴张鹏：《按份共有人优先购买权制度的经济分析》，载《法商研究》2016年第1期。

② 陶钟太朗、杨遂全：《农村土地经营权认知与物权塑造——从既有法制到未来立法》，载《南京农业大学学报（社会科学版）》2015年第2期。

③ 参见邓小云：《我国农村土地抵押的实践困境与法制完善》，载《甘肃社会科学》2014年第5期；房绍坤：《论土地承包经营权抵押的制度构建》，载《法学家》2014年第2期。

营权人优先购买权，或者赋予土地银行、土地经营权强制管理人等新型土地经营权主体以优先受让权。我国40%的耕地是由280万个新型农业经营主体经营的，而剩下的两亿多农户经营着另外60%的耕地。因此，新型农业经营主体可以成为土地经营权流转中优先权的主体。优先购买权的行使主体主要包括承包人、集体经济组织、集体经济组织成员、流入方或受让方、农民专业合作社等，有部分规范对优先购买权权利主体资格和能力作出要求。[①] 因土地经营权流转与否及流转形式不同，土地经营权处于不同的权利状态，抵押权实现时优先购买权的权利主体分配也有所不同。如表6.3所示：

**表6.3　不同权利状态下土地经营权优先购买权的权利主体**

| 序号 | 权利状态 | 可否抵押 | 抵押权实现时优先购买权的分配 |
|---|---|---|---|
| 1 | 集体土地所有权人享有的土地经营权 | 所有权、承包权、经营权三权合一，可以用土地经营权抵押 | 所有权人（集体经济组织）享有优先权 |
| 2 | 原承包人享有的土地经营权 | 承包权、经营权二权合一，可以用土地经营权抵押 | 土地经营权人（原承包人）享有优先权 |
| 3 | 流转受让人享有的土地经营权 | “三权分置”，受让人享有土地经营权，可以抵押 | 转让人无优先权，受让人有优先权 |
| 4 | 转承包人享有的土地经营权 | 转包与转让不同，但在“三权分置”后已无区别，可以抵押 | 转承包人有优先权 |
| 5 | 互换双方享有对方的土地经营权 | 可以抵押 | 抵押人有优先权 |
| 6 | 出租人享有的土地经营权 | 出租人可以抵押，承租人依租赁合同也可以抵押 | 参照买卖不破租赁原则，抵押也不破租赁，承租人和出租人都享有优先权，出租人的优先权优于承租人的优先权 |

① 如按照2010年重庆市《农村土地承包经营权、农村居民房屋及林权抵押融资管理办法（试行）》（渝办发〔2011〕11号）的规定，只有符合购买条件的本集体经济组织成员才能享有优先购买权，并非所有集体经济组织成员都享有优先购买权。

续表

| 序号 | 权利状态 | 可否抵押 | 抵押权实现时优先购买权的分配 |
| --- | --- | --- | --- |
| 7 | 以土地经营权作为出资方式设立的企业（公司、股份合作制企业、农民专业合作社）享有的土地经营权 | 以土地经营权出资方不能抵押，被出资企业可以抵押 | 被出资企业和原出资人享有优先权，被入股企业的优先权优于原出资人的优先权 |

## 二、细化优先购买权行使条件

民商法上的优先权是以同等条件为前提的，同等条件的具体确定标准一般应包括流转价格、流转价款的交付时间与方式、流转数量、流转期限以及违约责任五个方面。有学者以公司法上的股东优先购买权为研究对象，认为同等条件的确定一直是优先购买权规则中模糊不清、易生争执的问题。① 比如除了转让价款外，还有哪些因素可以作为行使优先购买权的同等条件？2017 年最高人民法院《关于适用〈中华人民共和国公司法〉若干问题的规定（四）》（法释〔2017〕2 号，2020 年修改）第 18 条对同等条件列举了数量、价格、支付方式与期限。另外，只要为权利转让的当事人看重、足以对转让的成立产生实质性影响的各种因素，均可作为同等条件。② 但也有研究认为从立法本意及可操作性看，同等条件应包括两个方面：一是价格条件，二是价款支付条件（主要指支付时间和次数）。前者是第一位的条件，后者是第二位的条件。除此之外，不应人为地加以扩充或缩小。③

2005 年最高人民法院《关于审理涉及农村土地承包纠纷案件适用法律问题的解释》（法释〔2004〕6 号，2020 年修正）第 11 条规定："土地承包经营权流转中，本集体经济组织成员在流转价款、流转期限等主要内容相同的条件下主张优先权的，应予支持。"该司法解释中同

① 参见赵旭东：《股东优先购买权的裁判规范及其法理逻辑》，载《人民法院报》2017 年 9 月 4 日，第 2 版。

② 参见赵旭东：《股东优先购买权的裁判规范及其法理逻辑》，载《人民法院报》2017 年 9 月 4 日，第 2 版。

③ 参见赖淑春：《优先购买权的法理分析及在执行程序中的适用》，载《法学论坛》2009 年第 2 期。

等条件的界定与2018年《农村土地承包法》第38条不同，2018年《农村土地承包法》要求流转期限不超过剩余承包期限，受让方须有农业经营能力或者资质。而司法解释的规定更为具体、更具有可操作性，但又不拘泥于绝对同等条件，只要求在流转价款、流转期限等主要内容上相同，这种变化更能适应土地承包经营权大量流转的现实需要。最高人民法院《关于人民法院民事执行中拍卖、变卖财产的规定》（法释〔2004〕16号，2020年修正）第16条规定："拍卖过程中，有最高应价时，优先购买权人可以表示以该最高价买受，如无更高应价，则拍归优先购买权人；如有更高应价，而优先购买权人不作表示的，则拍归该应价最高的竞买人。"笔者认为，该司法解释的规定是拍卖规则的例外。一般来说，拍卖交易坚持"价高者得"原则，而优先购买权的介入打破了这一原则，优先购买权人无须出价高过他人，只需要与最高出价者同价即可。如果原拍卖规则可以被称为"领跑规则"的话，这种状况则可以称为"伴跑规则"。有学者认为，"土地承包经营权在产权交易所公开竞价拍卖时，该集体经济组织成员具有优先购买权。集体经济组织成员依法行使优先购买权后，应给予竞拍成功人一定数额的经济补偿"。[①] 因为"在承认买卖关系效力的前提下，任何一个未能得到实际履行的当事人，均可以通过损害赔偿的方式得到救济，以实现利益平衡"。[②] 按照此说，出卖人将不可避免地承担赔偿责任的结果，对出卖人利益保护不周。该观点值得商榷，优先购买权人给予最高出价者补偿，有违优先购买权制度的设置初衷。

在依法设立的农村产权交易所流转土地经营权的，可以参照产权交易所的交易规则。从收集到的资料和本书前述研究看，有部分地方农村产权交易所交易规则中规定了土地经营权优先购买权，如2011年云南省昆明市《农村产权交易管理办法（试行）》（昆政发〔2011〕73号）中规定：农村土地折资入股后的权益或收益分配权交易，所在农村集体经济组织、农民专业合作社有优先购买权；农村集体经济项目

---

① 白昌前：《农村土地承包经营权抵押实现路径研究》，载《现代经济探讨》2015年第2期。

② 史浩明、张鹏：《优先购买权制度的法律技术分析》，载《法学》2008年第9期。

的承包经营权转让，在同等条件下，本集体经济组织成员享有优先购买权。但此类交易规则对“同等条件”仍然是原则性规定，无法根据交易规则确定同等条件，判断能否行使优先购买权，还是要回到上文分析框架中。因此，具体到土地经营权，数量、价格、支付方式与支付时间等自然是同等条件的考量因素。因土地经营权是抵押物，标的物明确，其数量和剩余流转期限已然确定，当土地经营权抵押权以拍卖、变卖、折价等方式实现时，同等条件主要是价格条款。除此之外，基于土地经营权的特殊性，受让人对集体经济组织成员的劳动雇佣及其他交易机会的提供，也可以列入同等条件考查范围。

## 三、完善优先购买权行使程序

规范行使程序是健全土地经营权优先购买权制度的关键，也是未来国家层面出台土地经营权流转规范不可回避的主要内容，通过制定优先购买权行使的程序细则，使优先购买权的行使在法律程序上有法可依。有学者提出应明确规定优先购买权行使时间，[①] 关于优先购买权的行使，需要解决两个问题，一是优先购买权行使的起点，即优先购买权何时可以开始行使；二是优先购买权的除斥期间，即优先购买权因不行使而归于消灭的法定期间。出租人与第三人签订了买卖合同后，优先购买权人有权在接到通知后的合理期限内决定是否行使优先购买权。[②] 这里的“合理期限”即是除斥期间。

关于优先购买权行使的起点问题，可以归纳为三种观点：一是出让人有意思表示时；二是出让人和第三人达成意向时，或者说出让人和第三人意思表示一致时；[③] 三是出让人和第三人订立合同后。有学者认为优先购买权应在出让人已经和第三人达成标的转让合同时行使。[④] 笔者认为，以上三个时间节点可以时间轴的方式表达出来，实际上就

① 参见王泽鉴：《优先承买权之法律性质》，载王泽鉴：《民法学说与判例研究》第1册，北京大学出版社2009年版，第313页。

② 参见周珺：《承租人优先购买权否定论》，载《政法论丛》2014年第6期。

③ 参见史浩明、张鹏：《优先购买权制度的法律技术分析》，载《法学》2008年第9期。

④ 参见张鹏：《按份共有人优先购买权制度的经济分析》，载《法商研究》2016年第1期。

是合同订立的不同阶段。该三种观点是在合同订立时间轴上依次选取不同的点而已，前两种观点中的“意思”“意向”无法客观准确表达和准确定义，存在不确定性，无法与时间轴上的点对应。由此可以看出，何时行使优先购买权事关制度功能价值的实现。优先购买权的行使时间事关对优先购买权人的保护，对其他相关主体的利益平衡亦有影响，因此有重要意义。

有学者认为允许权利人在出卖条件确定后主张优先购买权，对出卖人和第三人不公平，① 有违自由、公平等合同法的基本原则。② 笔者认为，该分析忽略了一个问题，即合同的订立要经过要约和承诺过程。出卖人通知优先购买权人转让物或权利的意思表示是要约邀请不是要约，因为此时还不存在第三人的出价条件，只是将出让人要出卖物或权利这一想法通知优先购买权人，第三人可能处于不确定状态，合同细节尤其是价款尚不确定。因此，出让人通知只是想让优先购买权人在以后向自己发出不低于第三人条件的要约。此时，承诺权在出让人，如果出让人觉得价格不合适，可以拒绝承诺，而无论对方是第三人还是优先购买权人。所以，在出卖人和第三人订立合同后开始行使优先购买权，是更能体现该制度功能的一种选择。

关于土地经营权优先购买权的除斥期间，从上文对各级土地经营权抵押融资试点规范的归纳可以看出，地方试点规范中并未明确，需要分析借鉴其他法律规范中优先购买权除斥期间的规定。③ 相关研究也

---

① 参见赖淑春：《优先购买权的法理分析及在执行程序中的适用》，载《法学论坛》2009 年第 2 期。

② 参见周珺：《承租人优先购买权否定论》，载《政法论丛》2014 年第 6 期。

③ 如关于房屋承租人优先购买权的除斥期间，相关规范有较为详尽的规定。1983 年国务院《城市私有房屋管理条例》（已失效）、1988 年最高人民法院《关于贯彻执行〈中华人民共和国民法通则〉若干问题的意见（试行）》（已失效）、2007 年《物权法》（已失效）、2009 年最高人民法院《关于审理城镇房屋租赁合同纠纷案件具体应用法律若干问题的解释》（法释〔2009〕11 号）、2016 年最高人民法院《关于适用〈中华人民共和国物权法〉若干问题的解释（一）》（法释〔2016〕5 号，已失效）、2020 年最高人民法院《关于审理城镇房屋租赁合同纠纷案件具体应用法律若干问题的解释》（法释〔2020〕17 号）、2021 年《民法典》认为优先购买权的行使期间确定顺序为：载明的以载明为准；未载明或载明短于 15 日的为 15 日；转让人未通知的为其他共有人知道或应当知道最终条件之日起 15 日；转让人未通知且无法定其他共有人知道或应知最终条件的为共有份额转移之日起 6 个月。

基本采纳这一方式确定除斥期间。① 笔者认为，购买意向不应有除斥期间，优先购买权为形成权，其适用的除斥期间应该是在同等条件下作出是否行使优先购买权的期限。

2005 年最高人民法院《关于人民法院民事执行中拍卖、变卖财产的规定》（法释〔2004〕16 号，2020 年修正）第 14 条规定：人民法院应当在拍卖 5 日前以书面或者其他能够确认收悉的适当方式，通知当事人和已知的担保物权人、优先购买权人或者其他优先权人于拍卖日到场。优先购买权人经通知未到场的，视为放弃优先购买权。从优先购买权的行使期间来看，拍卖情况下的优先购买权的除斥期间为 5 日，从收悉到场通知时起算。该解释可以作为通用性规则，其中优先购买权除斥期间的规定也可以用于土地经营权抵押权实现的场合。最高人民法院《关于审理城镇房屋租赁合同纠纷案件具体应用法律若干问题的解释》（法释〔2009〕11 号，2020 年修正）第 15 条规定，出租人与抵押权人协议折价、变卖租赁房屋偿还债务，应当在合理期限内通知承租人。承租人请求以同等条件优先购买房屋的，人民法院应予支持。承租人的优先购买权属于以形成权的行使为前提的权利，故该形成权的行使应以除斥期间制度加以规定，即承租人应自知悉出卖事实起一定期限内行使先买权。

此外，优先购买权的行使程序还应明确出让方通知义务的期限以及未履行法定通知义务的法律后果，明确出让方与受让方的催告权行使期限，以及经催告后在法定期限内不行使优先购买权的法律后果等内容。

## 四、规范处理优先购买权的竞合

第一，优先购买权与其他优先权的竞合。有学者建议为了保障租金给付，规定“出租人对承租人在承租土地上的动产以及承租土地所产生的孳息等享有优先权，承租人不支付租金时，出租人可以将上述

---

① 参见韩丽欣、陶红红：《承租人优先购买权制度变迁中的公平与效率价值》，载《南昌航空大学学报（社会科学版）》2014 年第 2 期。

财产折价、拍卖或者变卖，并就所得价款优先受偿”。[①] 笔者认为主张出租人享有优先受偿权的观点值得商榷。原因在于：其一，赋予出租人以法定优先权，会在出租人和承租人间产生利益失衡。法定担保的设置过度保护了出租人，增加了承租人负担，不利于出租方式的土地经营权流转。其二，从法律体系角度看，法定优先权的设定打破了原有权利义务体系的平衡，其他形式的法定优先权的设定，如建筑物优先受偿权和船舶优先权，都有其法律或社会背景，行使条件苛刻。与其他法定优先权相比，土地经营权租赁法律关系在必要性、重要性上达不到设定优先权的条件。其三，出租人享有法定优先权后，一旦发生承租人不付或迟延支付租金的情况，出租人即可行使法定优先权，针对承租人在承租土地上的动产即土地孳息折价、拍卖或变卖，就取得的价款优先受偿。出租人有滥用权利的可能，承租人正常的生产经营活动将被打乱，稍有迟延就可能导致出租人行使优先权，没有考虑农业生产风险大、回报低的特点。其四，如果不设定出租人的法定优先权，其租金请求权也可以得到保障，依照租赁合同追究承租人违约责任，作为普通债权求偿即可。如果双方依协商谈判，承租人愿意接受出租人优先受偿的条件，在合同自由层面，法律自不必干涉。但一旦成为负担权利，出租人的法定优先权就成为每一个承租人的负担。其五，权利义务的自动平衡。根据笔者在调研中了解的情况，租金在土地经营权承租成本中占45%左右，同一租金水平下，再为出租人设定优先权，会使潜在的承租人望而却步。如果承租人接受出租人享有法定优先权的事实，势必在租金层面向出租人提出降价要求，反倒是降低了出租人的收益水平。其六，法定优先权与土地经营权抵押权冲突时，如何解决？依法理，抵押权为意定权，优先权为法定权，优先权应该优于抵押权，但如此一来，抵押权人就不可能接受土地经营权为抵押物。出租是土地经营权流转的主要形式，占比近一半，这部分土地经营权因不能用于抵押而失去融资功能，是承租人利益的损失，影响其生产。其七，出租人的优先受偿权与土地经营权优先购买权的

① 肖鹏、王丹：《试论土地经营权租赁合同的完善——基于102个家庭农场的调研》，载《中国土地科学》2015年第10期。

关系。笔者认为，土地经营权实现“三权分置”后，作为一种用益物权，相较于房屋等物权而言应该更为灵活。原因在于农村土地承包权不能转让，可以流转的是土地经营权，流转到期后，无论流转方式是转让、互换还是租赁，土地经营权都会在其自身“弹性”的要求下，“回弹”至承包人名下。“土地承包经营权物权性流转所约定的期限小于土地承包经营合同剩余期限，根据物权的回复性或弹性原理，在物权性流转期限届满后，完整的土地承包经营权自然弹回到土地承包经营权人手中。”① 因此，土地经营权租赁和流转的法律效果是相同的。既然受让人可以将土地经营权抵押，租赁合同关系中的承租人也可以将土地经营权抵押，当然，双方合同对土地经营权能否抵押做出限制性约定的除外。无论是出租人还是承租人以土地经营权设定抵押，在因抵押权行使而处置土地经营权时，出租人和承租人都享有优先购买权，并且出租人的优先购买权优于承租人。

第二，集体经济组织成员间优先购买权的竞合。在实务中，可能会发生两个以上集体经济组织成员在同等条件下均行使优先权的情形。此类竞合应分为两种情况：一是在第一次流转时，若有两个以上集体经济组织成员主张优先权，应由流转人选择到底由哪一个集体经济组织成员享有优先权。这样既可以减少交易成本，也可以保证在优先权效力相同的情况下流转人选择权的行使。二是在第一次流转到期，进行第二次流转时，原受让人是本集体经济组织的成员，而原受让人与集体经济组织的其他成员都想受让时，在同等条件下，应流转给原受让人，由其享有优先权，继续经营流转的土地。这样有利于提高土地的利用效率、维护原受让人的投入利益并实现流转目的。有人认为，《农村土地承包法》第 38 条第 5 项规定的“在同等条件下，本集体经济组织成员享有优先权”，只在流转人拟向集体经济组织成员以外的单位或个人流转时适用，并没有规定原受让人与集体经济组织的其他成员都想受让时，原受让人在同等条件下应享有优先权。笔者认为，这是对法律的一种片面理解。《农村土地承包法》第 38 条第 5 项作为土

---

① 耿卓：《农地三权分置改革中土地经营权的法理反思与制度回应》，载《法学家》2017 年第 5 期。

地承包经营权流转必须遵循的原则之一，应适用于各种流转形式及各种流转情况，包括第一次流转到期后进行的第二次流转，原受让人是本集体经济组织的成员，原受让人与集体经济组织的其他成员都想主张优先权这种情况。换言之，在第二次流转时，原受让人的优先权受到《农村土地承包法》第38条第5项的保护，应是题中应有之义。[①]集体经济组织成员可否按比例行使优先购买权？《民法典》采用共有人协商确定购买比例或按照转让时各自的共有份额比例行使优先购买权的方式，解决共有人的优先购买权竞合问题。[②]《公司法》也采用同样方式解决股东优先购买权竞合问题。[③]但笔者认为该方式不适用于土地经营权优先购买权，原因在于，土地经营权优先购买权是基于成员权而非物权或股权产生，没有共有份额比例或持股比例作为参考。另外，按比例行使优先购买权使农地进一步细碎化，不利于农业规模化经营，也不符合优先购买权稳定经济秩序、发挥物之价值的立法目的。

第三，集体经济组织、集体经济组织成员和其他民事主体间优先购买权的竞合。当集体经济组织所享有的优先购买权与其他民事主体拥有的优先购买权发生冲突时，哪个优先？有学者从保障本集体土地权益和生存利益的角度，主张本集体经济组织成员在土地承包经营权抵押权实现之时享有优先购买权。[④]但为了充分发挥农地对本集体经济组织成员的社会保障功能，一概由其排他地取得流转的土地承包经营权，[⑤]笔者认为此观点存在不合理之处。首先，优先购买权是为保障本集体经济成员生存利益的说法值得商榷。一般来说，集体经济组织成员自己承包的土地就足以使其生存利益获得保障；从现实来看，在农

① 参见吴兴国、兰松：《土地承包经营权流转中集体组织成员优先权行使问题》，载《法治论坛》2009年第1期。

② 《民法典》第306条第2款规定：两个以上其他共有人主张行使优先购买权的，协商确定各自的购买比例；协商不成的，按照转让时各自的共有份额比例行使优先购买权。

③ 《公司法》第71条第3款规定：经股东同意转让的股权，在同等条件下，其他股东有优先购买权。两个以上股东主张行使优先购买权的，协商确定各自的购买比例；协商不成的，按照转让时各自的出资比例行使优先购买权。

④ 参见韦福：《农村土地承包经营权抵押关系主体及其权利义务的立法构思》，载《广西社会科学》2012年第6期。

⑤ 参见常鹏翱：《论优先购买权的法律效力》，载《中外法学》2014年第2期。

民收入构成中农业收入已不占绝对优势，现实中很多农民即使不从事农业生产也不会危及其生存；若某一集体成员的生存权益需要通过行使优先权来保障时，其实际没有足够的经济条件行使优先权。其次，从社会发展的阶段来看，经过几十年的发展，我国农业发展的目标早已经不是为了解决温饱问题而是为了解决发展问题，已经进入了更高的、追求规模经营的阶段。最后，从新一轮农地改革来看，其是为了促进农地规模化经营而非稳固集体经济组织成员之间的关系，我国土地零碎化极为严重，如果不在制度构造上为土地承包经营权集中创造更多的条件，土地经营规模化、农业生产现代化将因缺乏基础性前提条件而难以推进。[①] 因此，在集体经济组织、集体经济组织成员和其他民事主体优先购买权竞合时，应综合考虑在先使用、规模经营等因素，集体经济组织及较大规模经营者的优先购买权应该优于其他主体。

第四，民商事优先购买权和行政优先购买权的竞合。民商事优先购买权如前述。行政优先购买权是为实现管制目的，行政机构依法行使公共权力而排他地、有偿取得特定标的的权利。[②] 其价值初衷在于克服土地资源配置的市场失灵，[③] 行政优先购买权的优先性根源在于其目的的优先性。在集体土地使用权流转中，行政优先购买权是指地方政府特定部门依法律规定，于集体土地使用权转让时，有依同等条件优先购买的权利。行政优先购买权旨在防止村集体负责人假公济私、低价转让集体土地使用权而为个人谋取私利的行为，纠正集体经济组织自身短视或盲目的“集体土地效益最大化”倾向。该制度可促进集体土地资源有效利用，完善集体土地使用权流转环节的外部监督。按照《民法典》的规定，集体经济组织可以注册为特殊法人，其优先购买权一定程度上具有行政优先购买权的作用。

第五，法定优先购买权与约定优先购买权的竞合。尽管相关法律法规和地方试点规范中关于优先购买权的主体范围不尽相同，但优先

---

① 参见庞伟伟：《论土地承包经营权抵押制度之重构》，载《中国不动产法研究》2016 年第 1 期。

② 参见常鹏翱：《论优先购买权的法律效力》，载《中外法学》2014 年第 2 期。

③ 参见王全兴、王甜甜：《我国政府优先购买权的功能审视与制度重构》，载《现代法学》2017 年第 2 期。

购买权多属于法定优先购买权。当然，并非所有的优先购买权规范都是采用上述表达方式，如有限责任公司的股东或合伙企业的合伙人享有法定优先购买权，法律同时又允许公司章程或合伙协议排除相应的优先购买权。[①] 有学者认为我国优先购买权制度中，约定优先购买权应当逐步发展为主流，法定优先购买权应相应受到较大程度的限缩。[②] 因此，在农村土地“三权分置”背景下，应该允许土地经营权约定优先购买权的存在。承包人与土地经营权人可以就优先购买权问题进行约定，约定优先购买权和法定优先购买权发生竞合时，应以法定为准；承包人与土地经营权人约定排除优先购买权的，应以约定为准。在行使优先购买权时，不仅需甄别主体的法律地位，还要判定是否存在排除优先购买权的约定。[③]

## 五、健全优先购买权的救济机制

在土地经营权抵押权实现过程中，优先购买权受到侵害的主要表现形式有两种：一是通知义务人不履行通知义务，致使优先购买权人无法行使优先权；二是优先购买权人在同等条件下行使优先权时，被出让方拒绝。[④] 抵押权优先购买权的救济制度需要明确如下问题：

第一，如何确定通知义务人？在农村集体土地实行“三权分置”后，土地经营权以多种方式实现流转，尤其是允许土地经营权抵押融资时，抵押权关系和原流转关系叠加，抵押物处置方式多样化，如土地经营权可以通过拍卖、变卖、折价、强制管理等各种方式变现以清偿抵押权人，涉及司法机关、集体经济组织法人、农村产权交易所等主体。笔者认为，这种情况下，无论土地经营权处置方式如何，在优先购买权框架下，通知义务人都应该是抵押人，而不应该是其他主体。通知义务人的通知方式也应与传统方式有所区别，除直接告知优先购买权人外，通过拍卖公告、变卖通知、农村产权交易所挂牌公告等方

① 《公司法》第71条第4款、《合伙企业法》第23条。

② 参见钱佳：《法定优先购买权在法经济学视角下的进退》，载《太原学院学报（社会科学版）》2016年第4期。

③ 参见常鹏翱：《论优先购买权的行使要件》，载《当代法学》2013年第6期。

④ 参见王立争、马艳辉：《集体经济组织成员优先权的法律构造》，载《河北学刊》2014年第6期。

式通知优先购买权人均可视为通知义务人履行了通知义务。当通知义务人违反法定或约定的通知义务，即成为赔偿义务人，赔偿优先购买权人的损失。

第二，损害赔偿的法律性质如何？优先购买权受到侵害后，承租人能够主张的救济方式主要是损害赔偿。[①] 有研究认为只要先买权无对抗第三人的效力，转让人向第三人实际履行，转让人就应承担违约责任，[②] 也就是将通知义务人的责任看作违约责任。结合实务情况来看，应区分法定优先购买权和约定优先购买权来界定赔偿责任性质。在法定优先购买权情况下，该损害赔偿性质是侵权责任而不是缔约过失责任或违约责任；在约定优先购买权情况下，该损害赔偿性质存在侵权责任与违约责任的竞合，应由优先购买权人选择主张。

第三，在优先购买权受到侵害，优先购买权人向出让人主张损害赔偿的情况下，出让人与第三人订立的合同的效力是否受影响？对此，立法有明确的态度，例如，《民法典》第728条规定：出租人未通知承租人或者有其他妨害承租人行使优先购买权情形的，承租人可以请求出租人承担赔偿责任。但是，出租人与第三人订立的房屋买卖合同的效力不受影响。即优先购买权的救济只限于出让人的赔偿责任，不影响出让人与第三人的合同效力。因标的物所有权或使用权已转移至第三人，优先购买权人不能再就标的物行使优先购买权。又如，2017年最高人民法院《关于适用〈中华人民共和国公司法〉若干问题的规定（四）》（法释〔2017〕16号，2020年修正）第21条第1款规定：有限责任公司的股东向股东以外的人转让股权，未就其股权转让事项征求其他股东意见，或者以欺诈、恶意串通等手段，损害其他股东优先购买权，其他股东主张按照同等条件购买该转让股权的，人民法院应当予以支持。该条文关于股权转让中的优先购买权救济，有不同于《民法典》规定的态度。但无论是从规范性文件的法律效力等级看，还是从规范的科学性上看，《民法典》的规定更具合理性。具体到土地经营权抵押权实现过程中的优先购买权的救济，笔者认为，宜参考《民法

① 参见周珺：《承租人优先购买权否定论》，载《政法论丛》2014年第6期。
② 参见常鹏翱：《论优先购买权的法律效力》，载《中外法学》2014年第2期。

典》的处理方式，土地经营权抵押人不履行通知义务或拒绝优先购买权人行使优先购买权时，视优先购买权类型，由优先购买权人向抵押人主张违约责任或侵权责任，而土地经营权拍卖、变卖、折价等行为的法律效力不受影响。

第四，因优先购买权人行使权利，未获履行的第三人可否向出让人主张赔偿责任？优先购买权的存在导致双重买卖合同的存在，似乎无论出让人如何选择，即向第三人或向优先购买权人履行，都无法避免未获得履行的一方向出卖人主张损害赔偿。如按照2017年最高人民法院《关于适用〈中华人民共和国公司法〉若干问题的规定（四）》（法释〔2017〕16号，2020年修正）第21条第3款的规定：股东以外的股权受让人，因股东行使优先购买权而不能实现合同目的的，可以依法请求转让股东承担相应民事责任。笔者认为，该法律规定过度保护第三人利益，对出让人利益考虑不足，立法不尽合理。优先购买权制度已对各方权利义务作出分配，因优先购买权人行使权利，第三人并不能因其与转让人之间订立的合同未获履行而主张违约责任。这是第三人在优先购买权制度框架下应当承担的交易成本，其收益如前文所分析，此处不再赘述。

# 第七章　土地经营权价值评估机制研究

## 第一节　土地经营权价值评估问题的提出

农地经营权流转是农村土地资源的重新配置过程，农地资源重组会改变各要素之间的结合方式，提升农业生产效率。我国“三权分置”改革以及《农村土地承包法》的修订，虽然在不改变农村集体土地所有权性质及家庭承包经营基础的前提下，从制度层面为农地经营权流转削除了障碍，并为激活农地权利的财产价值、释放农地融资担保功能奠定了良好基础。然而农地权利财产价值和农地经营权抵押融资功能的实现，依然受诸多因素的制约与影响，陷入“新农地金融困境”，即在政策层面上各级政府积极引导推进，但在实践中金融机构与农户及农业经营主体对抵押融资业务并不热衷，土地经营权抵押融资仍然受到信贷排斥的现象偏离政策初衷。

贝斯利（Besley）等认为金融机构的信贷供给受到农地流转市场的完善程度、农地抵押价值以及外部金融市场完善程度的影响。① 农地经营权抵押价值的评估及信贷双方对这一价值的认可，是促进抵押融资功能实现的关键因素。然而，在农地出租、转包、入股、抵押融资的过程中，流转双方所掌握与感受的信息不同，基于自身感知与风险预判，对农地的价值期望并不一致。朱文钰、罗必良通过对我国9省（区）6193个农户样本的实证研究，发现农地流转双方对农地要素的功能感知及可替代性感知存在差异，由此衍生出对农地不一致的价值评

① Besley T. J., Burchardi K. B. & Ghatak M., *Incentives and the De Soto Effect*, The Quarterly Journal of Economics, 127 (1): 237-282 (2012).

价维度，进而导致价格机制失效。[①] 李韬、罗剑朝在国外相关文献研究中也发现存在类似问题：在玻利维亚和墨西哥的土地产权抵押过程中，金融机构与农户之间对土地价值评估的不对称性，导致许多信贷风险低的农户退出土地产权抵押市场，农户不仅对土地产权抵押贷款不热衷，甚至出现抵制土地产权作为贷款抵押品的现象。[②]

根据笔者对农户以及家庭农场、专业合作社等新型农业经营主体的访谈与实地调研，并查阅梳理各试点地区土地经营权抵押融资模式，发现在绝大多数情况下，土地经营权需要与其他增信形式组合担保才能获得贷款。组合担保模式说明金融机构认为农地经营权作为抵押品的有效性并不充分。尽管在我国各试点地区中，农地经营权抵押价值评估多由金融机构主导，然而受我国农地产权特殊制度安排、农地产权强度、农地价值评估市场发育不足、外部治理环境与内部治理结构等因素的影响，金融机构依然会对评估价值的合理性及是否能降低信贷风险存疑，进而导致产生抵押率较低的现象。同时，组合担保会增加借款人贷款成本，导致土地经营权抵押权功能弱化，抑制信贷双方农地抵押融资的积极性。罗兴、马九杰认为，价值低、交易成本高造成了农地经营权抵押的金融排斥和自我排斥，农地经营权的获取方式、权属完备性、抵押价值及处置难度是影响抵押效果的主要因素。[③] 其中，权属完备性也被有些学者称为农地的产权强度，对产权施加的任何约束，都会导致产权的“稀释”。[④] 彭澎、刘丹认为，经营权类型的不同使农地的抵押价值有所差异，相比于原始经营权，继受经营权的亩均抵押价值要更低。[⑤]

---

① 参见朱文钰、罗必良：《农地价格幻觉：由价值评价差异引发的农地流转市场配置“失灵”——基于全国9省（区）农户的微观数据》，载《中国农村观察》2018 年第 5 期。

② 参见李韬、罗剑朝：《农户土地承包经营权抵押贷款的行为响应——基于 Poisson Hurdle 模型的微观经验考察》，载《管理世界》2015 年第 7 期。

③ 参见罗兴、马九杰：《不同土地流转模式下的农地经营权抵押属性比较》，载《农业经济问题》2017 年第 2 期。

④ See Barzel Y. , *Economic Analysis of Property Rights*, Cambridge University Press, 1989.

⑤ 参见彭澎、刘丹：《三权分置下农地经营权抵押融资运行机理——基于扎根理论的多案例研究》，载《中国农村经济》2019 年第 11 期。

周其仁认为，“产权有一个强度问题，虽然它不是一个物理的概念，而是与人的关系，但它像物理的东西一样有强度”。[①] 显然，不同的农地产权结构与产权强度会为权利人带来不同的经济利益。“三权分置”改革及其深化实际上是深层次的农地产权结构的优化，也深刻地影响农地的产权强度。为了尽可能保证以土地经营权抵押融资为目标之一的农地产权政策在改革中的有效性，进一步释放土地经营权抵押融资的功能，首先需要探寻农地产权结构与产权强度影响农地流转价值与抵押价值评估认定的内在逻辑与路径。

事实上，作为抵押融资价值评估的客体，其产权状态及其约束因素，必将影响土地经营权抵押的价值评估及抵押权的实现，但大多数研究并未沿着这一路径展开深入探索。因此，有必要从农地经营权产权状态及约束的视角，探究农地产权强度影响农地流转价值与抵押价值评估、抵押权实现的内在逻辑与路径，厘清各地试点实践中的价值评估模式与运行机理，发挥价值评估对土地经营权抵押融资的支撑作用，提升政策实施效果。

## 第二节　产权强度影响土地经营权抵押价值评估的内在逻辑与路径：理论分析

### 一、农地产权强度与价值评估的内在逻辑

产权交换过程中的价值判断是经济学研究中不可回避的问题。土地经营权抵押价值评估是设定抵押权、确定抵押率、动态管理抵押物或实现抵押权的基础，属于产权交易中价值判断的范畴。Alechina 认为所有定价问题都是产权问题，价值如何确定实际就成为产权如何界定与交换的问题。[②]

虽然西方产权理论对产权这一概念并没有统一的解释，但在产权并不是法律意义上的所有权上达成了共识，认为产权是与所有权相关

① 周其仁：《产权界定与产权改革》，载《科学发展》2017 年第 6 期。

② See Alechina A. , *Some Economics of Property Rights*, Politico, Vol. 30, p. 816 – 829 (1965) .

的一束权利，是通过社会强制而实现的对某种资源的多种用途进行选择的权利。[①]“各种商品都可以看作是多种属性的总和，不同商品又包含着不同数目的属性。各种属性统统归同一人所有并不一定最有效率，因此有时人们会把某一商品的各种属性的所有权分配给不同的人。”[②]当商品各种属性的所有权被分割以后，就会形成使用权、收益权和转让权等具体权利，这些权利类型及其排列组合将产生不同的交易费用结构，不同交易费用约束下的产权强度有所差异，进而为产权主体带来差异化的经济利益。由于完整的所有权涵盖了所有可能的权利，[③]其价值会高于权利束中某一束或几束具体权利的价值。另外，即使是同样的载体，也可能会因为被赋予的权利内容不同而表现出不同的经济价值。实际上，在所有权制度安排中，最重要的是经济资源的排他性收益权和让渡权，即经济资源的控制权。产权定价的关键是看产权主体是否拥有这种控制权，而非一定是所有权，因为可能存在 Demsetz 所说的“所有权残缺”问题。当完整的所有权权利束中部分权能被抽离或删除后，其产权强度必然会受到影响。周其仁通过对土地私有权获取途径的研究发现，经过自由交换契约获得的产权、经过国家干预的土地市场在形式上获得的产权、通过国家强制的制度安排而完全不经过市场途径获得的土地产权，具有不同的产权强度和不同的稳定性。[④]罗必良从法律赋权（合法性）、社会认同（合理性——经由市场交易获得社会认可与道义支持）、行为能力（合意性——可排他性、可处置性、可交易性）三个方面，分析了产权强度及其生成机理，认为法律赋权和社会认同的物品产权排他性强，持有者的行为能力（排他能力、

---

① 参见［美］R. H. 科斯等：《财产权利与制度变迁——产权学派与新制度学派译文集》，刘守英等译，上海三联书店、上海人民出版社 1994 年版，第 166 ~ 178 页。

② ［美］Y. 巴泽尔：《产权的经济分析》（第 2 版），费方域、段毅才、钱敏译，格致出版社、上海三联书店、上海人民出版社 2014 年版，第 2 ~ 4 页。

③ 一般而言，完整的所有权一般包括占有权、使用权、收益权与处分权。但 Honoré 列举了产权的 11 项权利：占有权、使用权、管理权、收入权、资本得益权、稳定权、可遗传权、有期限的权利、禁止损害性使用、履行债务、剩余权特性，并将其加总后构成“完整所有权”的内涵。参见刘守英、路乾：《产权安排与保护：现代秩序的基础》，载《学术月刊》2017 年第 5 期。

④ 参见周其仁：《中国农村改革：国家和所有权关系的变化（上）——一个经济制度变迁史的回顾》，载《管理世界》1995 年第 3 期。

处置能力与交易能力）也相应增强，进而提升并强化产权强度。不减弱的产权能够获得较高的价值评价，能有效生成价格并促进产权交易。①

新中国成立后，不同时期的农地产权制度安排有明显的时代特征。此处借鉴罗必良法律赋权、社会认同与行为能力这一产权强度的生成机理，以及与价值评价之间联系的分析，分析我国农地产权变迁与农地价值评估的演变历程，为土地经营权抵押价值评估机制的构建奠定基础。

## 二、农地产权制度变迁与价值评估的发展历程

我国农村土地的制度安排具有明显的中国特色，“农地集体所有是农业社会化生产的内在要求，也是中国农地产权制度的核心和基本特征”。② 农地集体所有是指农民集体所有和国家依法所有，但由农民集体使用。实际上，国家、集体和农户一直是新中国成立以来我国地权配置中最为关键的交织主体。③ 蔡立东、姜楠根据我国不同发展阶段农地权利的变化，总结出四种类型的农地制度：农地归农民个体所有且农户自主经营型、农地归集体所有且集体经营型、农地归集体所有但农户自主经营型、农地归集体所有但归农户自主用益规模化经营型。④由此可以看出，虽然一直以来农民、集体和国家是新中国地权配置中最关键的主体，但不同时期农民或者集体所能行使的产权实际上受到了国家和集体不同程度的干预，其行为能力受到不同程度的限制，所拥有农地产权的数目属性或权利内涵有显著不同，产权强度也有显著差异。从价值评估的角度来看，产权主体对农地资源的控制能力越强，农地产权强度越高，其交易的可能性越大，评估价值也就越高；反之，评估价值则越低。随着我国农地产权制度的变迁，农地价值评估也经

① 参见罗必良：《农地流转的市场逻辑——“产权强度—禀赋效应—交易装置”的分析线索及案例研究》，载《南方经济》2014 年第 5 期。

② 邓大才：《中国农村产权变迁与经验——来自国家治理视角下的启示》，载《中国社会科学》2017 年第 1 期。

③ 参见应星：《农户、集体与国家：国家与农民关系的六十年变迁》，中国社会科学出版社 2014 年版，第 15 页。

④ 参见蔡立东、姜楠：《农地三权分置的法实现》，载《中国社会科学》2017 年第 5 期。

历了不同的发展阶段。

### （一）农地归农民个体所有且农户自主经营型时期

新中国成立初期，通过土地改革、平分土地形成的土地农民私有制，“是社会政治运动直接重新分配土地产权的结果”。这一时期农民不但名义上拥有土地所有权，还能够自主经营，看似产权强度较高，与完整所有权价值对应，但这种通过国家强制制度安排而完全不经过市场途径获得的私有产权却并不稳定。① 因为此时国家在平分土地的运动中具有决定性作用，如果国家意志改变，农地的权利状态就会发生改变。新中国成立初期土改中形成的农民个体私有制实际上已经包括了后来集体化公有的一切可能因素。同时，这一时期国家通过政策约束农民的控制能力，对农地产权的使用、收益和处分给予某种限制和管制。农民只能在有限程度上获取土地产生的经济利益，而且国家对农产品实行的指令性生产计划、定购定销、限制地区和部门间劳动力流动等政策，使农民只能在自己土地上种植粮食作物来维持生计，这实际上完全抑制了农民自由处分土地的可能性。国家对农民行为能力的约束实际上造成了农民私有权的残缺，导致农地产权的弱化。另外，就这一时期的农民自身来说，土地耕种的收益是其维持生活、生产的基本来源，长期无地、少地之后的惜地、惜售，也抑制了农地产权交换的可能性。没有农地产权交换，就不会产生价值评估需求。

### （二）农地归集体所有且集体经营型时期

这一时期，国家通过互助组、初级社、高级社等形式，逐步将农民的土地私有权利赋予村合作经济组织或村民小组，至 1962 年确立了三级所有、队为基础的农地集体所有制，从而明确了农地所有权主体为农村集体。集体在合法的范围内贯彻和执行国家的意志，实际上，这种安排下的“土地控制权事实上不在所有者而在国家手里”。② 国家控制集体组织对土地的使用，农民对土地既不拥有所有权，也没有实际的控制能力（如使用、收益）。集体所有集体经营期间，根本不可能

① 参见周其仁：《中国农村改革：国家和所有权关系的变化（上）——一个经济制度变迁史的回顾》，载《管理世界》1995 年第 3 期。

② 罗必良等：《产权强度、土地流转与农民权益保护》，经济科学出版社 2013 年版，第 75 页。

产生农地产权的交换，农地价值评估没有相应市场需求。

（三）农地归集体所有但农户自主经营型时期

为解决集体经济下农业生产的低效问题，自党的十一届三中全会开始，我国开始逐步推行家庭联产承包责任制。1982 年，中央一号文件正式承认“包产到户、包干到户”的合法性，即在保持农村土地集体所有的前提下，以户籍及农村集体成员权为基础，通过签订农地承包合同赋予农户承包经营土地的权利，实现农地权利的公平分配，这也在实质上实现了向农户无偿赋予土地承包经营权的权利设定，确立了农户家庭经营的主导地位，完成了农地产权的初始法律赋权。从巴泽尔产权理论的角度来看，土地可以被看成一种商品，家庭承包制是把农地所包含的各种属性的所有权分配给了不同的人，即农地所有权归属于以村集体为代表的基层组织，农村集体代表国家对土地质量分等定级，农户凭借其身份权获取土地承包经营权。在这一过程中，作为农村重要生产要素和农民基本生产生活资料，由土壤肥力、区位条件、灌溉条件等决定的农地本身质量等级而非市场机制形成的土地价值，是最初赋予农户承包权利的重要依据。土地所有权与承包经营权的“两权分离”，尽管没有赋予农民完整的农地产权，但让农民获得了一定的农地控制权，即农地使用权和满足国家相应税负之后的剩余收益权，以及部分农地流转权。这种安排在此后的十几年中极大地调动了农民生产积极性，提高了农业生产效率。

从法律赋权的层面来看，赋权后的农地产权已初步具备将价值评估中作为评估对象的资产内涵，即农地是农户（特定主体）所控制的、能够为农户带来未来经济利益的经济资源。但从权利设定（产生）的角度来看，“家庭承包制度下农民所获得的土地产权是国家强制的制度安排而完全不经过市场途径所获得”，① 这是当时农地价值评估市场需求低的重要原因之一。另一重要原因则是受当时现实条件限制，农村劳动力基本上以务农为主，农地仍是农民安身立命之本（基本生存的保障），农户基本没有流转土地的意愿。

---

① 罗必良：《农地流转的市场逻辑——“产权强度—禀赋效应—交易装置”的分析线索及案例研究》，载《南方经济》2014 年第 5 期。

随着经济体制改革与我国工业化、城镇化进程加快，以及新的农业经营方式的出现，规模化经营需求增强，土地零碎化经营导致的农业生产效率低下问题成为亟待解决的问题，各地实际上已在中央政策允许的范围内纷纷开展土地流转探索。同时，农村劳动力开始大量进入城市务工，部分农户家庭收入结构发生变化，对土地收入的依赖性减弱。但由于“两权分置”下的承包经营权仍然承载着就业、养老等社会保障功能，农民出于失地的担忧，土地流转大多限于亲戚及熟人之间（实际上这一时期出现了土地撂荒现象），农地流转是无偿方式或仅收取象征意义的流转价款。

2002 年 8 月，第九届全国人民代表大会常务委员会第二十九次会议通过了《农村土地承包经营法》，以法律形式将农民的土地承包经营权利确定，强化了农户的产权主体地位，鼓励农户流转土地。经过法律再次赋权的承包经营权，其交易与流转的法律障碍已经被消除。此后，农地产权交易逐渐频繁，流转定价也开始成为交易各方关注的核心问题。但这一时期的农地依然是农户生活生存的最后保障，导致其对土地的期望价值较高，农地产权价值评价多维。相关文献也多有关注农地产权的社会价值：如喻丰庆等从哲学价值、经济学价值和边际效用价值出发，提出耕地资源具有物质价值（包括经济价值、生态价值和社会价值）与精神价值（包括认识价值、道德价值和审美价值）；[①] 周建春、陈志刚、臧俊梅、高艳梅等从产权价值的角度考察了农地的价值构成，提出农地价值包括生产收益权价值、农民生存保障权价值、生态安全权价值、发展权价值、国家粮食安全权价值等；[②] 杨蕾、王雄认为农用地不仅是农民最基本的生产资料和生活依托，而且是整个人类社会赖以生存和发展的根本需要，它是自然、生态和社会

① 参见喻奉庆、蔡运龙：《耕地资源价值重建与农业补贴——一种解决“三农”问题的政策取向》，载《中国土地科学》2004 年第 1 期。

② 参见周建春：《中国耕地产权与价值研究——兼论征地补偿》，载《中国土地科学》2007 年第 1 期；陈志刚、周建春、黄贤金：《产权价值区域征收农地价格评估模型及应用》，载《农业工程学报》2008 年第 12 期；臧俊梅等：《农地发展权在土地权利体系中的地位及其相互关系研究》，载《国土资源科技管理》2009 年第 5 期；高艳梅、刘海英、李景刚：《基于产权价值的区域农地承包经营权流转价格评估研究——以广州市为例》，载《华中农业大学学报（社会科学版）》2012 年第 2 期。

的复合体。从当前中国农地权利状况来看，农地应具有生产资料价值功能、生态价值功能、社会保障价值功能与社会稳定价值功能。[①]

由此可以看出，这一时期的农地承载的既有社会功能也有经济功能，“农户对农地的多重依赖以及对农地的多维价值评价引起发农地价格幻觉，大大降低了其参与农地流转的可能性，造成农地流转价格失效”，[②] 并且，由于长期以来我国农地产权价值评估市场需求不足，相应的价值评估机制并未建立，价值评估成为制约农地流转的关键因素。2008 年 10 月，中国人民银行和原银监会也联合发布《关于加快推进农村金融产品和服务方式创新的意见》，各地结合实际，虽然在实践中探索以农地承包经营权为抵押向金融机构申请贷款，但此时法律层面依然禁止农地产权用于抵押融资，其财产功能并未能充分释放，农户或经营主体的控制能力仍受限制。这也进一步加剧了价值评估的难度与流转价格的失灵。

（四）农地归集体所有但归农户自主用益规模化经营型时期

2014 年 11 月，国家出台“三权分置”改革政策，坚持“农村土地集体所有，实现所有权、承包权、经营权‘三权分置’，引导土地经营权有序流转”。此后一系列政策颁发，根本目的是在不损害产权的社会功能、稳定保障功能的基础上最大化产权的经济功能与效率，[③] 提高农地资源的配置效率，促进农地适度规模化经营。2019 年 1 月 1 日第二次修正后正式实施的《农村土地承包法》从法律层面确立了“三权分置”的农地产权结构，厘清了土地所有权、承包权与经营权的产权边界，消除了土地经营权流转的制度障碍，进一步释放了农地权利的融资担保功能。“三权分置”改革在强调所有权归集体的前提下，强调农户对农地所产生经济利益的控制能力，提升了土地经营权的产权强度。同时，这一时期，国家、相关部门及地方各级政府出台的关于土地经营权抵押融资及抵押融资价值评估的一系列法律法规、部门规章及地

① 参见杨蕾、王雄：《农用地流转价值与征地价值的对比分析》，载《中国国土资源经济》2013 年第 4 期。

② 朱文钰、罗必良：《农地价格幻觉：由价值评价差异引发的农地流转市场配置“失灵”——基于全国 9 省（区）农户的微观数据》，载《中国农村观察》2018 年第 5 期。

③ 参见邓大才：《中国农村产权变迁与经验——来自国家治理视角下的启示》，载《中国社会科学》2017 年第 1 期。

方规范，为土地经营权抵押融资中的价值判断与评价奠定了制度基础。（该部分内容的详细分析附表 1.1）

## 三、农地产权结构、产权强度影响抵押价值评估的内在机理

通过法律制度设计赋予土地经营权抵押担保功能，是“三权分置”改革的主要目的之一。政策改革的效果依赖于抵押融资运行的有效性，抵押价值评估机制是保障抵押融资有效运行的重要配套制度：贷款发放前，可以为金融机构设定抵押权、确定抵押率、抵押贷款利率等提供决策依据；贷款存续期，可以对土地经营权价值进行动态管理，以便根据抵押品的价值变化对贷款风险防范提供建议；抵押权实现时，可以作为土地经营权折价或变现时的定价参考。但从我国农地产权制度变迁及农地产权价值评估的发展历程来看，作为农地抵押融资运行的重要配套制度，由于长期以来受制度设计、农地价值评估本身发育迟缓、评估制度供给不足、评估机制缺失等多种因素影响，土地经营权抵押价值合理认定成为制约抵押融资有效运行的“瓶颈”问题之一。

在影响土地经营权抵押价值评估的诸多因素中，农地产权结构与产权强度是最关键的因素，二者作用于土地经营权价值及抵押价值评估的内在机理如图 7.1 所示。

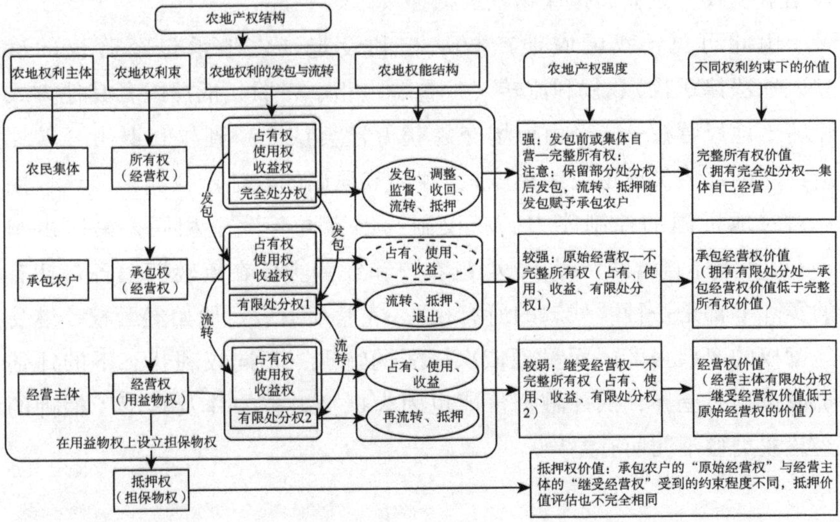


**图 7.1　“三权分置”下农地产权结构、产权强度影响价值评估的内在机理**

如图7.1所示，作为农地权利主体，农民集体、承包农户和经营主体依法取得相应权利：农地所有权是由占有权、使用权、收益权和处分权构成的一束完整权利，归农村集体所有。集体经济组织可以自己经营土地（如江苏省华西村、河南省南街村、河南省新乡市刘庄、山西省大寨村等），但绝大多数情况下要把土地发包给本集体经济组织成员；农村集体经济组织成员凭借其成员身份，通过依法承包由集体经济组织发包的土地获取土地承包经营权（原始经营权——承包权与经营权合二为一），包括占有、使用、收益和有限处分权（流转、抵押、退出）。农户承包土地后，可以自己经营，也可以保留土地承包权（承包权不得流转），把承包地的土地经营权流转给由他人经营；经营主体获得的土地经营权（继受经营权），包括占有、使用、收益和有限处分权（再流转、抵押）。在发包与流转的过程中，占有权、使用权与收益权随着发包与流转这一链条，被完整地转移，而处分权则是被部分转移，另一部分处分权通过制度设计被保留在了发包方或承包方。发包方保留的处分权包括发包、调整、监督和收回等，承包方保留的处分权主要是退出权（把承包权退还给村集体）。经营主体最终获得的土地经营权包含了完整的占有权、使用权和收益权，以及部分的处分权（再流转、抵押）。从法律的视角来看，经营权实际上是一种用益物权，在用益物权上设立的担保物权为抵押权。

由此可见，我国农地产权从权利设定（农地承包经营权的确立——法律赋权）、权利流转（发包、出租、入股、抵押或者其他方式流转土地经营权——经由市场交易获得社会认同）到权利退出（转让给集体内部成员或退还给集体），各环节强调的农地产权属性、产权主体对农地资源的控制能力、产权制约因素并不完全相同，集体组织（不包括集体自营的情况）、承包农户和经营主体在流转链上各自拥有的实际上都是一种“残缺的所有权”。完整所有权、原始经营权、继受经营权的产权强度因而呈现依次减弱的特点，不同权利状态下的评估价值也当有差异，抵押融资价值也因为抵押融资主体及其用于抵押的经营权类型不同而有差异。

## 第三节　土地经营权抵押价值评估的政策规定与实践探索

截至2020年年底，全国家庭承包耕地土地经营权流转面积超过5.32亿亩，全国已有1474个县（市、区）、2.2万个乡镇建立农村土地经营权流转市场或服务中心，为流转双方提供信息发布、产权交易、法律咨询、权益评估、抵押融资以及流转价格指导等服务。[①] 实际上，从农地经营权抵押融资制度改革至今，从国家到地方的法律规范中，基本上都有涉及土地经营权抵押价值评估的内容，也有不少试点地区单独制定评估规范。通过梳理国家、相关部委、各级地方政府出台的抵押融资规范性文件，结合实地调研，对搜集到的原始资料中抵押价值评估的内容进行全面分析，总结归纳土地经营权抵押融资的价值评估模式，探寻其制约因素，为土地经营权抵押融资价值评估机制的构建奠定实践基础。

### 一、国家及相关部门的法律规范文件

2005年以前，农村集体土地使用权流转主要是通过原国土资源部与地方政府签订合作协议的方式进行探索的。2005年1月，原农业部颁发《农村土地承包经营权流转管理办法》（农业部令第47号），对农村土地承包经营权转包、出租、互换、转让等流转行为进行了规范。然而，由于缺乏有效抵押物，这一阶段农户实际上很难从金融机构获得农业生产经营所需资金。从价值评估角度来看，此后陆续出台的国家层面的相关法律及规范逐渐开始对农地流转定价进行规范。

2012年6月，原国家质量监督检验检疫总局和国家标准化管理委员会发布了《农用地估价规程》（GB/T 28406—2012）、《农用地定级规程》（GB/T 28045—2012）、《农用地质量分等规程》（GB/T 28407—2012），为农地流转价值评估提供了技术标准。这也是截至目前唯一关

① 《对十三届全国人大四次会议第2293号建议的答复》，载农业农村部网，http：//www.moa.gov.cn/govpublic/zcggs/202109/t20210929_6378558.htm。

于农地价值评估的国家标准。

2014年4月，国务院《关于金融服务“三农”发展的若干意见》（国办发〔2014〕17号）明确提出，“要创新农村金融产品和服务方式，推广新型抵押担保方式，慎重稳妥地开展农村土地承包经营权和农民住房财产权抵押试点”；① 2014年12月，国务院办公厅《关于引导农村产权流转交易市场健康发展的意见》（国办发〔2014〕71号）提出，农村产权流转交易市场要逐步发展成集信息发布、产权交易、法律咨询、资产评估、抵押融资等为一体的为农服务综合平台。

2015年8月，国务院印发《关于开展农村承包土地的经营权和农民住房财产权抵押贷款试点的指导意见》（国发〔2015〕45号），提出要赋予“两权”抵押融资功能，稳妥有序开展“两权”抵押贷款试点。完善配套措施，提供基础支撑，依托相关主管部门建立完善多级联网的农村土地产权交易平台，建立“两权”抵押、流转、评估的专业化服务机制，支持以各种合法方式流转的农村承包土地的经营权用于抵押。② 2015年12月，全国人大发布《关于授权国务院在北京市大兴区等232个试点县（市、区）、天津市蓟县等59个试点县（市、区）行政区域分别暂时调整实施有关法律规定的决定》，正式确定了农地流转的试点地区。

2016年3月，中国人民银行、原银监会、原保监会、财政部、原农业部联合发布《农村承包土地的经营权抵押贷款试点暂行办法》，其第12条规定，“借贷双方可采取委托第三方评估机构评估、贷款人自评估或者借贷双方协商等方式，公平、公正、客观、合理确定农村土地经营权价值”。③ 为农地经营权抵押价值评估，稳妥规范推进农村承包土地的经营权抵押贷款试点工作提供了依据。2018年《农村土地承包法》第39条强调：“土地经营权流转的价款，应当由当事人双方协

---

① 载中央人民政府网，http：//www. gov. cn/zhengce/content/2014 - 04/22/content_8771. htm。

② 载中央人民政府网，http：//www. gov. cn/zhengce/content/2015 - 08/24/content_10121. htm。

③ 载中国人民银行网，http：//www. pbc. gov. cn/goutongjiaoliu/113456/113469/3037758/index. html。

商确定……”① 2021年1月，农业农村部发布的《农村土地经营权流转管理办法》第10条也明确规定：“土地经营权流转的方式、期限、价款和具体条件，由流转双方平等协调确定。流转期限届满后，受让方享有以同等条件优先续约的权利。”②（见表7.1）

**表7.1 关于农地流转定价及土地经营抵押价值评估的法律规范**

| 序号 | 时间 | 制定部门 | 法律法规、政策文件 | 评估相关内容 |
| --- | --- | --- | --- | --- |
| 1 | 2005年1月 | 原农业部 | 《农村土地承包经营权流转管理办法》（已失效） | 农村土地承包经营权流转价款，由流转双方平等协商确定 |
| 2 | 2012年6月 | 原国家质量监督检验检疫总局和国家标准化管理委员会 | 《农用地估价规程》《农用地定级规程》《农用地质量分等规程》 | 建立农地评估的国家标准 |
| 3 | 2014年12月 | 国务院办公厅 | 《关于引导农村产权流转交易市场健康发展的意见》 | 建立农村产权流转交易市场，提供专业资产评估服务 |
| 4 | 2015年8月 | 国务院 | 《关于开展农村承包土地的经营权和农民住房财产权抵押贷款试点的指导意见》 | 建立完善多级联网的农村土地产权交易平台，建立“两权”抵押、评估的专业化服务机制 |
| 5 | 2016年3月 | 中国人民银行、原银监会、原保监会、财政部、原农业部 | 《农村承包土地的经营权抵押贷款试点暂行办法》 | 采取委托第三方评估机构评估、贷款人自评估或者借贷双方协商等方式，公平、公正、客观、合理确定农村土地经营权价值 |
| 6 | 2018年12月 | 全国人民代表大会常务委员会 | 《农村土地承包法》 | 土地经营权流转的价款，应当由当事人双方协商确定 |

① 载国家法律法规数据库网，https://flk.npc.gov.cn/detail2.html。

② 载农业农村部网，http://www.moa.gov.cn/govpublic/zcggs/202102/t20210203_6361060.htm。

续表

| 序号 | 时间 | 制定部门 | 法律法规、政策文件 | 评估相关内容 |
|---|---|---|---|---|
| 7 | 2021 年 1 月 | 农业农村部 | 《农村土地经营权流转管理办法》 | 土地经营权流转的价款，由流转双方平等协调确定。鼓励各地建立土地经营权流转市场或者农村产权交易市场，提供土地经营权权益评估、融资担保等服务 |

2012 年，原国家质量监督检验检疫总局和国家标准化管理委员会颁布《农用地估价规程》，规定了农用地估价的基本方法、不同估价目的农用地估价、农用地宗地估价、农用地基准地价评估等内容，是直接为规范农用地估价行为、统一估价程序和方法而制定的国家标准。该标准认为自然因素、社会经济因素和特殊因素是影响农用地价格的指导性影响因素。虽然在社会经济因素中，包含了土地使用制度（土地政策、土地使用规划）这一因素，但由于是笼统的罗列，没有具体说明如何计量土地政策对农用地价格的影响。《农村土地承包法》《农村承包土地的经营权抵押贷款试点暂行办法》及相关法规规范只是从宏观角度给出了农地经营权流转及抵押价值评估的指导意见和总体要求，具体价值评估机制，则需由地方试点结合各地实际探索建立。

## 二、地方试点各级政府政策规范统计梳理

选取代表性较强的地方试点以及金融机构有关土地经营权抵押价值评估的政策规范，根据评估基本要素进行归类列示，可以为后续分析奠定基础。附录 4 列示了部分省级（附表 1）、市（县）级（附表 2）和金融机构（附表 3）规范性文件的情况。

## 三、土地经营权抵押融资价值评估相关规范分析

从最早的非政府层面的农地承包经营权抵押融资探索（福建省明溪县、宁夏回族自治区同心县等），到 2015 年国家层面正式确定农地流转的 232 个试点县（市、区），再到 2019 年 1 月 1 日修改后正式实施的《农村土地承包法》、2021 年农业农村部发布《农村土地经营权流转管理办法》，“三权分置”改革日益深化。从前述统计可以看出，作为

抵押融资功能实现的重要配套机制，农地经营权抵押价值评估是相关部门、各级政府政策规范中不可或缺的重要内容，部分试点地区单独出台了农地承包经营权抵押贷款价值评估办法，如甘肃省定西市、安徽省含山县、安徽省和县、浙江省缙云县、山东省蒙阴县、江西省抚州市等（见附表2）。整体看来，各地试点办法不乏创新，虽然创新措施各异但也有共同之处。以下从评估模式与评估主体、评估客体与权属要求、评估程序与评估考虑因素、评估方法与评估费用等方面进行详细分析。

### （一）评估模式与评估主体

土地经营权价值评估是各地试点办法中的重点加以规范的内容。就评估模式而言，从规范统计情况看，具备评估资质的第三方专业评估机构参与度较低，试点地方出现了很多土地经营权价值确定的变通办法，如金融机构单方确定、借贷双方协商确定、农村土地流转服务中心认定等方式。

一是金融机构单方确定方式。辽宁省2008年规范规定土地经营权直接由贷款经办机构确定抵押物价值。① 该办法是由省农信社起草出台的，规定由金融机构确定抵押物价值，自然更偏重于金融债权安全和金融机构利益保护，但规范对抵押人利益保护及对当事人间利益平衡的考虑明显不周。

二是协商确定方式。即由抵押人和金融机构协商确定土地经营权价值。这种方式有利之处在于协商效率高、谈判成本较低。但是由于借贷双方的地位、话语权与议价能力悬殊，抵押人一方谈判地位处于弱势，而抵押权人可能会利用自身的谈判优势低估土地经营权价值。假如某土地经营权原本价值100个单位，可能在经协商后双方认可的价值只有80个单位，加上抵押率因素，比如从40%～80%不等的抵押率，最低只能贷到32个单位的款项。换言之，由于抵押物价值被低估，在农户资金需求一定的情况下，就需要拿出更多的土地经营权作为抵押物，自然就加重了其负担。由于农业生产的天然风险性，一旦发生自然灾害或者是其他影响抵押人到期还本付息的情况，就会出现被抵

① 2008年辽宁省《农村信用社土地承包经营权抵押贷款管理暂行办法》。

押权人行使抵押权、处置抵押物的局面，并因此失去相对正常价值评估时更多、更大面积的土地经营权。为化解此类风险，有部分试点地区由政府组织制定基准价格或市场区域平均价格，借贷双方可参考此价格协商确定。如抚州市2020年发布的农村承包土地经营权抵押贷款价值评估指导办法中明确：各县（区）农地经营权抵押贷款价值评估参考价制定成果（2020～2024年）为市场区域平均价格，设定农地经营权的土地面积越大，越趋于市场平均价格。面积小于500亩（含）的农地经营权抵押贷款价值评估，建议由借贷双方参考该标准自行评估、协商确定。①

三是农村土地流转服务中心认定方式。有地方试点规范规定土地经营权价值由乡镇以及街道农村土地流转服务中心认定，如慈溪市和桐庐县。② 新绛县规定由农村土地物权管理服务中心综合评估，并出具评估报告书。③ 这种做法较为便捷，也有一定的合理性。原因在于农村土地流转服务中心承担着土地经营权流转交易服务职能，相当于是农村产权交易所的基层单元。但由于该服务中心不是专业从事农村土地资产，尤其是土地经营权价值评估的专业机构，其资产评估的过程与结果的专业性以及公允性有待观察。

四是评估小组评估方式。有试点规范规定贷款金额在30万元以下的，采用评估小组协商模式，④ 由乡镇农经部门、村两委以及经办金融机构组成评估小组协商确定土地经营权价值。分析此类规则中评估小组成员的组成可以发现，该方式增强了抵押人的话语权，弥补了抵押人专业知识的不足，不失为一种充满基层智慧的便捷做法。类似的还有山东省的做法，依托现有资源提供简易免费评估，评估机构可以吸纳村“两委”成员和专业评估人员参加；⑤ 黎平县的征求意见稿当中规

---

① 2020年江西省抚州市《农村承包土地经营权抵押贷款价值评估指导办法》。

② 2010年浙江省慈溪市《农村土地承包经营权质押和林权抵押贷款管理办法（试行）》；2012年浙江省桐庐县《农村土地承包经营权抵押登记管理办法》。

③ 2013年山西省新绛县《关于农村土地承包经营权抵押贷款的实施意见的通知》。

④ 2014年甘肃省《农村土地承包经营权抵押贷款管理办法（试行）》。

⑤ 2015年山东省《关于贯彻国发〔2015〕45号文件做好农村承包土地经营权和农民住房财产权抵押贷款试点工作的实施意见》。

定由县专家评估小组评估，评估费由贷款方承担；[①] 四川省规定可以采用委托有关专家测算方式，建立农村产权联合评估机构和专家库，成立评估专家组，制定农村产权价值参考表，定期更新，对借贷双方的价格协商提供指导；[②] 陕西省完善评估机制，建立有各方参与、公信力强的评估委员会；[③] 长兴县规定可以在评估机构尚未健全前，暂由县农业行政主管部门组织有关专家对土地承包经营权抵押价值进行测算并出具相关证明。[④]

五是行政机构评估模式。还有些地方试点采用行政机构评估模式，规定土地经营权的价值由县、区或乡镇（街道）农村土地流转服务中心、农村产权交易中心或农村经营管理部门等评估。如定西市采取行政机构评估模式，规定土地经营权价值评估机构为各县、区农村经营管理部门；[⑤] 四川省规定可以采用行政主管部门联合设立农村产权价值评估机构评估模式；[⑥] 梧州市规定可以将梧州市农村产权交易中心作为鉴证方组织资产评估机构，公平、公正、客观、合理地开展相关评估工作。[⑦] 2016 年重庆市规范中规定的以政策性评估为主体、商业性评估为补充的做法，由于规范中并未明确其具体做法，无法对其操作方式加以了解。但从重庆市规范的其他相关内容看，所谓政策性评估，应是依靠重庆兴农价格评估有限公司这一评估机构，在试点县、区全面开展土地经营权价值评估服务。[⑧] 鄂州市成立农业发展投资有限公司，作为银政中介开展委托贷款、农村产权融资抵押担保业务。公布产权

---

① 2021 年贵州省黎平县《农村土地承包经营权抵押贷款实施方案》（征求意见稿）。

② 2016 年四川省《农村承包土地的经营权和农民住房财产权抵押贷款试点实施方案》。

③ 2016 年陕西省《关于开展农村承包土地的经营权和农民住房财产权抵押贷款试点的实施意见》。

④ 2010 年浙江省长兴县《农村土地承包经营权抵押贷款管理办法（试行）》；2014 年浙江省长兴县《关于深化农村土地承包经营权抵押贷款试点工作的实施意见》。

⑤ 2012 年甘肃省定西市《农村土地承包经营权抵押贷款管理办法（试行）》。

⑥ 2014 年四川省成都市《关于开展农村产权抵押融资试点工作的意见》的通知。

⑦ 2021 年广西壮族自治区梧州市《农村承包土地经营权抵押贷款管理办法（试行）》。

⑧ 2016 年重庆市《农村承包土地的经营权和农民住房财产权抵押贷款试点工作方案》。

的基准价格和最低保护价，为农村产权价值评估提供依据。[①] 枣庄市设立普惠农村土地资产评估事务所和金土地担保公司，对农村产权交易进行评估和担保，最大限度地化解贷款风险。[②]

就金融机构而言，其更倾向于具有资质的专业评估机构评估，抵押当事人协商时倾向参考当地市场价格或政府公布的基准价格（见附表3）。至于2014年中国农业银行规范中出现的内部评估与外部评估，内部评估是由金融机构来主持的评估，外部评估是借助于社会第三方力量的评估，倒不失为一种可采纳的方式。

（二）评估客体与权属情况

资产评估客体是指资产评估的对象，包括不动产、动产、无形资产、土地权利等能给特定权利主体带来未来经济利益的经济资源。不同的资产载体因为被赋予的权利内容不同而表现出不同的经济价值，因此农地承包经营权的权属界定就成为抵押融资规范中必须首先明确的问题。在各地单独颁布的农地承包经营权抵押融资价值评估规范中，都明确要求评估客体是否产权明晰、是否有完备的权利凭证。

（三）评估程序与评估考虑因素

从附表3中可以看出，在单独发布的农地承包经营权抵押价值评估办法中，基本都有相对完善的评估程序：确定评估方式、评估前期调查、评估价值确定、出具由评估人员签名的评估意见。评估时除了考虑土地产权状态外，更多关注影响土地价格的自然因素，如土地的地形地貌、区域地理条件、耕作类型、土肥率等级、作物品种、产量产值、水利灌溉、气候状况及其他农业经营综合条件。

（四）评估方法与评估费用

根据《农用地估价规程》的规定，农用地的估价方法可以采用收益还原法、市场比较法、成本逼近法、评分估价法和基准地价修正法等。但由于该标准对土地经营权抵押价值评估目的特殊性考虑不充分，采用这些方法又需要评估人员有较强的专业技术能力，因此地方政府的抵押价值评估方法中大多直接给出土地经营权总价值或抵押物价值

① 2016年湖北省鄂州市《农村承包土地的经营权抵押贷款管理办法（试行）》。

② 中国农业银行湖北省分行课题组、朱正罡、黄利荣：《中国农村产权交易所运作模式比较研究——基于农村产权抵押融资的视角》，载《农村金融研究》2014年第6期。

的基本算式，金融机构则倾向于采用成本法、收益法、市场价格法等方法来确定抵押价值。

试点规范中关于土地经营权价值评估费用的承担问题，存在三种情况：一是大多数地方规范未明确是否收费以及费用承担；二是明确不收费，如青岛市；三是明确收费但强调收费按最低标准执行，如重庆市、陇南市。从经济学角度来说，免费的不一定就是最好的。评估中介机构是从事资产评估业务的，从民商事主体权利义务相统一的层面看，允许其收费，比如按面积、按评估金额、按贷款金额等进行收费，将更有助于督促评估中介机构去履职尽责，给出土地经营权更为可靠、公平、公允的价值。

（五）贷款额度与评估模式的选择

关于土地经营权评估的另外一个问题是评估与贷款额度之间的关系。有多个试点办法划定了贷款金额标准，作为土地经营权价值是否采用机构评估的标准。高于该金额标准的将采用机构评估方式，低于该金额的采用协商、自评、金融机构确定等方式。但该标准在不同试点规范中有较大差距，从 20 万元到 100 万元不等，如辽宁省规范以 20 万元为标准，重庆市规范以 100 万元为标准，多数地方规范规定 30 万元到 50 万元之间。这种现象说明试点地方中土地经营权专业评估机构较为匮乏，地方结合实际，出于交易成本的考虑来划定金额标准。

需要说明的是，多个地方试点规范中要求无论是采用协商还是机构评估方式，其价值都不低于市（县、区）政府公布的同期、同地区、同类型土地经营权的基准价格。由于充分考虑了借贷双方谈判条件和能力的差距，此类规定有利于保护抵押双方利益，其合理性及公平性不言而喻。首先，基准价格是政府行政干预并经由专业机构评估的结果，而不是由政府直接利用行政权力确定的结果，是由市场做出的选择。基准价格的确定通常由政府购买中介机构服务，委托专业评估机构及人员来完成，评估机构承担第三方中介机构应当承担的法律义务，对价值评估结果负法律责任，因此更为公正、公平、合理。其次，基准价格通常参考影响价格变动的自然因素、社会经济因素及特殊因素，适时更新调整，以保证其公平性。最后，基准价格的适用具有普遍性，政府对其承担监管职责。如规范中规定土地经营权评估的价值不低于同期、同地区、同类型的土地经营权基准价格，对低于其基准价格的交易应实时监管，采取不予办理登记、不予办理抵押登记等方式限制其交易，避免其中可能存在的不公平现象，以维护市场的公平竞争秩序。

个别规范中出现的土地经营权价值评估“一次评估、三年有效”的做法，有利之处是降低了当事人各方的交易成本，减轻了抵押人的负担，但由于3年中土地经营权流转市场的行情、自然环境条件以及相关政策因素都会对土地权利价值产生影响，一次评估的结果并不适合直接作为3年中土地经营权流转的交易价格。在此基础上，灵活运用协商机制，在基准价格的基础上确定交易价格，是一种较为合理的做法。2019年8月26日修改通过、于2020年1月1日实施的《土地管理法》在第48条第3款中规定，征收农用地的土地补偿费、安置补助费标准由省、自治区、直辖市通过制定公布区片综合地价确定。制定区片综合地价应当综合考虑土地原用途、土地资源条件、土地产值、土地区位、土地供求关系、人口以及经济社会发展水平等因素，并至少每3年调整或者重新公布一次。那么，当该条文的规定在有关省、自治区、直辖市已经得以实施的情况下，区片综合地价完全可以作为土地经营权抵押或以其他形式流转时价值评估的参考基准价，这样就可以避免土地经营权流转过程中的重复评估以及个别地块儿单独评估的不规范和高成本。

显然，政府虽然是基准价格评估的委托方，但政府在评估行为中追求的是社会效益，目的是降低交易成本，实现土地经营权抵押融资的功能，解决所谓的“新农地金融困境”问题。实际上，在土地经营权抵押及处置过程中的交易费用越低、抵押期内的抵押物价值变化越小，其抵押融资功能也就越强。政府行政干预可以降低交易费用，优化土地经营权抵押市场的外部环境治理，促进土地经营权抵押市场的发育与完善。

综上所述，经过多地、多模式十余年的实践探索，土地经营权价值评估机制已初有成效，为土地经营权抵押融资的有效运行提供了支撑。但从以上分析也可以看出，由于受自然因素所决定的资产专用性、社会经济因素所决定的农地产权结构与产权强度、外部治理环境与内部治理结构、变现能力等的影响，无论是理论研究还是试点实践，我国目前均未形成完整有效的土地经营权抵押价值评估机制。

## 第四节　土地经营权抵押价值评估机制的构建

通过对产权强度影响土地经营权抵押价值评估内在逻辑与路径的理论分析，可以发现，农地产权结构与产权强度是决定土地经营权抵押融资功能实现与抵押价值评估的制度基础。《农村土地承包法》的修订实施、国务院关于农村承包土地的经营权抵押贷款的相关规定，使农地经营权抵押融资及抵押价值评估合法有效，这是土地经营权抵押价值评估的宏观制度环境。试点地区各级政府相关部门、中国人民银行和主要金融机构制定的土地经营权抵押价值评估的政策规范，明确了中观层面的制度供给，并通过外部治理环境与内部治理结构的协同优化管理价值评估活动。各地试点的实践探索则形成了不同的评估模式，取得了一定的评估成效。无论哪种评估模式都包含了同样受外部制度环境与内部治理结构影响的评估目的、评估当事人、评估客体、评估程序、评估方法、评估报告等基本评估要素。由此，可以构建出土地经营权抵押价值评估的机制，如图 7.2 所示。

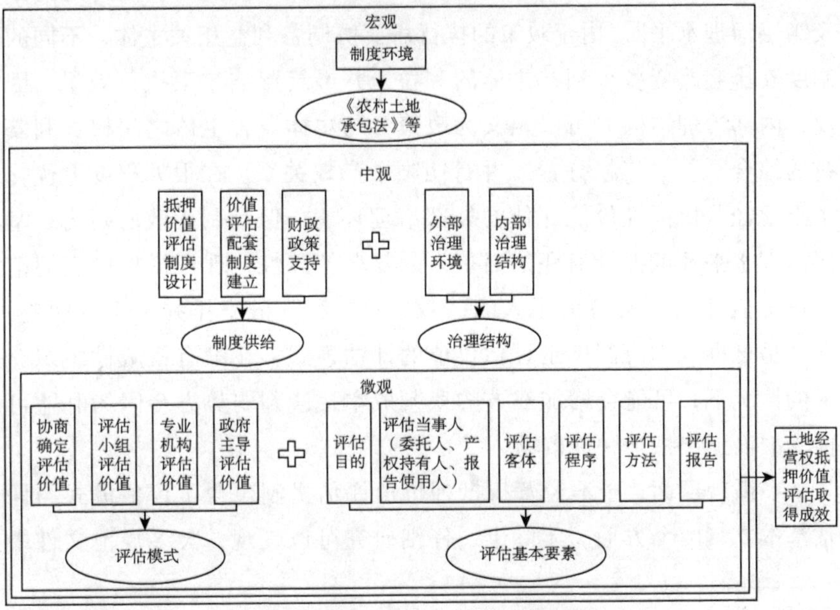


图 7.2　土地经营权抵押价值评估机制

在图7.2中，“三权分置”改革背景下相关法律法规的陆续修订、颁布，消除了土地经营权抵押融资及价值评估的制度障碍，确立了宏观层面的制度环境。

中观层面的制度供给则明显不足，虽然试点地区政府、金融机构设计了与土地经营权抵押融资的相关配套政策，但仅有部分地区单独设计了土地经营权抵押价值评估办法，其余则是在抵押融资管理办法中笼统规定。虽然《农用地估价规程》给出了价值评估的国家标准，该标准发布时（2012年）并未考虑到特定抵押目的下土地经营权抵押评估的特殊性。同时，由于农地经营权价值受自然因素决定的资产专用性、社会经济因素决定的农地产权结构与产权强度以及其他特殊因素的影响，评估的专业性与技术性较强，仅笼统规定采用何种模式评估而没有统一的评估规范，加之合格资产评估机构的培育、专业评估人员及专家库的建立等配套制度匮乏，财政支持政策的不明确等都会增加评估交易成本，也会影响抵押融资双方对评估结果的认可程度，降低抵押融资的效率。吴一恒等认为，在土地经营权抵押融资中，“外部治理环境主要是指农地产权制度、政府行政干预能力、政府财力以及基层治理水平”。由于政策的执行需要协调各利益相关主体，不同的制度安排会改变各个利益主体的利益，并最终影响政策执行效果，因此，内部治理结构“可以定义为政策参与主体及各主体之间权责利安排的综合”。① “三权分置”并行明晰了产权关系，在很大程度上优化了土地经营权抵押价值评估的外部治理环境，但受制于政府财力、基层治理水平及抵押价值评估当事人的复杂特殊性，现行抵押融资规范中对价值评估各利益关系人的“权、责、利”的安排并不十分明确，尤其是抵押双方协商确定评估价值的评估模式，在没有权威性组织介入的情况下，可能会增加双方的谈判成本，谈判弱势方会因为利益可能受损而退出抵押融资市场。

在微观层面，土地经营权抵押价值评估机制包含了评估模式与评估基本要素两个方面。实际上，仔细研究可以发现，大多规范文件中

① 吴一恒等：《如何提高农地经营权作为抵押品的有效性？——基于外部治理环境与内部治理结构的分析》，载《中国农村经济》2020年第8期。

并没有明确抵押价值的评估目的。抵押价值评估通常基于抵押权设定、抵押权实现与抵押物价值动态管理及风险防范三种需求，而不同的评估目的可能对评估对象的确定以及潜在交易市场的确定等产生影响；在评估客体方面，“城乡二元”思维和地方政府等既得利益者的机会主义行为，导致原本由地方政府承担的制度功能（维护社会主义国家所有制关系、助推国家发展战略和保障农业基础性地位）以权利或义务的形式被转嫁到集体，作为“回馈”，集体被赋予一定的农地处分权和隐性的收益权。① 集体拥有的这部分处分权和隐性收益权必然会减弱处于权利流转链条中间或末端的产权强度，进而影响其评估价值。另外，由于土地经营权抵押权实现平台并不完善，金融机构抵押权变现仍受制约，同时，由于缺乏对评估方法的统一规范，各试点地区做法迥异，这都在一定程度上影响土地经营权的评估价值。

为保证土地经营权抵押价值评估机制的有效运行，促进农地抵押融资市场的发育，提升农地产权改革政策的有效性，以下几个方面的举措必不可少：深化农地集体所有权制度改革，建立城乡统一的国土规章制度，在保障农地集体所有的前提下，尽可能减少对农地产权的限制，提升土地经营权产权强度；建立地方性甚至全国性的土地银行，保障抵押权人顺利变现抵押权；各级政府及相关部门应加强制度供给，承担相应的公共职能，建立全国性或地方性土地经营权抵押价值评估制度规范和具体操作规范，建立评估专家、评估机构选聘机制等。

① 米运生、罗必良：《功能主义视角下的农地集体所有权制度改革——〈农村土地承包法〉的政治经济学解读》，载《中国农村经济》2021 年第 9 期。

# 第八章　土地经营权流转抵押平台模式创新：农村土地银行

## 第一节　农村土地银行概述

### 一、农村土地银行的设置背景

土地银行是指主要经营土地存贷及与土地有关的长期信用业务的金融机构。许多国家都建立了以农村土地抵押为主要内容的农地合作金融制度，欧美和亚洲一些国家为提高农村土地资源利用效率，先后设立了土地银行，取得了良好效果。如美国的联邦土地银行是政府农业信贷体系的重要组成部分。为了支持农民购买土地实现规模经营，帮助农场主走出融资困境，振兴农业和发展农村经济，美国国会于1916年通过了《美国联邦农场贷款法案》，此法案在吸收欧洲农地抵押经验的基础上，结合本国国情，组建了联邦土地银行，其目的在于降低农地贷款利率，向农民提供农业发展所需的中长期资金。以此为标志，美国的农场信贷体系逐步建立和完善。[①] 由此看来，美国农地金融制度的建立，不是依赖某一部法律来完成“石破天惊或跨时代”的变化，而是在循序渐进中逐步完善法律法规体系，依靠一系列法律法规构建起农地金融制度。从上文时间进度来看，经过了探索、初建、受挫、完善等过程，历经近百年（1916～2011年）才得以完善。美国联邦土地银行采用的是间接贷款方式，这是国际上大多数土地金融机构

---

① 参见于丽红：《美国农场信贷体系及其启示》，载《农业经济问题》2015年第3期。

采取的贷款方式。[①] 笔者认为，由该流程可知，美国联邦土地银行的债权担保融合了物的担保和人的担保，一是基层合作社成员以其土地所有权提供的抵押；二是基层合作社对该贷款提供的保证。另外，合作社向土地银行缴纳社员借款总额的5%作为股金，即基层合作社应该以自有资金向土地银行入股，金额为本社成员贷款额的5%。基层合作社入股后成为联邦土地银行的股东，应当享有股东权益，履行股东义务，以出资为限承担责任。借鉴美国联邦土地银行制度时，需要进一步思考完善如下问题：第一，美国联邦土地银行制度中，农户或成员加入基层合作社的条件是什么？申请贷款的条件又是什么？有无资产、时间、身份的要求？第二，成员将土地所有权抵押给联邦土地银行，基层合作社以保证方式为成员担保，基层合作社是否需要成员向自己提供反担保？如果没有的话，保证人如何在承担责任后向成员追偿以保护自身权益？第三，将国内相关试点的做法统计分析，横向对比，总结归纳并提出立法建议。可以从如下角度比较：融资条件，有无诸如身份、时间等限制条件，抵押率，贷款用途，利率水平，担保方式，政府角色及作用，抵押权实现机制，抵押物处置方式，成员义务、权利，土地经营权类型。德国的“土地抵押信用合作社”以贷款协助农民购买和开垦土地、兴建水利和公路等；印度“土地开发银行”以土地抵押的方式为农民提供5~10年或更长期的贷款，支持农民改良土壤、购买更加优良的农业设备等。域外立法例和我国农村土地银行地方创新探索实践对于构建农村土地银行法律制度有积极借鉴意义。

土地经营权抵押物在处置时存在以下风险：首先，抵押物的流转困难，在现有体制下，农村土地经营权流转市场成交规模小，交易的活跃程度低。其次，土地经营权如何处置存在一定的困难，处置后如何实现再流转需要深入研究。[②] 笔者认为，可行的解决措施就是建立全国统一的农村土地银行，负责处置土地经营权相关事宜，可以通过土地银行，将处置与流转合二为一，借助农村土地银行这一平台，统筹

---

① 参见于丽红：《美国农场信贷体系及其启示》，载《农业经济问题》2015年第3期。

② 参见陈菁泉、付宗平：《农村土地经营权抵押融资风险形成及指标体系构建研究》，载《宏观经济研究》2016年第10期。

实现土地经营权流转与抵押功能，解决土地经营权处置后如何实现再流转的问题。为了顺利实施农村土地抵押融资，我国可以考虑设立专门的“农村土地银行”或改造现有的“农村信用合作社”“中国农业发展银行”。[①] 在我国设立农村土地银行有实务层面的必要性，理论储备和制度环境层面也具有可行性。可以经由农村土地银行法律制度设计，统筹实现农村土地产权流转制度改革的目的。结合我国集体土地用益物权制度改革实际，在客观分析各地方试点经验及其实施成效的基础上，借鉴域外立法例，通过对我国农村土地银行相关具体法律制度的研究，强调农村土地银行法律制度设计的渐进性、可操作性和协同性。尝试构建适合我国农村产权改革需要的农村土地银行法律制度，为土地行政主管部门指导集体土地产权改革实践提供参考意见，为地方和中央立法机关完善农村产权相关法律制度提供立法建议。

自2003年土地政策正式纳入我国宏观调控体系以来，土地与宏观经济的关系更趋紧密。党的十八大报告提出要“坚持和完善农村基本经营制度，依法维护农民土地承包经营权、宅基地使用权、集体收益分配权”。各地方政府对集体土地用益物权制度改革进行了积极探索，由于我国集体土地用益物权制度的残缺性和配套措施的不完善，除林权改革措施相对较为成功外，针对宅基地使用权、集体建设用地使用权及土地承包经营权的各类制度设想都无法证明其生命力。一些地方所设立的集体土地产权交易所或流转平台面临重重困难，效果不佳，无法破解集体土地用益物权法律制度的局限。这一现象已经引起了理论界的关注，从国内相关研究文献来看，多数学者认为农村土地银行是土地经营权的流转模式创新，农村土地银行能有效地促进农村土地资源的优化配置，能为“三农”提供资金融通服务。但理论界对农村土地银行的内涵界定认识不一，主要有土地流转中介说、土地金融机构说和土地储备机构说等；对我国农村土地银行的功能定位、法律性质、业务范围、组织结构、管理和运行模式等核心问题也存在较大争议，多数文献将土地储备机构、农业资源经营专业合作社与土地银行

① 参见邓小云：《我国农村土地抵押的实践困境与法制完善》，载《甘肃社会科学》2014年第5期。

混为一谈，认为土地抵押贷款是农村土地银行的核心业务，存在一定局限性。

我国实行的是土地公有制，包括国有和集体所有，农民只能依法取得相应的集体土地用益物权，农村土地银行应该被称为“农村土地权利银行”，因此，作为农村土地银行主要业务内容的所谓的“土地存贷”，实际上是“集体土地权利存贷”。从目前检索到的资料来看，绝大多数文献都是从经济学、管理学、金融学等学科角度对农村土地银行加以研究的，缺少从法学视角对构建农村土地银行法律制度的系统研究。从农村土地银行理论与实务现状看，两个不争的事实是：其一，实践走在了理论研究之前；其二，其他学科，尤其是经济学的研究走在了法学的研究之前。为保证农村土地银行法律制度更具可操作性，实现农村土地银行法律制度与农村产权相关法律制度的协同，应加强对“存地证”的法律性质、土地银行债权的优先受偿权、存入土地使用权一方的优先承租权、农村土地银行贷款担保方式创新、农村土地银行在新型城镇化建设中的作用等问题的研究。

建立我国农村土地银行是一项重大的制度创新，完备的法律制度是农村土地银行得以正常运作的保障。因此有必要围绕土地银行的功能定位、法律性质、组织机构、业务范围等问题展开研究，借鉴其他国家和地区土地银行的立法例和实践经验，构建具有可操作性的农村土地银行法律制度，完善以集体土地权利为核心的农村土地银行理论体系。截至2021年，我国集体土地用益物权确权工作已经基本完成，相关产权法律制度也相对健全，成立农村土地银行的条件和制度环境基本具备。在我国设立农村土地银行，对发展现代农业、实现规模经济、完善土地承包经营权流转市场、改善农村金融生态环境、实现农地使用权的资本化和市场化具有重要作用。

## 二、农村土地银行的法律性质

土地合作金融机构是指以经营土地抵押贷款、土地出租等业务为目的，并承担国家金融扶助的非营利性的农民土地合作金融法人，即农户在需要生产经营资金时，可根据情况将自己的土地承包经营权抵押或者租给土地合作金融机构，土地合作金融机构提供农户所需资金的新型农村合作金融组织。土地合作金融机构不是以营利为目的的商业性金融机构，而是以服务为主要目的的合作性金融机构，法律允许其自营土地有利于降低土地承包经营权抵押实现的成本，不仅不会增大金融风险，而且能够提高土地的效用。[①] 有学者对河南省县级农村土地流转服务机构情况进行了调研，“成立县一级土地流转服务机构和服务大厅的县（市）分别只占县（市）总数的58%或50%，乡镇成立流转服务机构和服务大厅的分别只占乡镇总数的38%和30.5%”。[②] 有学者分析了浏阳模式与土地交易平台的诞生，[③] 为整理农村土地交易平台、融合农村产权交易所与农业融资担保公司以成立土地银行提供了思路。结合本研究前文对地方各类农村土地经营权流转和抵押融资平台的比较研究，其局限性突出表现在：现有的农村土地经营权流转交易市场无法通过功能拓展来最终实现抵押权，常需要地方政府以财政资金设立的担保公司或风险基金来兜底。以农村土地银行的功能为基准，研究我国农村土地银行的法律定位，对于农村土地银行，有“土地流转中介说”、“土地金融机构说”和“土地储备机构说”等不同理解，原因在于土地储备机构、农业资源经营专业合作社、农村产权交易所等平台在功能上各有侧重。农村土地银行定位于新型农村集体土地用益物权（土地经营权）流转交易、抵押融资平台，能统筹实现包括土地经营权在内的一系列集体土地用益物权流转交易和抵押融资功能的高效便捷创新平台。与地方实践探索中出现的各种类型的农村产权交易平台相比，农村土地银行在功能定位、业务范围及其在农村土地抵押权实现中的作用和运行机制等方面均有所不同，以农村土地银行为土地经营权流转、抵押平台，可以统筹实现农村土地经营权流转和抵押功能。

“国土资源深化改革领导小组”将负责协调推进土地管理制度改革的顶层设计工作，“不能把农村土地集体所有制改垮”是国土资源管理

---

① 参见左平良、余光辉：《土地承包经营权抵押与农村金融担保制度创新》，载《学术论坛》2005年第8期。

② 参见吴海峰：《推动农地经营权流转加快农业现代化进程——关于河南省促进农村土地规模集约经营的调查和思考》，载《中国乡村发现》2012年第4期。

③ 参见凌斌：《土地流转的中国模式：组织基础与运行机制》，载《法学研究》2014年第6期。

部门已经划定的土地制度改革的"底线"。在不改变现有集体土地产权界定的前提下，经由农村土地银行制度，统筹实现集体经营性建设用地用益物权的优化配置，不失为一种可供选择的道路。有学者认为，可借鉴国外农地金融发展的经验以及我国现行农村金融组织体系状况和农村实际，分"三步走"构建我国农地金融组织体系。短期目标是在农村信用社开展农地金融试点；中期目标是组建土地合作金融组织；远期目标是成立政策性土地金融机构，即国家土地银行。[①] 我国农村土地银行的制度功能应定位于政策性银行，其法律性质、设立方式、出资方式、资本构成、治理结构及破产清算等问题与商业银行有明显的不同，需要单独制定《农村土地银行法》，对农村土地银行在设立和运行中出现的相关法律问题予以明确。

## 三、农村土地银行的法律架构和设置模式

农村土地银行的基本制度和顶层设计，应当按照《公司法》和《商业银行法》等商事法律的规定来设置。农村土地银行应当由国家、地方政府、企业（主要是大型国有企业和民营企业）以及社会公众出资筹建。社会公众的出资以公开募集的方式，主要是以农户、新型农业生产主体等为主。地方政府引导有土地经营权"存贷"需求的各方，积极参与农村土地银行的建设，为土地经营权流转或者抵押融资提供基本保障。土地银行后期运营资金可通过资本积累、发行债券、增发股份等方式筹措解决。土地银行在符合条件时也可以走向资本市场，发挥市场配置资源的基础作用。

关于农村土地银行的架构和设置模式，以现有全国性商业银行模式为参考，给农村土地银行颁发全国牌照，农村土地银行模式可以在全国范围内划区设立，同时实行两层分级制，区域性土地银行下设县级农地信用合作社。如有学者就认为，可以采用全国性和地方性结合的"两级模式"设置土地银行，即国家要建立土地银行——帮助农民集体实现土地所有权产权；农民集体要建立土地信用合作社——帮助

① 参见史卫民：《农地抵押贷款模式的比较考察与我国的路径选择》，载《现代经济探讨》2010 年第 9 期。

农户实现土地承包经营权产权。农民集体以土地所有权在国家土地银行抵押贷款，充实农民集体的土地信用社本金；农户以土地承包经营权在农民集体土地信用社抵押贷款，以充分实现农户土地权益。① 有学者认为，在借鉴国外土地金融制度时，我国可以采用政策性土地金融机构和专业性土地金融机构并存的模式，即国家土地银行和土地抵押合作社并存的模式。前者负责实施国家土地金融政策和为专业性土地金融机构提供指导和资金，后者负责农村土地经营权抵押等具体土地融资活动。② 但从整体来看，也是农村土地银行“两级模式”的思路。

另外，可以考虑农村土地银行未来的发展。设置股权架构时，在土地银行上层设立金融控股公司，与土地银行平行设置保险、证券等公司，并将此类公司的主营业务主要限定在为“三农”服务，实现金融控股公司层面的混业经营，增强农村土地银行的抗风险能力和竞争实力，也拓宽其未来发展前景。

应注重我国农村土地银行法律制度的可操作性，我国设立农村土地银行法律制度的路径需要经历区域试点—经验总结—全国立法的渐进过程。应先进行区域试点（如可以在中原经济区先试先行），试点阶段的农村土地银行的调整规范主要由地方性法规和规章、部委规章组成，时机成熟时再上升为国家立法。我国农村土地银行的业务范围应首先立足于土地经营权存贷，在此基础上渐进拓展土地使用权抵押、“三农”资金借贷、土地债券发行等业务。另外，诸如土地使用权确权及流转制度、土地经营权价值评估制度等相关制度的协同，也是影响我国农村土地银行法律制度可操作性的重要因素。同时，建立中介机构的入库规则，培养中介机构，吸引法律、会计、资产评估、担保、拍卖、招投标、公证等专业机构的加入，提高交易服务质量，满足以土地经营权为代表的各类农村集体土地权益流转和抵押融资的需求，发挥土地银行的作用，承担保护耕地、实现粮食安全的重任。

---

① 参见李昌平：《扩大农民地权》，载《中国土地》2008 年第 12 期。

② 参见童彬：《农村土地经营权抵押制度研究——以制度困境、主要模式、风险控制和处置机制为路径》，载《社会科学家》2014 年第 10 期。

## 第二节　农村土地银行功能定位

土地经营权抵押权的实现或抵押物的处置与抵押权的设置方式有关，围绕如何进一步完善农村土地经营权抵押贷款抵押土地处置机制、如何处置抵押土地、如何及时有效变现土地经营权，不少学者提出了组建抵押物经营公司和农村资产管理公司的建议，但并没有对其运营规则作出详细设计，也没有考虑到如何应对在土地再流转过程中可能遇到的问题。[①] 为破解土地经营权再流转困境，有学者主张设置一个专门的抵押物处理机构，负责抵押土地的经营管理，所产出的收益用来归还金融机构的贷款。关于抵押土地经营机构的设置给出了几种设想，具体如下：第一种，包括由政府部门依托农业科研院所组建政策性抵押土地经营机构；第二种，利用现有的农业服务体系作为抵押土地经营机构；第三种，组建新型农业经营主体协会作为抵押土地经营机构等。[②] 笔者认为，该文提出的三种设想，作为解决抵押物处置困境的思路有其合理之处，但方案存在较大的局限性，无法实际操作。首先，无论是农业科研院所、乡镇农服中心，还是新型农业经营主体协会，都不是经营性主体，不是管理土地经营权的合适人选；其次，土地经营权流转范围有限，流动性受到限制；再次，无法实现抵押和流转的低成本对接和便捷转换；最后，无法实现土地经营权的“通存通兑”、跨区域和跨不同身份主体间的流转。农村土地银行可以成为集土地经营权流转、收储、抵押、发债、融资担保等多种功能为一体的新型农村产权交易平台。

### 一、通过建立土地经营权“池子”防止农地闲置

建立土地经营权“池子”，遵循农业生产自然规律，防止农地闲置，缓冲农业生产经营风险。土地承包经营权抵押在实现时不能允许

---

① 参见仝爱华、姜丽丽：《农村土地经营权抵押贷款抵押土地处置机制探讨》，载《农村金融研究》2016 年第 10 期。

② 参见仝爱华、姜丽丽：《农村土地经营权抵押贷款抵押土地处置机制探讨》，载《农村金融研究》2016 年第 10 期。

抵押权人将承包经营权折价归己，这是实现土地资源的有效利用，防止土地闲置的需要。如果采用“折价归己”的办法实现抵押权，银行就会拥有大量农村土地，可是，根据我国现实的法律规定，银行不能从事投资，这样就势必造成大量农村土地的闲置。因此，只有通过市场方式，将抵押的土地承包经营权转让给有资格、有能力从事符合土地用途的经营活动的人，才能使土地资源得到有效利用。① 有研究主张，如农户不能按时还贷，信用社对抵押土地使用权可以依法进行处分。银行每年定期举行土地使用权拍卖大会，让愿意耕种的农民以竞价方式取得土地使用权，收回资金以偿还债务。②

## 二、通过资源整合实现土地经营权标准化

一是资源整合。农村土地银行通过规范管理，建立土地经营权标准化机制，通过互换、出租、转让、受让等方式对土地经营权进行整合。二是规范定价。建立统一的土地经营权价值评估体系，规范土地经营权价值评估，为土地经营权流转、抵押、出资、处置等法律活动提供定价依据。三是便捷流转。使土地经营权的流转更便捷，将原土地经营权流转中的“转让—受让”关系转变成“存—贷”关系，大大降低原来土地经营权“一对一”转让时的谈判成本。

## 三、适度集中土地经营权促进农业生产规模化

使农地集中连片，实现农业生产经营规模化。2017 年，中央一号文件《关于深入推进农业供给侧结构性改革加快培育农业农村发展新动能的若干意见》提出“积极发展适度规模经营”。大力培育新型农业经营主体和服务主体，通过经营权流转、股份合作、代耕代种、土地托管等多种方式，加快发展土地流转型、服务带动型等多种形式规模经营。积极引导农民在自愿基础上，通过村组内互换并地等方式，实现按户连片耕种。农村土地银行把“细碎”而又分散分布的土地经营

---

① 参见施晓琳：《论以土地承包经营权抵押为特征的金融制度》，载《南京农业大学学报（社会科学版）》2002 年第 3 期。

② 参见史卫民：《农地抵押贷款模式的比较考察与我国的路径选择》，载《现代经济探讨》2010 年第 9 期。

权整合为更大面积的土地经营权加以使用，为农业机械化和农业生产规模化打下基础。农业规模经营将大大减少单位面积农地的人力投入，增加技术与资本投入，提高单位产出，提升农业生产效益，改变传统农业的生产经营模式。借助机制体制设计，可以在不影响农民权益的情况下，既能实现规模化集约经营，又能避免出现因农村集体土地集聚可能带来的农民失业、社会稳定等方面的问题。带动农业生产经营下游相关农业生产服务行业及产业的发展，提升我国整个农业生产效率和农产品竞争力。

## 四、实现土地经营权由“特定物”向“种类物”转化

作为民事法律关系客体的物，根据不同的分类标准可以进行不同形式的分类，通说认为以物是否具有相互代替性为标准，可将其分为特定物和种类物。特定物是指具有独立特征，而不能以其他物代替的物种；种类物是指具有共同的属性，可以用品种、规格、度量衡加以计算确定的物，具有可代替性。[①] 经由农村土地银行，可以将土地经营权由原来的特定物变为种类物，重要的一点在于种类物的流通变得更为容易、更为简洁，改变原单块农地的区位劣势，单一农地从土地银行中取出，并不破坏其他农地的完整性。特定物和种类物在法律上的根本性区别决定了特定物之债和种类物之债在履行中的差异。种类物和特定物在债务履行的便利性上不一样，种类物之债的债务人只需于全体种类物中任取某个或者某些个别物体给付即可，而特定物之债的债务人必须给付已指定的特定物。[②] 将土地经营权由特定物转化成种类物，是保障土地经营权顺利实现大规模流转和抵押融资的前提，也是土地银行主要业务模式顺利开展的一种制度保障。

## 五、统筹实现土地经营权流转交易和抵押融资功能

农村土地银行可以统筹实现农地流转交易和抵押融资，改变现有

① 参见张晓都：《论特定物与不特定物、代替物与不代替物及相关法律问题》，载《现代法学》2000 年第 4 期。

② 参见张谷：《种类物与特定物的区别及意义》，载《人民法院报》2003 年 10 月 24 日，第 4 版。

的农村产权交易市场流转交易功能强、抵押融资功能弱或无的这样一种状况。原农村土地产权交易市场模式下流转交易为土地经营权人将土地经营权转让给第三人，取得流转收益。在农村土地银行模式下，转让人变成“存地”人，将土地经营权存入农村土地银行，获得利息收入。因为土地经营权是附期限的权利，两种模式的到期法律后果是相同的。也就是说，土地经营权从受让人手中或者从土地银行回归到转让人，进而回归到承包人手中。在抵押融资交易中，原模式是土地经营权人向他人主要是金融机构借款，以土地经营权为抵押物，到期还本付息，取回土地经营权；或者到期不能清偿，抵押权人行使抵押权、处置抵押物以变现，存在变现不易、成本高等问题。而在土地银行模式下，土地经营权人有资金需求时，将土地经营权存入土地银行，不从土地银行获得利息收入，而是从土地银行获得资金使用权。按照存地收益和资金使用费用之间的比较关系，如果存地收益高于资金使用费用，则土地经营权使用权人还可以从土地银行获得一部分土地经营权使用收益。如果存地收益低于资金使用费用，则土地经营权人应支付一部分资金使用费，不能再从土地银行要求存地收入。而在借款期间，土地银行可使用土地经营权，收益用以补偿其资金成本。若贷款到期后土地经营权人不能按时足额还本付息，则农村土地银行将继续使用或集中管理土地经营权，直至土地经营权收益足额抵偿所贷款项本息。结合土地经营权价值评估、抵押率等相关规范，使农村土地银行贷出资金风险可控，从而实现农村土地银行可持续经营与发展。相比原模式的抵押权实现、抵押物处置程序及效率而言，农村土地银行模式无疑较好地解决了原有模式土地经营权变现难、交易成本高、抵押物使用效率低等问题。

农村土地银行可以拓展土地经营权流转交易平台的功能。原农村产权交易市场或平台只提供交易机会、交易信息，土地经营权的流转交易是在转让方和受让方也就是第三人之间完成的，交易所或平台提供的是中介服务，并不参与交易。而在土地银行模式下，农村土地银行既是交易平台，也是交易主体，即土地银行既是交易机会的提供方，也是土地经营权交易的参与者，其角色可以是出让方，也可以是受让方。相较于原有模式，农村土地银行成为经营主体，市场化程度远高于原有农村产权交易平台。从本研究的调研统计情况看，现有平台多为非营利性的事业单位法人，延续的仍是准行政机构的管理和治理思路。而农村土地银行坚持的是服务和经营的理念，市场化程度的提高决定了农村土地银行的治理水平和治理能力将大大改善，运行效率也将大幅提升。

## 六、精准实施集体土地宏观调控政策

农村土地银行便于国家土地宏观调控政策的精准实施。例如，通过土地银行，国家可以采取财政手段、货币手段等对某一区域、行业、特定时期的农业生产经营活动进行调整。在坚持以市场化原则为主的前提下，发挥宏观调控手段的资源配置功能。从实践效果看，原有土地经营权抵押融资模式下的政府担保、风险补偿基金、农户联保等措施治标不治本，并没有从根本上消除金融机构的债权安全及抵押物处置等方面的顾虑。而在土地银行模式下，土地银行成为以市场化为主、政策性为辅的一个市场经营主体，“大数定律”和土地经营权“池子”可有效地抵御个别借款人到期不能清偿的风险，其关键是土地经营权在发挥能效。

## 七、平抑土地经营权市场供需

有学者认为，不允许抵押权人以折价方式实现抵押权是加强土地承包经营权流转的法律控制，维护地产市场的正常秩序的需要。如果允许银行通过实现抵押权将土地承包经营权折价归己，然后再行转让，就不能不允许他们待价而沽和采用种种协议安排。这就难免为从事地产投机的人提供了一条规避法律监督和控制的途径。另外，在农村，抵押土地承包经营权折价归己，还可能为土地兼并大开方便之门。因此，只有通过公正、公开的竞争方式，才可能将抵押的土地承包经营权纳入正常的流转渠道，从而保持地产市场的健康发展。① 一是因为土地银行的国有控股的股东及资本结构；二是因为土地银行兼具土地流

① 参见施晓琳：《论以土地承包经营权抵押为特征的金融制度》，载《南京农业大学学报（社会科学版）》2002 年第 3 期。

转抵押融资储备的功能。至于学者所言“维护地产市场的正常秩序”，则不在土地银行的职责范围和功能定位内。农地非农化是当事主体违反了农用地用途限制的规定，与土地经营权在哪个主体手中没有必然联系。但是，土地银行的规模、治理结构等因素可以保障土地银行经手的土地经营权不被擅自改变农业用途，保护耕地安全，国家有关部门也易于对其实施监管。而其他土地经营权主体在监管、规模效应、使用效率等方面都不具备土地银行的这种优势。

## 第三节　农村土地银行业务模式及交易规则

### 一、土地经营权存贷业务

土地经营权存贷业务也就是土地经营权流转业务。一方面，农村土地银行接受土地经营权人存入土地经营权，土地银行支付“存地”利息，土地经营权人获得“存地”收入。另一方面，当土地经营权人有扩大经营规模等各方面的需求时，可以从土地银行贷出土地经营权，向土地银行支付“贷地”费用。土地银行的“存贷地”业务类似于商业银行的存贷款业务，存入和到期取回的只是同类别或者是评估价值相同的土地经营权，而不是原承载土地经营权的特定地块儿，这样就解决了土地经营权的区位限制问题。关于农村土地银行“存贷”的品种，也就是它的具体经营品种，建议初期暂以土地经营权为主，运行一段时间后再逐步增加，比如，增加林权、海面经营权、集体经营性建设用地使用权、宅基地使用权等。但是宅基地使用权需要转化为集体经营性建设用地之后才可以纳入“存贷”范围。如前文所述，农村土地银行的“存贷”物是具有种类物属性的土地经营权，而不是特定物属性的土地经营权。也就是说，土地经营权人将土地经营权存入土地银行后，到期再取回的是与存入土地银行的土地经营权具有同样价值的一份土地经营权，不一定是同位置、同数量、同面积的土地经营权。同理，贷出土地经营权的“贷地”人归还土地银行的也不一定是原贷出的土地经营权，其地理位置、面积可能会发生变化，但其价值评估应当是一致的。除了土地银行收取一定的费用之外，存入与取出、贷出与归还的土地经营权在价值上也应体现对等。其中，土地经营权价值评估机制的作用就尤为关键和重要，其是开展土地经营权流转交易和抵押融资业务的基础，对农村集体土地权益的价值评估机构、评估规则、评估专业人员的要求提出了较高的标准。土地银行的存贷业务规则中应规定，为保证土地银行归还给土地经营权人的土地经营权不脱离其真实价值，避免侵害土地经营权人的利益，应赋予土地经营权人一定的权利。比如，土地经营权人在收到土地银行归还的土地经营权时，可以接受该土地经营权，也可以要求土地银行回购该土地经营权。一方面，以此保证土地经营权人利益在农地由特定物转化成种类物时不受损害；另一方面，也通过市场手段监督制约土地银行，督促其建立公平的交易规则，监督土地经营权评估机构评估价值公允。

## 二、土地经营权抵押融资业务

在传统土地经营权抵押贷款模式中，由于抵押的承包地面积小以及受田块区位影响，金融机构要及时流转抵押物是比较困难的。[①] 如果采用土地银行抵押融资模式，则可有效解决这一问题。贷款人将土地经营权存入土地银行，土地银行发放贷款，到期还本付息后土地经营权人可取回土地经营权。到期不能清偿的，土地银行将继续支配并使用土地经营权，以其收益优先偿还贷款本息直至清偿完毕。在原有土地经营权抵押融资模式下，抵押物在抵押人控制之下，土地经营权不转移占有，所以在抵押权实现时变现成本比较高。加上原金融机构业务限制，无法发挥土地经营权的使用权能并以其收益清偿贷款。而在土地银行模式下，土地经营权人将土地经营权存入土地银行，转移占有。也就是说，土地经营权的占有、使用由土地经营权人转移到土地银行名下，直至贷款本息全部清偿，土地经营权一直是在土地银行的控制之下，也一直处于发挥效能的状态之下，对于土地银行的贷款本息更有保障。如果土地经营权人是以经营土地、从事农业生产为目的而申请土地银行贷款，可以选择不将土地经营权存入土地银行，但是需要办理土地经营权抵押登记，以土地经营权为抵押物申请贷款。借

① 参见陈菁泉、付宗平：《农村土地经营权抵押融资风险形成及指标体系构建研究》，载《宏观经济研究》2016 年第 10 期。

款人也就是土地经营权人支付利息，继续占有并使用土地经营权，以用于抵押的土地经营权收益或者其他经济来源偿还土地银行的本息，到期清偿后抵押权解除。不能清偿时则土地银行行使抵押权，占有土地经营权并加以利用。这时土地经营权仍是一种附期限的权利，土地银行也只能在使用期限内占有并使用，使用期限届满或贷款本息清偿完毕后，需将土地经营权归还给原土地经营权人。有学者认为，可以借鉴德国农地抵押融资发展的经验，我国可以农村信用合作社为中心，一方面，向上联合成立土地抵押融资相关金融机构，并通过发行土地债券等方式为农村信用合作社提供资金帮助；另一方面，在农村信用合作社内部可以成立专门机构，专门负责土地承包经营权抵押融资业务。[①] 土地经营权的效用经由土地银行得到了发挥，这是土地银行模式与原有抵押融资模式的根本区别。原因在于，土地经营权是具有资产专用性的权利，如不能发挥其使用价值，则其交换价值也会丧失或受到严重影响。不能发挥土地经营权的使用效能，是原有抵押融资模式之下土地经营权抵押权难以实现的症结所在。而土地银行模式较为妥善地解决了这一问题，因此更具有适应性和生命力，对中国社会转型时期的农村土地问题也就有了更强的解释力。

转移抵押物占有并以抵押物的孳息清偿债务，即抵押权人在债务人届清偿期后，取得土地承包经营权，以自己代替原权利人行使的方式或采用雇佣他人经营的方式行使土地承包经营权，并在此基础上逐渐从年收益中扣除以清偿债务。[②] 有学者提出建立土地承包经营权抵押实现的变更机制，“土地流转中心可以应抵押权人的请求，将设定抵押的土地承包经营权挂牌交易，所得价款优先偿还抵押权人之借款，剩余的返还给抵押人。这种变更机制，在符合土地管制和不改变集体土地所有权的前提下，由新的土地经营人经营土地并履行还款义务，相当于以出租、转包的方式实现抵押权。这种方式坚持了我国农村以家庭承包为基础的双层经营体制，又不会对设定抵押的农户的土地承包

---

① 参见惠献波：《我国农地抵押融资实践及制度构建——基于德国经验的启示》，载《西华大学学报（哲学社会科学版）》2014 年第 2 期。

② 参见庞敏英、张生旭：《土地承包经营权抵押可行性探究》，载《河北法学》2004 年第 4 期。

经营权形成永久性的侵害”。[①] 笔者认为，该方式还是一种抵押物处置的传统方式，并未体现出变更之处。但该处强调了健全的土地经营权流转市场或交易平台的重要性，不然土地经营权挂牌交易后无法成交或者无法及时成交，会影响抵押权人的利益。

## 三、土地经营权托管业务

大量土地经营权存入土地银行，沉淀后形成一个巨大的土地经营权“池子”。接受土地经营权存入时，土地银行可以设置一定的使用期限门槛，避免短期行为。然后根据土地经营权的不同使用期限，对细碎、分散的农用地，通过互换或是流转加以整合实现规模化，以发挥土地经营权的规模效应。同时建立入库机制，引入中介机构为土地银行各项业务的当事人提供服务，其中包括土地经营权及其他农村集体土地权益价值评估机构，互换和流转以土地经营权评估价值为基准。土地银行可以实施集体土地经营权托管业务，土地经营权托管构建了良好的土地抵押价值评估机制，提高了标的物的违约处置能力，破解了农地收益抵押中的核心问题。农地收益抵押满足了参与土地托管农户的资金需求，保障了土地经营权托管合约的稳定性。土地经营权托管和土地收益抵押能够协同发展，就能够克服和解决我国农地问题当中的农业规模经营和农地金融问题，实现农业规模经营，撬动农地财产权。[②]

## 四、土地经营权回购及收储业务

土地经营权的回购及收储与土地经营权“存贷”业务类似但又不完全相同，表现在：存入人和贷出人不相同、存入和贷出的时间节点有一定跨度。理论上应是先有土地经营权存入行为，积淀产生土地经营权“池子”，贷出人才能从池中贷出土地经营权。当然也不绝对，不排除土地银行在接受土地经营权存入前以自营土地经营权从事“贷地”

① 参见周维德：《农村土地承包经营权抵押：困惑及实现》，载《广西社会科学》2014 年第 11 期。

② 参见胡凌啸、顾庆康：《土地托管与农地收益抵押的协同发展研究》，载《农村经济》2019 年第 12 期。

业务，土地银行自营土地经营权就源自回购或者受让。土地经营权回购是指土地银行作为土地金融机构接受土地经营权存入，到期归还土地经营权，鉴于归还的是种类物，为保证公允性，法律或政策应赋予土地经营权人回购请求权，即土地经营权人有权要求土地银行以同价回购土地经营权。回购业务可以增加土地银行的土地经营权“池子”容量，提供“贷地”来源，增加土地银行自营土地经营权的规模。但是它会减少土地银行的货币资金，对其经营也会产生一定的资金压力，这就需要土地银行在实际经营运作过程中依靠市场手段募集资金。

农村土地银行回购土地经营权采用发债回购模式。“法律应设定在拍卖清偿程序之前给予债务人宽限期。目的是让债务人在宽限时间内动用各种资源来逐步解决其无力还贷的问题。如果宽限期届满后，仍然难以清偿贷款，抵押权人——银行可以要求贷款农民所在的村集体经济组织以合理的价格回购所抵押的宅基地。这样既降低了银行的资金风险，又给了农村集体经济组织收回集体土地的机会。”① 笔者认为，该文思路可以借鉴，但有回购人和回购标的两方面的原因：一方面，该方案不具有可操作性。无法解决以下问题：集体经济组织回购资金来源？集体经济组织回购后宅基地去向？宅基地由集体经济组织无偿分配给农户使用，却要有偿回购，权利义务不对等，与法理不符。另一方面，在借贷合同和抵押合同之外，为集体经济组织设定义务，与合同的相对性不符，回购到底是集体经济组织的权利还是义务？但该思路在土地经营权抵押融资中却有适用空间，农村土地银行发行债券，筹得资金，用以回购抵押权人手中的土地经营权，可以解决资金来源、回购后土地经营权去向、有偿性、权利义务对等、系统性合同权益设计等问题。

“探索抵押农地的价值实现机制。建议通过发行农地抵押相关债券，便于农地的回购与流转等操作，实现农地抵押价值，同时，也减少银行因为抵押品价值难实现而造成的风险。”② 农村土地银行通过发

---

① 吕军书、豆芳芳：《农村宅基地使用权抵押流转的路径选择——基于河南省新乡市190家农户的调查》，载《吉首大学学报（社会科学版）》2014年第2期。

② 陈菁泉、付宗平：《农村土地经营权抵押融资风险形成及指标体系构建研究》，载《宏观经济研究》2016年第10期。

行债券筹集资金，用于回购金融机构的抵押物，即土地经营权，助其实现抵押权。农业现代化需要中长期资金的支持，土地经营权在较长的承包期限内，更适合作为中长期农业融资的抵押物。土地银行购买其他商业银行的土地经营权抵押贷款抵押物，可以解除商业银行向农户放贷的后顾之忧，激励商业银行介入土地经营权抵押融资中，增加信贷供给。土地银行因自营土地经营权抵押贷款业务而接受的抵押物可以和购入的商业银行土地经营权抵押物合并打包，将抵押物证券化后发行债券以吸引公众投资，缓解土地银行资金压力，增大放贷额。该模式的风险在于，在整个资金链条中，商业银行、土地银行、债券投资人的收益均来自土地经营权抵押贷款人支付的利息。如果借款人不能按时还本付息，则土地银行就无法支付债券到期本息，可能会引发连锁债务危机。

## 五、土地经营权流转及流转中介业务

农村土地银行作为交易主体参与土地经营权的流转，其作为转让方或者受让方参与土地经营权交易，与土地经营权存贷业务同样存在区别。存贷业务是土地银行作为中间商被动接受土地经营权存入或贷出的申请，其盈利模式是土地经营权的存贷差，与现有商业银行货币存款贷出业务模式相似。在参与土地经营权流转后，土地银行也是交易的一方，按照土地银行业务和经营需要，主动买入或卖出持有的土地经营权，调节货币资金和土地经营权资产比例和结构，以应对申请人“贷地”或借款的不同需求。在原模式下，土地经营权到期“回弹”至承包权，与土地承包权合二为一。土地经营权从特定物转化成种类物之后，土地经营权和承包权无法实现一一对应，原有的如同“剑归鞘”一般契合的关系被打破，危及承包权人的利益，承包权的社会保障和满足社会公平诉求功能无法发挥。这一问题能否解决是土地经营权从特定物转化成种类物能否成功的一个关键。笔者认为，土地经营权存入土地银行后，到期后土地经营权人取回的不再是与原承包权配套的土地经营权，只是价值上同等的土地经营权。基本的解决思路是可以从制度设计入手，既然土地经营权借助土地银行实现了由数量和地理位置的“同质”存入到土地经营权评估价值的“同价”返还，承包权是成员权，是一种身份权利，具体来说是基于某一集体经济组织成员身份而享有的权利。那么，按照这一思路，为适应土地经营权由特定物到种类物转换的需要，扩大集体经济组织的范围是一个可行的方法。具体来说，就是允许集体经济组织成员身份具有更大范围的适用性和通用性，由原来局限于一组、一村、一乡（镇），根据需要扩展到一县、一市乃至一省，在具备条件的情况下，可以具有全国通用性，不改变其成员权的内涵，也不影响其成员权的权能，扩大其成员权的范围。这样一方面可以满足土地经营权“存贷”及流转的需要，另一方面也可以基本涵盖土地经营权流转的区域，克服单一地块儿或少量土地经营权地理区位的局限。

土地银行还可以利用其信息优势和技术优势以及区域辐射力，为土地经营权交易提供中介服务，促使土地经营权流转双方交易，其盈利模式主要是收取中介费。

## 六、土地经营权自营业务

土地银行可以利用自营或者是沉淀的土地经营权从事农、林、牧、渔等与农业相关的生产经营活动。当然，前提是不改变土地经营权的用途。虽然相对于土地经营权的存贷业务来说，土地银行的农业生产业务似乎偏离主业，实则不然。其作用在于，土地银行从事农业生产经营业务可以真正发挥土地经营权的使用价值，另外，在使用的过程当中，也可以对土地经营权的评估价值加以检验，从而能够对土地经营权的使用价值作出一个更为公道的评价。就土地经营权而言，无论是以何种方式沉淀于土地银行的，由于土地经营权已经实现种类化，土地银行不用担心某一地块儿到期而影响其农业生产。在留足备用土地经营权的情况下，暂不贷出的土地经营权可以用来从事农、林、牧、渔等生产经营，以调节土地经营权闲置时间，因应农时要求。另外，考虑土地银行的性质和功能定位，对其农业生产自营业务量应当有一定的限制，不能超过土地经营权存贷业务的1/3。如果说土地银行的主营业务变成了种植、养殖等农业生产，那就偏离了设立土地银行的初衷，影响其从事土地经营权存贷等主营业务。结合农业生产经营的特点，土地银行要考虑各项业务安排的长期性、前瞻性及相对的稳定性。

1995年《商业银行法》第42条第2款规定："……商业银行因行使抵押权、质权而取得的不动产或者股票，应当自取得之日起一年内予以处分。"第43条第1款规定："商业银行在中华人民共和国境内不得从事信托投资和股票业务，不得投资于非自用不动产。"其立法本意在于督促银行在清收不良资产时，尽快变现因行使抵押权所取得的不动产，避免出现银行通过行使抵押权的方式违反第43条关于限制商业银行投资于企业及非自用不动产的情况出现。关于金融机构自身不能自营不动产的规定，在实务中争议颇多。有研究认为，因土地经营权处置困难，一旦债务人不能按时还债，抵押权人将无法及时变现以清偿债权，而作为金融机构的抵押权人自身又不能自营土地，土地抵押变现的周期长与农业生产的季节性短之矛盾，将不可避免地导致土地荒芜、闲置等现象发生。① 曾有人大代表提出修改议案，建议商业银行在处置不良资产过程中因抵债而取得的不动产，不受《商业银行法》第43条的限制，赋予商业银行对所收取的抵债资产以相对自由的处置权。② 2003年《商业银行法》第一次修正，将第42条第2款改为："……商业银行因行使抵押权、质权而取得的不动产或者股权，应当自取得之日起二年内予以处分。"将第43条改为："商业银行在中华人民共和国境内不得从事信托投资和证券经营业务，不得向非自用不动产投资或者向非银行金融机构和企业投资，但国家另有规定的除外。"2015年《商业银行法》第二次修正延续了以上规定。2020年10月16日，中国人民银行《商业银行法（修改建议稿）》第61条第2款规定："……商业银行因行使抵押权、质权而取得的不动产或者股权，应当自取得之日起五年内予以处分。"由此可以看出，立法机关对金融机构的实践需求给予了及时回应，延长了金融机构因行使担保权而取得的不动产的处置时限，同时预留了"制度接口"。成立农村土地银行，在制度层面，可以由国务院根据《商业银行法》第43条的授权性规定，出台行政法规，适当突破《商业银行法》对农村土地银行的限

---

① 参见左平良、余光辉：《土地承包经营权抵押与农村金融担保制度创新》，载《学术论坛》2005年第8期。

② 参见马蔚华：《关于修改〈中华人民共和国商业银行法〉的议案》，载《中国金融家》2003年第2期。

制性规定。有研究认为，新发展理念要求商业银行从单纯以利润最大化为目标的市场主体，转变成兼顾整个社会和谐与可持续发展的市场主体。只有这样，其角色以及在社会经济发展中的作用才符合商业银行所占据的资源、地位等优势，[1] 农村土地银行的设立及其运行也应反映新发展理念。

## 七、土地银行对外投资业务

土地银行可以对外进行投资。2016 年，中共中央办公厅、国务院办公厅《关于完善农村土地所有权承包权经营权分置办法的意见》提出，要逐步完善“三权”关系，开展土地经营权入股农业产业化经营等试点。土地银行可以独资、合资或联营的方式，以土地经营权出资，作为有限合伙人或股东设立合伙或公司等形态的企业。但是按照法律规定，不能成为承担无限连带责任的出资人。土地银行以土地经营权出资，还可以与大型农业类专业公司成立合作公司，或者以联营机制，参与农业生产。2018 年，农业农村部、国家发展改革委等六部委发布《关于开展土地经营权入股发展农业产业化经营试点的指导意见》（农产发〔2018〕4 号），强调土地经营权入股是用活土地经营权的有效形式，推行土地经营权入股，是深化农村土地制度改革的重要措施。土地经营权入股龙头企业和作价出资农民专业合作社，使农民拥有更多的流转方式选择，让农民分享农业全产业链利润，拓展农民财产性收入来源。同时，也让龙头企业、农民专业合作社获得土地经营权，在更大范围、更高层次上推进农业产业化经营。土地经营权入股是促进适度规模经营的重要途径，土地经营权入股，便于土地集中连片，实现规模化经营、标准化生产；便于培育开展适度规模经营的龙头企业和农民专业合作社，为其发展提供物质条件；便于促进农户、家庭农场、龙头企业、农民专业合作社之间构建优势互补、利益共享、风险共担的联结机制，促进适度规模经营的长期稳定，实现小农户和现代农业发展有机衔接，创新土地经营权入股的实现形式。根据公司股东、

---

① 参见刘志云、史欣媛：《新发展理念与〈商业银行法〉的修改》，载《财经法学》2021 年第 4 期。

农民专业合作社成员等各方的意愿和要求，合理确定土地经营权入股的形式，培育一批以土地经营权出资发展农业产业化经营的公司、农民专业合作社。

关于土地经营权入股、金融机构债转股模式，党的十八届三中全会就已提出允许农民以土地经营权入股发展农业产业化经营，[①] 国家将“三权分置”法治化，将部分成熟稳定的政策转化成法律，保障相关政策顺利推行。其中就包括2017年发布的《农民专业合作社法》，该法规定土地经营权可以作为农民专业合作社出资方式之一；对土地经营权入股的重要意义、基本原则和工作重点进行了政策性总结与引导，进一步深化了土地经营权入股改革。2018年《农村土地承包法》修正案将土地经营权法治化，对土地经营权入股作出明确规定。国家对土地经营权入股的立法采取了“确定性条款”与“授权性条款”相结合的模式。[②]

2018年7月1日实施的《农业专业合作社法》（2017年修正）、2019年1月1日实施的《农村土地承包法》（2018年修正）和2020年5月通过的《民法典》等三部法律，标志着农地权利“三权分置”政策已经转化为实定法，赋予了土地经营权以及土地经营权入股的合法性地位。[③]

土地经营权入股价值评估机制不完善是土地经营权入股制度中的弊端所在。地方性法规对土地经营权入股作价机制的具体操作也比较少，《公司法》仅对非货币财产作价评估标准作了规定，《农民专业合作社登记管理条例》（已失效）第8条和《农民专业合作社示范章程》（已失效）第38条也仅就农民专业合作社成员以非货币财产出资需要评估提出要求，并未对其价值评估规则予以规定。土地经营权入股的作价评估机制主要分成两种，一种是由农民专业合作社组织相关人员按照程序自行评估。如浙江省《农村土地承包经营权作价出资农民专

---

① 参见文龙娇、马昊天：《农村土地经营权入股模式比较与路径优化研究》，载《农业经济》2020年第11期。

② 参见荣振华：《农民理性对土地经营权入股决策及制度建构影响——以2018年〈农村土地承包法〉为分析对象》，载《重庆大学学报（社会科学版）》2020年第1期。

③ 参见王琳琳：《土地经营权入股法律问题研究》，载《中国政法大学学报》2020年第6期。

业合作社登记暂行办法》规定，以农村土地经营权作价出资的，由全体社员评估作价。另一种是委托专业评估机构进行评估。如成都市规定由农业管理部门建立土地经营权作价评估机构名录库，按照政府采购方式确定评估机构，由评估机构评估确定基准评估价格和流转价格，评估费用参照国家关于土地价格评估收费的通知。从目前实践中的常用做法来看，基本采用了股东在章程中自愿协商约定的方式进行价格评估，没有通过第三方评估机构进行评估。随着农业产业化、市场化的水平不断提高，由章程约定在合作社内部作价评估的办法的局限性逐步显现，无法应对现实中遇到的入股公司债权人利益保护问题。淄博市《农村土地承包经营权价值评估办法（试行）》中规定了土地经营权的总价值标准，即总价值 = 年均价值 × 土地面积 × 经营期限 + 土地附着物价值，同时规定由专业技术人员、农村实用人才和乡村干部组成评估小组，根据近三年当地主要农作物平均产量和平均价格计算土地年均价值。总体来说，土地经营权入股存在法律供给不足的问题。①

有研究认为，土地经营权入股要按照中央政策规定，实行“保底收益 + 按股分红”的模式，保底收益是实现土地经营权社会保障功能的一种选择，但是保底收益属于政策用语，而非法律用语，有必要为其寻求法律层面的一个实现路径。从保障农民股东权益的角度出发，可在土地经营权入股公司时实行优先股制度，以保证土地经营权入股的收益。②

中央政策提出探索优先股，让农民在让渡公司经营决策权的同时优先享有分红权利，以土地经营权入股，要求这一部分入股的土地经营权享有优先股。鼓励地方创新土地经营权入股的方式，指明了一些创新的方法，如农户的土地经营权可以直接对公司和农业专业合作社出资，也可以先出资设立农业专业合作社，再由农业专业合作社以土地经营权出资设立或者入股公司。③

① 参见王琳琳：《土地经营权入股法律问题研究》，载《中国政法大学学报》2020年第6期。

② 参见梁清华、王洲：《论土地经营权入股保底收益的法律实现路径》，载《宏观经济研究》2020年第6期。

③ 参见徐刚：《探索土地经营权用活放活新路径——六部委关于开展土地经营权入股发展农业产业化经营试点的指导意见解读》，载《农村经营管理》2019年第1期。

## 八、土地银行存贷款业务

土地银行可以从事存贷款业务。但与土地银行从事农业生产自营受限道理相同，也要控制土地银行存贷款业务额度，合理设置存贷款业务的比例，不超过“存贷”地业务的一定限额，防止土地银行异化为普通的商业银行，脱离设置土地银行为农业、农村、农民服务的根本宗旨。

## 九、土地银行融资担保业务

土地银行可以从事担保业务，为土地经营权人向其他商业银行或者民商事主体借款提供担保，同时接受土地经营权人以土地经营权为抵押物设立的反担保。土地经营权人到期履行债务，则土地银行的担保及土地经营权人的反担保自然解除，土地银行赚取担保费。如果土地经营权人到期不能清偿债务，则土地银行在承担担保责任后可以向土地经营权人追偿，土地经营权人应当向土地银行偿还，偿还后反担保解除。如果不能偿还，土地银行可以行使抵押权，占有并使用土地经营权，以其收益偿还代为履行的债务，直至全部清偿才将土地经营权返还土地经营权人。

# 第九章　土地经营权抵押权实现机制的制度协同

有研究从微观、中观、宏观三个方面对域外立法例中的农地抵押融资运行模式进行了对比，认为农地抵押融资制度成功的关键主要得益于因地制宜的农地金融制度和农地金融机构设置以及农地估价体系和完善的配套保障体系。[①] 土地经营权抵押融资制度不仅在于其本身的创新，而且有赖于相关配套制度的构建。[②] 完善农村土地经营权确权、抵押登记、价值评估等配套措施，解决实践中存在的政策与法律不协调现象，实现与其他制度的协同配合，从而保证抵押权实现机制的实施效果。

## 第一节　土地经营权抵押权实现机制制度协同的必要性

### 一、实施乡村振兴战略的要求

土地是城乡经济发展的核心要素，“三权分置”政策已经成为实定法，乡村振兴成为国家战略，[③] 集体土地经营权制度问题的逻辑起点已

---

① 参见罗剑朝、庸晖、庞玺成：《农地抵押融资运行模式国际比较及其启示》，载《中国农村经济》2015 年第 3 期。

② 参见史卫民：《农地抵押贷款模式的比较考察与我国的路径选择》，载《现代经济探讨》2010 年第 9 期。

③ 党的十九大报告提出要实施乡村振兴战略；2018 年 9 月，中共中央、国务院印发《乡村振兴战略规划（2018—2022 年）》；2021 年，中共中央国务院发布中央一号文件《关于全面推进乡村振兴加快农业农村现代化的意见》；2021 年 2 月 25 日，国家乡村振兴局正式挂牌；2021 年 4 月 29 日，全国人大常委会通过《乡村振兴促进法》。

经发生根本变化。2021 年中国土地学会学术年会就将“推进土地制度创新，助力乡村振兴”设为年会主题，凸显了农村土地制度改革创新在乡村振兴中的重要作用以及乡村振兴战略对农地产权制度改革的指导意义。土地经营权使用制度改革的目的，就是要破解“农地金融困境”。结合我国土地制度现状及土地经营权流转实践，笔者认为，土地经营权抵押融资制度的完善，需要立足于乡村振兴背景，无论是地方立法还是全国统一立法，都需以破解“农地金融困境”为根本任务，注重新旧制度间的衔接以及现行土地经营权相关制度间的协同；总结借鉴地方和基层土地经营权抵押融资经验，逐步提升立法层次，扩大规范适用范围，使风险可控；参照我国立法惯例，实行土地经营权抵押融资立法的“统分结合”，即由全国性的法律或行政法规对土地经营权抵押融资的基本问题作出原则性规定，① 同时授权地方根据实际出台实施细则，照顾地区差异性。最终，形成包括《宪法》《民法典》《农村土地承包法》《土地管理法》以及国务院行政法规、部委规章和地方规范在内的、完善的土地经营权抵押融资制度体系。在乡村振兴背景下，土地经营权制度改革总的价值目标应为土地资源的高效利用。以上目标明确而具体，不能一蹴而就，只有在乡村振兴背景下所进行的土地经营权制度创新才不至于出现方向性错误。提出一个更为彻底的土地经营权抵押融资改革目标是相对容易的，但将此目标予以推行、实现预期效果却很困难，其原因就在于土地经营权抵押融资制度需要与相关制度协调和衔接，找到最佳制度结合点，降低制度变革成本，提高制度效益。有很多学者意识到土地经营权抵押融资制度协同的重要性，认为制度创新能否被加以确立并在全国施行，强劲的支撑体系不可或缺，农村土地产权制度改革不能孤立进行，须有相应的制度环境配套。

笔者认同以上观点，必须把土地经营权抵押融资制度以及各相关

① 例如，为依法稳妥推进土地经营权抵押贷款试点，国务院于 2015 年发布《关于开展农村承包土地的经营权和农民住房财产权抵押贷款试点的指导意见》（国发〔2015〕45 号）；全国人大常委会 2015 年通过《关于授权国务院在北京市大兴区等 232 个试点县（市、区）、天津市蓟县等 59 个试点县（市、区）行政区域分别暂时调整实施有关法律规定的决定》；中国人民银行、原银监会、原保监会、财政部、原农业部 2016 年印发《农村承包土地的经营权抵押贷款试点暂行办法》（银发〔2016〕79 号）。

制度作为一个整体问题对待，将其置于乡村振兴的大背景下。而统领“三农”工作的乡村振兴战略，可以分为两个完全不同的阶段，第一个阶段是保护型城乡“二元”结构末期的乡村振兴，这是乡村振兴的初级阶段；第二个阶段是城乡一体时期的乡村振兴，这是乡村振兴的高级阶段。① 一方面，乡村振兴战略决定了土地经营权抵押融资制度改革的渐进性。土地经营权制度的渐进改革需要经由地方试点—实践检验—全国推行的过程，不同阶段的目标也不同，应确立合适的近、中、远期建设用地改革目标。有学者认为，“面临法律与现实的多重约束决定了农地抵押制度改革只能是一个渐进式改革”。②“在我国改革开放的实践历程中，形成了实践先行（探索）、政策指引（确认）和法律跟进（兜底）制度演进模式。这种模式因人民群众的首创精神、党领导国家的政治基础、社会改革的破旧立新和社会治理的不规范性而有其正当性、合理性。这意味着，我国承认和尊重社会实践，注重政策反馈的及时性和引领性特点，注意法律的稳定性和滞后性特点。”③ 笔者赞同这种观点，这种模式在农村土地抵押融资制度改革探索、总结推广、制度变迁中得到了最为充分的表现。另一方面，乡村振兴战略决定了土地经营权抵押融资制度改革的地区差异性，我国东、中、西部地区经济发展水平差异较大，而地方经济发展水平是土地经营权抵押融资需求的主要影响因素，加上不同地区的资源差异，应在地区间实行差异化的土地经营权抵押融资政策。

## 二、推进农地“三权分置”改革的要求

2016年中共中央办公厅、国务院办公厅发布《关于完善农村土地所有权承包权经营权分置办法的意见》，提出要逐步完善“三权”关系，完善“三权分置”法律法规，开展土地经营权抵押贷款、土地经营权入股农业产业化经营等试点，总结形成可推广、可复制的做法和

① 参见贺雪峰：《城乡关系变动与乡村振兴的阶段》，载《贵州社会科学》2021年第8期。

② 郭家虎、于爱芝：《土地承包经营权抵押制度创新的约束条件及破解》，载《财政研究》2010年第5期。

③ 耿卓：《农地三权分置改革中土地经营权的法理反思与制度回应》，载《法学家》2017年第5期。

经验，在此基础上完善法律制度，研究健全农村土地经营权流转、抵押贷款的具体办法。“三权分置”改革是对我国结构变革环境下人地关系和经营主体变化的回应，制度协同是实施“三权分置”改革的必然要求。农地“三权分置”之后，所有权、承包权、经营权在功能定位、权利界限、权利内涵等方面均存在不同，分置后“三权”的相互关系决定了三种权利自身就有协同的需求。另外，在“三权分置”背景下，土地经营权抵押融资制度，尤其是土地经营权抵押权实现制度与相关制度之间也需要统一、协调和互动。土地经营权抵押融资是新一轮土地制度改革的重要内容，但仅在法律上将农业经营主体的权利定名为土地经营权，尚不足以实现“三权分置”政策“放活经营权”的预期目标，其关键在于构建具有相当的稳定性、效力更强、相对独立的土地经营权制度，以使权利主体获得稳定的经营预期。① 有学者对土地经营权抵押融资需求意愿进行了调研，结果表明有54.80%的被调查对象不愿意以土地经营权抵押融资，② 其中有46.98%的被调查者是因为“对政策不了解、担心失去土地”。由此可见，欲实现“放活土地经营权”的政策目的，必须保证在其实施过程中通过相关制度设计“落实集体所有权”“稳定农户承包权”。因此，土地经营权抵押融资配套制度是否健全就成为能否“放活土地经营权”的关键，只有在完善的配套制度保障下，中央“三权分置”政策的制度效力和红利才能够逐步释放，从而推动农村经济的发展。

## 三、完善农村产权法律制度的要求

土地经营权抵押融资试点为学界所肯定，但地方试点的流转规范与我国农地抵押融资实践需要之间的矛盾也有目共睹。据笔者粗略统计，近年“两会”期间，每年都有涉及完善土地经营权立法的提案，民盟、民进、民革等民主党派都曾提交相关提案，建议以立法形式推进农地抵押融资改革。“一项具体的法律制度设计除了要体现公平、公

---

① 参见高圣平：《土地经营权的设权与赋权》，载《光明日报》2019年2月12日，第11版。

② 参见于丽红、陈晋丽、兰庆高：《农户农村土地经营权抵押融资需求意愿分析——基于辽宁省385个农户的调查》，载《农业经济问题》2014年第3期。

正等法的一般价值之外，也会有其相对特定的价值追求。这种价值追求往往通过权利赋予的形式具体化为对特定利益的特别保护，保护的抽象意义可以称为制度功能，保护的具体意义则表现为该权利所被赋予的相应法律权能。从立法技术上说，一项制度如果是为了创设或赋予一种权利，那么其制度功能和法律权能应当在服务于特定价值追求的基础上相互协调。”① 将土地经营权明确为法定权利只是解决问题的开始，制度的有效运行还需要构建配套“制度群”。② 笔者认为，“制度群”强调的就是制度的完善性和制度间的协调性，构建土地经营权抵押融资的协同机制是抵押权实现机制有效运行的保障。农村产权抵押融资是一项复杂的系统工程，至少需要交易平台、评估机构、商业银行、保险机构、颁证机构、农村经营主体等分别提供产权流转、产权定价、产权融资、分担风险、权利公示以及产权要素等。③ 还需要通盘考虑农村土地经营权抵押融资配套的相关专业化服务机构建设，如农村信用社、土地抵押公司、担保公司、土地产权交易所、产权价值评估机构，只有完善配套的机构，为农地经营权抵押贷款提供全方位服务，才能带动农村土地经营权抵押贷款的全面发展。④ 有研究表明，制度层面的不确定因素是影响农村土地经营权抵押融资的最大潜在风险，因此，完善相关配套措施对于推进农地“三权分置”、实现土地经营权抵押权至关重要。

关于土地经营权抵押流转制度的完善路径，学术界存在不同认识，有的认为应以地方立法方式规范土地经营权抵押流转，有的认为应出台全国统一的土地经营权抵押流转法律。政策与法律是现代社会的两种主要治理方式和正式制度安排，但二者在制定主体、制定程序、规范形式、调整范围以及稳定性等方面存在明显差异，政策对法律具有

① 参见赵万一、汪青松：《土地承包经营权的功能转型及权能实现——基于农村社会管理创新的视角》，载《法学研究》2014 年第 1 期。

② 参见赵万一、汪青松：《土地承包经营权的功能转型及权能实现——基于农村社会管理创新的视角》，载《法学研究》2014 年第 1 期。

③ 参见中国农业银行湖北省分行课题组、朱正罡、黄利荣：《中国农村产权交易所运作模式比较研究——基于农村产权抵押融资的视角》，载《农村金融研究》2014 年第 6 期。

④ 参见陈菁泉、付宗平：《农村土地经营权抵押融资风险形成及指标体系构建研究》，载《宏观经济研究》2016 年第 10 期。

引导作用。① 在我国土地法律制度的演进过程中，往往都是先有实践中自发的探索，政府主管部门再试点铺开，形成党的文件后，再启动法律的制定和修改。② 这种制度变迁的过程有其合理性，能够满足农村土地制度、农村社会经济发展的需要。完善土地经营权抵押权实现机制，应坚持科学立法，以提高交易效率、降低交易成本为原则，适时修订相关法律法规。2015 年 8 月 10 日，国务院发布《关于开展农村承包土地的经营权和农民住房财产权抵押贷款试点的指导意见》（国发〔2015〕45 号），③ 全国人大常委会授权在“两权”抵押贷款试点县（市、区）暂时调整实施有关集体所有的耕地使用权、宅基地使用权不得抵押的规定，为试点地区稳妥推进“两权”抵押融资奠定法律基础。④ 2016 年 5 月 13 日，原银监会和原国土资源部联合印发《农村集体经营性建设用地使用权抵押贷款管理暂行办法》（银监发〔2016〕26 号，已失效），明确了 15 个市（县）试点。2017 年 11 月 23 日，农村集体经营性建设用地使用权抵押贷款试点扩大至 33 个县（市、区），中央政策放开了集体建设用地抵押融资。⑤ 一个大格局的集体土地用益物权抵押制度体系在顶层设计层面已经成为清晰目标，⑥ 所需的是试点探索、实践经验积累、理论提升、立法完善的循序渐进过程。制度会

---

① 参见张俊：《论改革开放后党的三农政策的法治化进程》，载《农业经济》2010 年第 7 期；耿卓：《农民土地财产权保护的观念转变及其立法回应——以农村集体经济有效实现为视角》，载《法学研究》2014 年第 5 期。

② 参见高圣平：《新型农业经营体系下农地产权结构的法律逻辑》，载《法学研究》2014 年第 4 期。

③ 载农业农村部网，http：//www. moa. gov. cn/nybgb/2015/jiuqi/201712/t20171219_ 6103767. htm。

④ 参见李伟、牛玉莲：《“两权”抵押贷款抵押物流转处置问题的思考》，载《清华金融评论》2016 年第 10 期。

⑤ 载中央人民政府网，http：//www. gov. cn/xinwen/2017 - 11/24/content_ 5241862. htm。

⑥ 在地方试点及理论研究中，关于集体土地用益物权的称呼不一，有的称为“农村资产”、“农地产权”或“农村产权”；有的根据权利涵盖范围称为“两权”（农村土地承包经营权、农村居民房屋所有权）、“三权”（农村土地承包经营权、农村居民房屋所有权、林权）或“四权”（农村土地承包经营权、集体建设用地使用权、农村居民房屋所有权、林权）。笔者认为，不管是农民、农业还是农村问题，最根本、最核心的都是农地产权问题，是人—地关系问题，农地制度是产生所有涉农问题的原因，也是解决该类问题的关键。甚至有学者认为“三农”的说法不准确，应该是“四农”，还要加上农地。参见江平等：《土地流转制度创新六人谈——重庆土地新政争议引出的思考讨论》，载《河

随着实践而完善，立法文件效力等级会逐步提升，制度适用范围逐步扩大，逐步形成全国适用的集体土地用益物权抵押融资普遍性立法。应结合土地经营权的本质属性，从我国“三农”实际出发，构建农村土地经营权抵押权实现法律制度，对抵押权实现的条件、方式以及受让人身份和资格、价值评估等方面作出科学的规范。[①]考虑到农村土地制度改革的重要性和复杂性，制定规范时不可急于求成，建议先由国务院制定统一的农村集体土地用益物权抵押融资管理办法，专章就农村土地经营权抵押权的实现作出规定，建立便捷高效、公平有序的农村土地抵押权实现机制，并为全国立法提供规范样本。笔者估计，如果能在2030年前后形成完善而又相对稳定的集体土地用益物权抵押融资制度体系，就已经是我国集体土地制度改革的重大成就。

## 四、保护农地及农民土地权益的要求

土地经营权制度改革涉及诸多因素。一方面，由于建设用地和农用地的转换关系，土地经营权的流转就与耕地保护和国家粮食安全紧密相关。曾经有学者认为“粮食的产量与耕地数量无关，而是与农民种粮食是否有收益相关，换句话说，粮食的安全性只与价格相关”；“我国不需要18亿亩耕地红线，国外对农业进行补贴，进口低价粮食对中国反而有利”。[②]笔者认为，上述学者的观点是一个十分危险的信号，国内很多学者，如陈锡文、李昌平、贺雪峰等对此坚决反对。土地用途管制是世界上很多国家和地区广泛采用的土地利用管理制度。

---

南省政法管理干部学院学报》2007年第6期。结合实践，地方规范的调整对象都是集体土地用益物权及其衍生权利，如在重庆市的规范中，能够开展农村产权抵押融资的抵押物已经涵盖了土地经营权、农村房屋所有权、林权、大中型农机具、小型水利设施、集体股权、经营性集体建设用地、地上种植、养殖物、建设用地指标、地票、保单、土地收益等。上述权利均与集体土地有关，或直接由集体土地产生，或由集体土地而衍生，或依附于集体土地。因此，在相关研究以及政策和立法当中，建议统一使用“集体土地用益物权及其衍生权利”这一说法。

① 参见韦福：《论农村土地承包经营权抵押权实现的法律规制》，载《农业经济》2012年第5期。

② 如香港特别行政区经济学家张五常认为粮食安全是200多年前欧洲重农主义的思维；陈志武认为中国粮食靠进口是安全的。载南方周末网2011年2月15日，http：//www.infzm.com/content/trs/raw/36453。

日本、美国、加拿大等称为“土地使用分区管制”，瑞典称为“土地使用管制”，英国称为“土地规划许可制”，法国、韩国和我国香港特别行政区则称“建设开发许可制”。中国与日本在土地资源方面相似，均属于优质土地资源匮乏、人—地关系较为紧张的国家，因此，在土地用途管制方面的做法可以互为借鉴。日本 1952 年制定的《农地法》的中心议题就是对农地实行管制，以保证优质农地用于农业，包括土地权利转移管制和土地用途转移管制，规定“以耕作以外的使用为目的取得农地所有权、租赁权、场地使用权时，必须要有知事的批准同时设置了对违法行为的处罚规定。”[①] 虽然日本于 1980 年又出台了《增进农用地利用法》鼓励农用地流转，但这也仅针对土地权利转移管制的放松，主要体现在土地流转的地域、权利范围和内容等方面，并未放松对改变土地用途的管制。尽管各国和地区使用的名称不一，但其内容和手段大致相同。[②] 我国 2019 年新修订的《土地管理法》延续了土地用途管制制度，其在第 4 条规定：“国家实行土地用途管制制度。国家编制土地利用总体规划，规定土地用途，将土地分为农用地、建设用地和未利用地。严格限制农用地转为建设用地，控制建设用地总量，对耕地实行特殊保护……”原《物权法》第 43 条规定：“国家对耕地实行特殊保护，严格限制农用地转为建设用地，控制建设用地总量……”2008 年 10 月 12 日通过的中共中央《关于推进农村改革发展若干重大问题的决定》提出要健全严格规范的农村土地管理制度，坚持最严格的耕地保护制度，层层落实责任，坚决守住 18 亿亩耕地红线。《民法典》第 418 条规定：“以集体所有土地的使用权依法抵押的，实现抵押权后，未经法定程序，不得改变土地所有权的性质和土地用途。”毋庸置疑，放任集体土地市场化会威胁耕地红线，长此以往将危

---

① ［日］关谷俊作：《日本的农地制度》，金洪云译，上海三联书店 2004 年版，第 170 页。

② 参见童江欣、陈向春：《农用地转用审批对耕地保护的缺陷分析》，载《国土资源》2006 年第 4 期。

及国家粮食安全。[①] 如果放松用途管制，土地经营权流转使大量农用地不可复耕地转为建设用地，耕地绝对数量的下降所产生的粮食危机恐怕不是价格机制所能解决的。依赖粮食进口不能养活中国，应从战略高度来看待耕地保护和粮食安全。[②]

另一方面，土地经营权制度改革应以农民长期利益保障为基本原则之一。“在现阶段，土地既是农民从事生产活动所必需的生产资料，又是农民基本生活来源的重要保障。无论是外部强加的征收征用，还是农民自愿的土地流转，都必须以保护好农民长期的社会保障利益为基本原则。”[③] 农村改革要始终坚持土地公有制性质不改变、耕地红线不突破、农民利益不受损三条底线。[④] 立法机关应修订土地经营权抵押融资法律法规，为土地经营权抵押融资提供良好的法律环境；[⑤] 地方政府应提高政策扶持的精准度和法律法规配套措施，[⑥] 完善土地经营权抵押融资业务规则；[⑦] 同时要结合农民的想法，制定出后续具体的工作方

---

① 粮食安全被列入《国家安全法》，2015 年 7 月 1 日全国人大常委会通过《国家安全法》，其第 22 条规定：“国家健全粮食安全保障体系，保护和提高粮食综合生产能力，完善粮食储备制度、流通体系和市场调控机制，健全粮食安全预警制度，保障粮食供给和质量安全。”这凸显了粮食安全的战略地位。

② 下面的例子足以说明该问题：2010 年 8 月 29 日，中国网络电视台“面对面”栏目独家专访时任中央农村工作领导小组组长陈锡文。陈锡文解读粮食安全形势，表示我们现在从全球买粮，只能从全球四大公司手中买。他说：“96 年初我去芝加哥的期货市场中，总裁是非常好心，请我们去在那儿吃早点，因为他的办公室就在交易大厅的上面，大玻璃是透明的，吃完早饭我们想过去看，这个老总一把拉住我说，你千万不能过去。我说为什么，他说底下一看中国人又来了，今天玉米一定是涨停板。确实是这种状态，所以中国人一出手，人家就炒你这个概念。”他说：“这吃不吃亏都不是最重要的，而是如果你真要不够了，出手之后，第一，全球从量上来说救不了你；第二，你可以把全球的粮食市场搞得所有人都吃不起粮食。”《陈锡文：守住根本（2010. 08. 29）》，载中国网络电视台新闻台中国视频“面对面”，http：//news. cntv. cn/china/20100829/102773. shtml。

③ 郑雄飞：《从“他物权”看“土地换保障”——一个法社会学的分析》，载《社会学研究》2009 年第 3 期。

④ 参见唐仁健：《扎实推进乡村全面振兴》，载《农村工作通讯》2021 年第 20 期。

⑤ 参见李宁：《农村土地经营权直接抵押融资模式风险控制》，载《农业经济》2020 年第 2 期。

⑥ 参见吕德宏、张无坷：《农地经营权抵押贷款信用风险影响因素及其衡量研究——基于 CreditRisk + 模型的估计》，载《华中农业大学学报（社会科学版）》2018 年第 4 期。

⑦ 参见惠献波：《农地经营权抵押融资风险控制研究——基于直接抵押融资模式的视角》，载《地方财政研究》2018 年第 1 期。

案，避免农民权益受损。[①]

## 第二节 完善土地经营权权利公示制度

### 一、土地经营权登记制度

#### （一）土地经营权确权登记

物权是法律确认的交易主体依法享有的对物的支配性权利，公示是指将物权的权属变动情况公之于众。物权公示的目的是能让与之交易的第三人清晰地知道该权利的真实状况从而免遭损失，要求公示方法必须是一种能被外界所感知的、长期稳定且能公之于世的权利外观。对土地权利抵押权的实现来说，土地权属的稳定性是关键，有研究认为在现行农地权利结构中，土地经营权的权利界定和权利稳定性是最差的，以其抵押融资的制度风险是最大的。需要通过确权登记为农民提供完整的、权属清晰的、有稳定预期的土地制度结构。[②] 2013 年，中央提出用 5 年的时间基本完成农村土地承包经营权确权登记，颁证确定的权利是农村土地承包经营权，土地承包权和经营权“合二为一”。2018 年，《农村土地承包法》第 47 条规定承包方及受让方均可以土地经营权向金融机构融资担保。在“三权分置”背景下，如果承包方以土地经营权向金融机构抵押融资，承包权和经营权是否要分别登记颁证？如果受让方以土地经营权向金融机构抵押融资，“分置”后的土地经营权是否需要单独登记颁证？有学者认为，“对符合条件的第三方经营者应颁发相关权利证书，证书可以统一为‘流转土地经营权证’”，[③] 该思路值得借鉴，但需解决以下问题：

第一，土地经营权的法律性质是债权、物权抑或新型权利？关于该问题，学术界有“债权说”和“用益物权说”之争。有学者建议通过“债权与物权并置、以是否登记颁证区分物权化与债权化农村土地

---

① 参见陈永清：《农村土地经营权抵押融资的风险因素分析》，载《上海经济研究》2016 年第 7 期。

② 参见李宏伟：《农村产权融资的出路》，载《中国金融》2015 年第 8 期。

③ 参见李伟伟、张云华：《土地经营权流转的根本属性与权能演变》，载《改革》2015 年第 7 期。

经营权”等手段，构建“二元农村土地经营权”法律制度。[①] 该观点强调了确权登记对于土地经营权的重要性，这与国家“三权分置”改革的目标一致，也符合中央“确实权、颁铁证”的要求，但将未登记颁证的土地经营权视为债权，则值得商榷，以此作为区分“二元农村土地经营权”的标准也没有必要。根据物权法定原则，土地经营权由法律认定为用益物权，确权登记并颁证是其物权内涵的一部分，而不是土地经营权物权化的手段，未登记颁证也不改变其物权性质。“为了建立更加稳妥可靠的‘三权分置’体制，立法将‘经营权’物权化是一种更好的做法。对权利人而言，物权性质的土地经营权具有期限更长、可以针对第三人主张权利、可以方便流转以至于设置抵押等法律制度上的优点。”[②] 目前学界通说认为土地经营权是用益物权，故土地经营权确权登记所颁之证为“他物权证”。

第二，是在土地经营权流转或抵押时才颁证，还是该权利在土地承包人手中时就已颁证？土地承包人拥有土地承包经营权，承包权与经营权“两权合一”，如果此时颁证，所颁土地经营权证与土地承包经营权证的关系如何？按照“三权分置”的本意，土地经营权是从土地承包经营权中分离出来的，那么土地承包经营权证就可以涵盖土地经营权证，没有必要为一权颁两证。就好比自物权包括多项权能，不必为每一项权能颁证一样。笔者认为，当土地经营权与承包权分离时，土地经营权由原来包含于土地承包经营权之中的一项权能，变成了一个独立的权利，此时土地经营权就需要有独立的权利凭证。我国目前正在进行的农地确权，是给集体土地所有权人和用益物权人确权颁证，这里的用益物权人只是土地承包经营权人，经营权没有单独的权利凭证。因此，可以认为，当土地承包权与经营权“两权合一”、为承包农户所拥有时，土地承包经营权证足以彰显全部权利内涵。但“三权分置”后，土地经营权要以转包、出租、互换、入股、抵押等方式流转时，就需要为土地经营权颁发权利凭证。

---

① 参见赖丽华：《基于“三权分置”的农村土地经营权二元法律制度构造》，载《西南民族大学学报（人文社科版）》2016 年第 11 期。

② 参见孙宪忠：《推进农地三权分置经营模式的立法研究》，载《中国社会科学》2016 年第 7 期。

第三，土地经营权确权颁证，是由承包权人还是由土地经营权流入方或抵押权人来申请权利凭证？如果流入方作为权利申请人，在申请办理权利凭证时，需要承包权人的配合，土地承包经营权证作为源权利证书，在申请办理土地经营权证书时是必须提交的法律资料。因此，由承包权人申请土地经营权确权颁证是更为妥当和便捷的安排。承包人持土地承包经营权证向有关部门申请设立他项权利证书，即土地经营权证，该权利凭证在土地经营权流转过程中，采用变更登记方式随同土地经营权流转一并转移。

第四，土地经营权确权登记主管部门是哪一个部门？土地经营权登记颁证部门应该是原土地承包经营权证书颁发单位，不需要另设部门或机构。但是在实务中，农村产权登记普遍存在主管部门不统一的问题，即便是土地经营权，不同的地方试点中登记部门也不一致。①

第五，土地经营权证和土地承包经营权证有何关系？其实质是土地经营权与土地承包经营权、土地经营权与承包权的关系。目前实务中用于流转或抵押的都是土地承包经营权证，其弊端在于，该证作为“二权合一”的权利凭证，一旦权利人将其以转让、抵押或入股方式流转，承包权人手中不再有任何权利证明，中央政策所追求的三权“分离”或“分置”的目的无从体现。因此，三种权利分置、权利凭证分离、各自单独存在应是“三权分置”的题中应有之义。承包权人在向有关部门申请颁发土地经营权证时，可以有两种选择，一是由登记主管部门在颁发土地经营权证时收回土地承包经营权证，换发土地承包权证和土地经营权证；二是由登记主管部门在原土地承包经营权证上加以记载“已办理土地经营权证”字样，该证作为土地承包权证，不用另行换发权利凭证，从而节省成本。

① 2003 年原农业部《农村土地承包经营权证管理办法》第 4 条规定：县级以上地方人民政府农业行政主管部门负责农村土地承包经营权证的备案、登记、发放等具体工作；2016 年原农业部《农村土地经营权流转交易市场运行规范（试行）》第 19 条规定：经有权机关授权，农村土地经营权流转交易市场可以开展土地经营权抵押登记；2017 年昆明市《农村产权交易管理办法（试行）》第 23 条规定：市、县（市）区国土局、住建局、农业局、林业局、水务局等部门按照各自职责负责本行政区域内农村产权的登记和颁证管理。

### （二）土地经营权抵押登记

为了增强土地经营权抵押的公信力，应在实践中建立和强化抵押登记工作。这种登记，是属于抵押权的生效要件，还是取得对第三人之对抗效力？有学者提出应采取登记生效主义,① 认为原《物权法》《农村土地承包法》规定的登记对抗主义模式已经难以适应土地经营权流转的现实发展需求。② 从抵押登记试点情况看，土地经营权的抵押都实行登记生效主义。笔者认为，采用土地经营权抵押登记对抗主义有其合理性，更能够适应土地经营权抵押融资的需要。从调研情况来看，实务中土地经营权抵押融资合同的规范性不够，采用登记生效主义将导致很多抵押法律关系无效，维持目前立法所采取的登记对抗主义更为合适。③

土地经营权抵押登记可设置在土地管理部门或农村综合产权交易所，如武汉农村综合产权交易所。④ 土地经营权价值评估本属于私法自治范畴，不属于土地经营权抵押权登记的内容。但有些地方试点中，将抵押物价值评估作为抵押登记机关依行政权力强制要求的内容，导致登记管理部门功能错位、立场偏差，其根本原因是抵押登记机关站在了金融机构立场之上。

## 二、土地经营权抵押公证制度

### （一）公证在土地经营权抵押中的制度价值

一方面，公证在土地经营权抵押中具有权利公示作用。公证作为一种非政府监管措施，具有正式制度的一般特征、制度绩效和社会经济功能。由于土地对社会具有重要意义，在涉及有关土地权利的流转时，国家一般都采取十分谨慎的态度。如德国、瑞士等均将土地所有

---

① 参见周维德：《农村土地承包经营权抵押：困惑及实现》，载《广西社会科学》2014 年第 11 期。

② 参见耿卓：《农地三权分置改革中土地经营权的法理反思与制度回应》，载《法学家》2017 年第 5 期。

③ 《民法典》第 335 条规定，土地承包经营权互换、转让的，当事人可以向登记机构申请登记；未经登记，不得对抗善意第三人。依然采用登记对抗主义。

④ 参见童彬：《农村土地经营权抵押制度研究——以制度困境、主要模式、风险控制和处置机制为路径》，载《社会科学家》2014 年第 10 期。

权转让合同作为法定公证事项。在市场经济条件下，法定公证对民商事法律秩序的构建、整合具有特殊制度价值。由于我国法律禁止集体土地所有权的转移，适用公证规范的重点自然就是土地使用权的流转。土地经营权的抵押作为一种特殊的流转形式，以公证方式对土地经营权的抵押权进行公示，有助于健全土地经营权流转规范，进而促进我国集体土地用益物权抵押融资法律制度的完善。

另一方面，公证制度以其特有的安全、公平与效率价值保障民商事法律秩序的完善，①弥补政府监管模式的不足。在我国现行法律框架内，对土地经营权的管理是通过用途管制、流转范围的限制和土地利用规划等手段实现。而公证的外部性、中立性和专业性，有助于解决政府监管模式中存在的监管力量薄弱、监管动力不足和权力寻租等问题。《公证法》已经明确规定公证机构在业务上独立行使公证职能，不再像过去那样属于司法行政部门的附属并在业务上受其牵制。法律责任形式的配置也是督促公证机构尽职尽责的一个因素，②公证机构与政府监管部门所承担的行政责任不同，公证机构要对公证错误承担民事赔偿责任。作为介于社会和国家之间的证明机构，公证机构的中立地位决定了其监督成效要优于行政部门。土地经营权抵押公证制度的建立可以弥补农地产权登记制度的不足，促进土地经营权抵押融资机制由政府主导向市场主导转变。

### （二）从相关地方性规范看公证制度在土地经营权抵押中的适用

为了解公证制度在土地使用权流转中的适用情况，笔者检索了22个省（自治区、直辖市）关于公证的地方性法规，这些规范能够代表我国土地经营权流转活跃地区关于公证适用范围的共性规定。经统计发现，第一，在最初制定规范时，大多数地方性规范（占全部规范的86.4%）对土地使用权流转作出了公证要求，并且主要是法定公证方式（占全部规范的73.7%）。但随着近年来党中央和国务院“放管服”改革政策的推进，各省（区、市）相关规范对土地使用权流转法定公

① 参见杨遂全主编：《民商监管机制与法定公证研究》，法律出版社2011年版，第48~56页。

② 2017年《公证法》第6条规定，公证机构是依法设立，不以营利为目的，依法独立行使公证职能、承担民事责任的证明机构。

证的要求基本都被废止或被修改为自愿公证方式。①第二，各省（区、市）公证规范出台时，集体土地使用权因受城乡“二元”结构的限制，其流转极为有限，地方公证制度对集体土地权利关注度比较低，公证制度在集体土地使用权流转中的作用远没有其在国有土地使用权流转中的作用大。

（三）土地经营权抵押公证制度的构建

尽管法定公证已经不再是土地使用权流转的普遍性要求，但并不能因此否认自愿公证方式在土地经营权抵押中的作用，更不能忽视公证制度在土地经营权权利公示方面的重要作用。首先，我国具备推行土地经营权流转和抵押融资公证的制度条件。《公证法》（2017 年修正）明确规定了公证机构的公证范围，② 对可以办理公证的事项进行了概括性规定，其中“合同、招标投标、拍卖”以及兜底性条款“法律、行政法规规定应当公证的事项”的存在，说明可以将“土地经营权抵押”这一事项纳入公证范围。结合立法实务，建议借鉴国有土地使用权流转公证的制度设计，由国务院出台行政法规，明确土地经营权抵押自愿公证制度。根据不同层次法律法规间的效力等级关系，行政法规可以明确要求各地方公证法规和土地经营权流转规范贯彻实施这一制度。其次，我国具备实施土地经营权流转和抵押融资公证的实践条件。长期以来，不动产法律事务公证是公证机关的一项重要业务，国有土地使用权出让中的法定公证业务为土地经营权抵押自愿公证提供了充足的实践经验借鉴，在建立城乡统一的资源要素市场的背景下，公证机构在国有土地使用权出让中积累的工作经验也应当被土地经营权流转公证所吸收。最后，我国具备开展土地经营权流转和抵押融资公证的机制条件。现有公证机构通过在土地经营权流转重点乡镇设立“公证办事处”，作为派出机构，也可借助乡镇法律服务所的人员，固定一人为“公证办事员”，协办土地经营权流转公证事务。“公证办事

① 如 2022 年 5 月 26 日新修正的《内蒙古自治区公证条例》，就不要求土地使用权流转为法定公证事项，该条例第 14 条规定，合同、继承、赠与、招标投标和拍卖等属于依自然人、法人或者非法人组织申请的自愿公证事项。

② 2005 年通过的《公证法》，在第 11 ~ 13 条以“列举”加“排除”的立法方式，规定了公证机构办理公证事项的范围，该法在 2015 年第一次修正和 2017 年第二次修正时延续了关于公证范围的规定。

处”或“公证办事员”做好出证前的各项准备工作，然后报公证机构，由公证机构按照办证程序出证，从而为广大农村的土地经营权流转和抵押提供公证服务。公证机构是不以营利为目的的证明机构，收费标准较低，且当地可以根据具体情况给予政策支持，适当减免收费或以政府购买服务的方式支付部分费用，从成本—收益的角度来看，相对于公证所带来的制度收益，公证费的交纳不会对当事人利益带来较大影响。

## 三、土地经营权抵押鉴证制度

如前文所述，“公证”在土地经营权抵押融资中很少适用，制度构建及实践开展需要一个过程，那就意味着“登记”作为代表“政府”的物权变动公示方式，仍然是不动产物权变动的一般公示方法。但“登记”在我国受到诸多条件的限制，存在登记机关不统一、登记制度不健全、登记业务尚未在基层乡村有效延伸等问题。在土地经营权抵押融资地方试点中，各试点因地制宜地采取一些传统习惯方式作为物权变动一般公示方法的替代。比如在农村产权流转中，利用中介机构的专业性、中立性，推行农村产权法律意见书制度，对农村产权流转中的法律风险进行较为公正、理性的审查，保护流转各方当事人利益；[①] 又如在福建、广东、安徽和上海等地区，为农民土地经营权建立明确的“台账”，一些地方由政府出面，将这些“台账”统一交由乡镇政府保管，为这种权利建立切实的保障。[②] 笔者认为，与鉴证模式一样，“台账”也是土地经营权登记的一种替代措施，但需要思考其法律性质及作用。上述学者研究成果中“台账”一词出现在不同地方，含义不尽相同。如有学者提到要把农民在乡镇企业中的利益，结合农民的土地经营权，折合成集体经济组织股份，并做成台账，由镇政府保存。[③] 这里的“台账”类似于《公司法》中的出资证明或股权凭证，

---

① 参见叶敏：《农村产权流转过程中强制推行法律意见书制度的建议》，载《山东农业大学学报（社会科学版）》2011 年第 1 期。

② 参见孙宪忠：《推进农地三权分置经营模式的立法研究》，载《中国社会科学》2016 年第 7 期。

③ 参见孙宪忠：《推进农地三权分置经营模式的立法研究》，载《中国社会科学》2016 年第 7 期。

也具有权利公示的作用。有研究认为物权变动公示并不只是登记一种方式，土地经营权流转时，发包方到场见证或同意也可以视为转让生效的公示方式。登记对于许多农户而言，是一件高成本的事情，相反，在中国乡土熟人社会背景下，土地经营权转让多发生于集体经济组织内部，发包方同意这一特有的公示方式比较符合农村习惯。①

在这些替代性物权变动公示方式中，鉴证方式得到中央政策认可，在很多地方试点探索实践中被采用。梳理相关政策可以发现，"农村产权交易鉴证"的政策渊源来自 2014 年 12 月 30 日国务院办公厅印发的《关于引导农村产权流转交易市场健康发展的意见》（国办发〔2014〕71 号），该文件将交易鉴证作为农村产权交易市场的服务内容之一。2016 年中共中央办公厅、国务院办公厅出台的《关于完善农村土地所有权承包权经营权分置办法的意见》，也提倡通过流转合同鉴证、交易鉴证等方式对土地经营权予以确认，促进土地经营权功能更好地实现。笔者认为，农村产权流转过程中的交易鉴证是类似于不动产登记的一种管理方式，对于提高农村产权交易的规范性、保护交易各方合法权益具有积极作用。对流转土地的权证要求，《农村承包土地的经营权抵押贷款试点暂行办法》（银发〔2016〕79 号）采取了灵活处理的方法：要么以合法的流转合同替代，要么有其他土地经营权权属确认证明。鉴证书可以被当作流转土地有效权属的证明之一。② 笔者认为，应采取"分权分证、合权合证"的方式，当土地承包权与经营权集中于农户时，一证即可，当农户将土地经营权流转时，流转后的土地经营权也应有土地经营权证或其他形式的权利证明。原农业部《农村土地经营权流转交易市场运行规范（试行）》中以鉴证书作为流转土地权属证明，其实质也是采用了"分权分证"的做法。

应进一步完善农村产权交易鉴证制度。国务院办公厅《关于引导农村产权流转交易市场健康发展的意见》（国办发〔2014〕71 号）是将"交易鉴证"作为可选项。而各地的农村产权交易市场管理办法中，

① 参见武亦文、杨勇：《论土地承包经营权处分之限制性规范的科学配置——基于司法裁判文书的整理和分析》，载《中国农村观察》2017 年第 6 期。

② 参见孟光辉：《承包土地经营权的抵押登记问题探析》，载《中国农村经济》2016 年第 10 期。

在将中央政策关于“交易鉴证”的原则性规定予以细化的同时，把“鉴证”变成了农村产权流转交易的一个必要环节和程序，如在重庆市梁平区农村综合产权交易中心的交易规则中，把农村产权交易的鉴证服务分为“必须入场交易鉴证”和“自愿入场交易鉴证”；在武汉农村综合产权交易所的交易流程中，[①] 也要求产权交易鉴证，并且农村产权交易所出具的交易鉴证书可以作为向金融机构借款的抵押物，[②] 更是赋予了交易鉴证书以准物权凭证的法律属性，这显然是不妥当的。笔者认为，交易所之所以把农村产权交易鉴证作为流转交易的必备程序，主要是出于两方面的考虑，一方面，是为了提高农村产权交易的安全性，农村产权存在法律基础薄弱的先天不足，容易导致交易双方法律关系不稳定，农村产权交易合同的履行周期一般比较长，法律关系的不稳定就会增加履约风险。交易鉴证作为在交易合同相对方之外的第三方补充手段，可以督促和警示交易各方规范守约和履约，进一步保障交易的安全性。另一方面，交易鉴证程序可以引导农村产权权利主体进入农村产权交易所交易。将产权交易鉴证书作为交易者获取政府财政支持和金融机构抵押贷款的一种必要条件，其目的是通过政策支持、利益诱导的方式，引导交易者将农村产权流转放到交易所进行，增加交易量和交易额，扩大交易所的影响力。

## 第三节　健全土地经营权抵押融资风险补偿机制

笔者认为，土地经营权抵押融资风险补偿基金机制的完善与健全，一定程度上可以说是地方探索的成功之处和亮点。对解决土地经营权抵押权实现问题来说，未尝不是一种创新。但风险补偿基金的完善及其规模的增加，包括各地形态各异的风险补偿措施的出台，对土地经营权人、土地抵押人、金融机构、地方政府及其相关部门和社会中介机构等参与各方来说，又无时无刻不在提醒他们这样一个事实，即土地经营权抵押融资是否需要风险补偿机制的介入以及风险补偿机制的

---

① 2009 年武汉市《农村产权交易管理办法（试行）》。

② 中国农业银行湖北省分行课题组、朱正罡、黄利荣：《中国农村产权交易所运作模式比较研究——基于农村产权抵押融资的视角》，载《农村金融研究》2014 年第 6 期。

介入程度，既是土地经营权抵押权实现过程的保障，也是土地经营权抵押物处置面临困境的写照。风险补偿措施是因传统抵押物处置方式在土地经营权抵押融资中的不适用，作为“打补丁”手段才出现的，其目的在于消除金融机构的顾虑，保障其债权安全，从而吸引金融机构这一不可或缺的角色参与土地经营权抵押融资。2009 年，四川省出台了农村产权抵押融资试点文件，对集体土地抵押权的实现进行了规定，吸引了相关研究者的极大关注，赞成者认为这是集体土地用益物权抵押的破冰之旅，① 质疑者则认为农村产权抵押融资的合法性依据不足。成都市 2009 年正式启动农村土地经营权抵押融资工作，设计了相应的措施来保证抵押权的实现，包括设立农村产权抵押融资风险补偿基金，引入保险机制来增强借款人的抗风险能力等。在起步阶段，倘若政府不出台措施引导，银行肯定不愿意参与，但风险补偿基金肯定也不会完全收购银行手中无法变现的抵押物。②

金融机构作为营利性主体，之所以参与土地经营权抵押融资，“利益最大化”的诉求并不是其参与的主要动机，从风险补偿基金的发展和地方政府的作用可以看出，金融机构并非完全自愿参加土地经营权抵押融资。比如在河南省长垣县 11 家金融机构中，只有两家能够开展集体土地抵押融资业务。③ 从经济学角度来看，在现有的土地经营权抵押权实现环境下，不参与土地经营权抵押融资或者是不接受土地经营权作为抵押物贷款，才是金融机构的最优策略，也是其在利益最大化诉求下做出的理性选择。这似乎是一个令人尴尬而又无奈的结论，但也真实反映了目前土地经营权抵押融资的现状。风险补偿基金机制的核心问题在于，该机制越发达，越显得土地经营权正常的使用价值功能在萎缩，这成为一种悖论。一方面，常态化的措施和土地经营权抵

---

① 2009 年年底，四川省就土地承包经营权的抵押问题出台了试点文件，2010 年 12 月，成都市已成功实现了 4 笔土地承包经营权抵押贷款。参见赵俊臣：《土地承包权抵押贷款的破冰之旅——成都试点土地承包权抵押贷款有感》，载《农村工作通讯》2011 年第 6 期。

② 参见高圣平、刘萍：《农村金融制度中的信贷担保物：困境与出路》，载《金融研究》2009 年第 2 期。

③ 参见高长岭：《河南试水城乡用地同权同价——长垣县试点农村集体经营性建设用地入市调查》，载《河南日报》2016 年 8 月 28 日，第 3 版。

押物处置方式无法保障金融机构的债权安全，于是出现了风险补偿措施并逐步完善。另一方面，由于土地经营权的使用价值没有被发挥，风险补偿措施的日益发达又反衬了土地经营权抵押权实现过程中抵押物处置的不畅和农民面临的农地金融困境。一个健全的可持续的农地金融生态，应当以土地经营权发挥自身使用价值为基础，以其所产生的收益作为偿还债权的经济来源。对于土地经营权抵押融资这一新生事物而言，土地经营权抵押融资工作的开展需要政策支持，在一定的阶段，政策扶持和政府主导甚至是不可或缺的。但目前地方试点中，地方政府主导设立的风险补偿基金对土地经营权抵押融资风险进行兜底，看似完善的风险补偿机制却经不起学者的追问。那是因为，无论是政府主导的担保公司，还是政府牵头设立的收储机构，抑或具有政府背景的农村产权资产管理公司，该类机构作为风险补偿机制的主体，在收购因处置困难而无法变现的土地经营权后，如何实现土地经营权的收益？如何发挥土地经营权的利用价值以保障具有政府背景公司的资产保值增值？如何让土地经营权物尽其用？这些问题仍然没有较圆满的答案。

# 参 考 文 献


（一）著作类

［1］全国人大常委会法制工作委员会民法室：《中华人民共和国担保法全书》，法律出版社 1996 年版。

［2］房绍坤：《用益物权基本问题研究》，北京大学出版社 2006 年版。

［3］周林彬：《物权法新论——一种法律经济分析的观点》，北京大学出版社 2002 年版。

［4］北京大学国家发展研究院综合课题组：《还权赋能：奠定长期发展的可靠基础——成都市统筹城乡综合改革实践的调查研究》，北京大学出版社 2010 年版。

［5］陈锡文：《中国农村改革——回顾与展望》，天津人民出版社 1993 年版。

［6］赵阳：《共有与私用——中国农地产权制度的经济学分析》，三联书店 2007 年版。

［7］黄祖辉等：《我国土地制度与社会经济协调发展研究》，经济科学出版社 2010 年版。

［8］王利明：《中国民法典学者建议稿及立法理由——物权编》，法律出版社 2005 年版。

［9］梁慧星：《中国物权法草案建议稿——条文、说明、理由与参考立法例》，社会科学文献出版社 2000 年版。

［10］［荷］何·皮特：《谁是中国土地的拥有者？——制度变迁、产权和社会冲突》，林韵然译，社会科学文献出版社 2008 年版。

［11］中国农业年鉴编辑委员会：《中国农业年鉴》，中国农业出版

社 1995 年版。

［12］贺雪峰：《地权的逻辑——中国农村土地制度向何处去》，中国政法大学出版社 2010 年版。

［13］崔建远：《物权：规范与学说——以中国物权法的解释论为中心》（下册），清华大学出版社 2011 年版。

［14］朱庆等：《承包土地经营权与农房抵押登记问题研究》，法律出版社 2019 年版。

［15］孙宪忠：《中国物权法原理》，法律出版社 2004 年版。

［16］［美］舒尔茨：《改造传统农业》，梁小民译，商务印书馆 1987 年版。

［17］中国人民银行研究局等：《中国动产担保物权与信贷市场发展》，中信出版社 2006 年版。

［18］卢现祥：《西方新制度经济学》（修订版），中国发展出版社 2003 年版。

［19］刘云生：《中国农村土地银行法律问题研究》，法律出版社 2017 年版。

［20］李蕊：《中国土地银行法律制度构建研究》，法律出版社 2014 年版。

［21］［美］弗兰克·亚历山大：《土地银行与土地储备》，程维多、肖文译，科学普及出版社、中国科学技术出版社 2015 年版。

［22］宋建坤：《国家土地银行论》，北京交通大学出版社 2016 年版。

［23］王泽鉴：《民法学说与判例研究》（第 1 册），北京大学出版社 2009 年版。

［24］Barzel Y.，*Economic Analysis of Property Rights*，Cambridge University Press，1989.

［25］［美］R. H. 科斯：《财产权利与制度变迁——产权学派与新制度学派译文集》，刘守英等译，上海三联书店、上海人民出版社 1994 年版。

［26］［冰岛］思拉恩·埃格特森：《新制度经济学》，吴经邦等译，商务印书馆 1963 年版。

［27］［美］Y. 巴泽尔：《产权的经济分析》（第2版），费方域、段毅才、钱敏译，格致出版社、上海三联书店、上海人民出版社2014年版。

［28］应星：《农户、集体与国家：国家与农民关系的六十年变迁》，中国社会科学出版社2014年版。

［29］罗必良等：《产权强度、土地流转与农民权益保护》，经济科学出版社2013年版。

［30］杨遂全主编：《民商监管机制与法定公证研究》，法律出版社2011年版。

［31］陈小君：《农村土地问题立法研究》，经济科学出版社2012年版。

［32］纪伟、陈金鑫：《台湾土地银行推行土地金融业务之研究》，成文出版社1981年版。

［33］崔建远：《土地上的权利群研究》，法律出版社2004年版。

［34］沈开举、杨俊峰：《中国土地制度改革研究》，法律出版社2014年版。

［35］汪晖、陶然：《中国土地制度改革：难点、突破与政策组合》，商务印书馆2013年版。

［36］刘守英：《直面中国土地问题》，中国发展出版社2014年版。

［37］刘云生：《中国不动产法研究》（第8卷），法律出版社2013年版。

［38］李凤章：《土地抵押融资的法律困境和制度创新》，立信会计出版社2012年版。

［39］刘俊：《中国土地法理论研究》，法律出版社2006年版。

［40］郭继：《土地承包经营权流转制度研究——基于法律社会学的进路》，中国法制出版社2012年版。

［41］［日］关谷俊作：《日本的农地制度》，金洪云译，三联书店2004年版。

**（二）论文类**

［42］盖凯程、于平：《农地非农化制度的变迁逻辑：从征地到集

体经营性建设用地入市》，载《农业经济问题》2017 年第 3 期。

［43］陈小君：《论传统民法中的用益物权及其现实意义》，载《法商研究（中南政法学院学报）》1995 年第 4 期。

［44］钱明星：《论我国用益物权的基本形态》，载《私法》2002 年第 1 期。

［45］左平良、余光辉：《土地承包经营权抵押与农村金融担保制度创新》，载《学术论坛》2005 年第 8 期。

［46］张蔚文、孙炜：《集体土地使用权抵押的现状及其立法建议》，《中国农村经济》2000 年第 12 期。

［47］朱培、陶信平：《试论不动产用益物权的抵押》，中国民商法实务论坛 2002 年会议论文。

［48］钱忠好：《农村土地承包经营权产权残缺与市场流转困境：理论与政策分析》，载《管理世界》2002 年第 6 期

［49］刘俊：《土地承包经营权性质探讨》，载《当代法学》2007 年第 2 期。

［50］温世扬、兰晓为：《土地承包经营权流转中的利益冲突与立法选择》，载《法学评论》2010 年第 1 期。

［51］温世扬：《农地流转：困境与出路》，载《法商研究》2014 年第 2 期。

［52］黄祖辉等：《成都市城乡统筹发展中的农村土地产权流转制度创新研究》，载《中国土地科学》2012 年第 1 期。

［53］童彬：《农村土地经营权抵押制度研究——以制度困境、主要模式、风险控制和处置机制为路径》，载《社会科学家》2014 年第 10 期。

［54］施晓琳：《论以土地承包经营权抵押为特征的金融制度》，载《南京农业大学学报（社会科学版）》2002 年第 3 期。

［55］房绍坤：《论土地承包经营权抵押的制度构建》，载《法学家》2014 年第 2 期。

［56］庞敏英、张生旭：《土地承包经营权抵押可行性探究》，载《河北法学》2004 年第 4 期。

［57］周维德：《农村土地承包经营权抵押：困惑及实现》，载《广

西社会科学》2014 年第 11 期。

[58] 史卫民：《土地承包经营权抵押制度探析》，载《经济体制改革》2009 年第 5 期。

[59] 陈文学、高圣平：《土地承包经营权抵押流转研究》，载《社会科学研究》2010 年第 6 期。

[60] 黎翠梅：《农村土地承包经营权抵押贷款制度探讨》，载《软科学》2008 年第 2 期。

[61] 房绍坤、王洪平：《论土地承包经营权流转后征地补偿费的归属与分配》，载《吉林大学社会科学学报》2012 年第 3 期。

[62] 高圣平：《承包土地的经营权抵押规则之构建——兼评重庆城乡统筹综合配套改革试点模式》，载《法商研究》2016 年第 1 期。

[63] 赵振宇：《基于不同经营主体的农地承包经营权抵押问题研究》，载《管理世界》2014 年第 6 期。

[64] 高圣平：《农地金融化的法律困境及出路》，载《中国社会科学》2014 年第 8 期。

[65] 王兴稳、纪月清：《农地产权、农地价值与农地抵押融资——基于农村信贷员的调查研究》，载《南京农业大学学报（社会科学版）》2007 年第 4 期。

[66] 中国农业银行湖北省分行课题组、朱正罡、黄利荣：《中国农村产权交易所运作模式比较研究——基于农村产权抵押融资的视角》，载《农村金融研究》2014 年第 6 期。

[67] 惠献波：《我国农地抵押融资实践及制度构建——基于德国经验的启示》，载《西华大学学报（哲学社会科学版）》2014 年第 2 期。

[68] 张健平：《我国集体土地用益物权抵押制度研究》，安徽大学 2013 年硕士学位论文。

[69] 邓小云：《我国农村土地抵押的实践困境与法制完善》，载《甘肃社会科学》2014 年第 5 期。

[70] 期海明：《城市化背景下集体土地抵押的风险防控——以商业银行为视角》，载《贵州民族学院学报（哲学社会科学版）》2011 年第 5 期。

［71］叶敏：《农村产权流转过程中强制推行法律意见书制度的建议》，载《山东农业大学学报（社会科学版）》2011年第1期。

［72］Torero，*Do Property Titles Increase Credit Access Among the Urban Poor? Evidence from a Nationwide Titling Program*，Department of Economics，Harvard University，2006：24－25.

［73］TV Dijk & D Kopeva，*Land Banking and Central Europe：Future Relevance，Current initiatives，Western European Past Experience*，Land Use Pol. 2004. 07. 005.

［74］赵万一、汪青松：《土地承包经营权的功能转型及权能实现——基于农村社会管理创新的视角》，载《法学研究》2014年第1期。

［75］乔思伟：《七大突破值得关注！——自然资源部法规司负责人解读〈中华人民共和国土地管理法〉》，载《南方国土资源》2019年第10期。

［76］于飞：《从农村土地承包法到民法典物权编："三权分置"法律表达的完善》，载《法学杂志》2020年第2期。

［77］陈小君：《土地改革之"三权分置"入法及其实现障碍的解除——评〈农村土地承包法修正案〉》，载《学术月刊》2019年第1期。

［78］陈小君：《我国农村土地法律制度变革的思路与框架——十八届三中全会〈决定〉相关内容解读》，载《法学研究》2014年第4期。

［79］靳相木：《解析征地制度改革的主流思路》，载《中国农村经济》2008年第2期。

［80］高圣平、刘守英：《集体建设用地进入市场：现实与法律困境》，载《管理世界》2007年第3期。

［81］刘守英、王一鸽：《从乡土中国到城乡中国——中国转型的乡村变迁视角》，载《管理世界》2018年第10期。

［82］石莹、赵昊鲁：《从马克思主义土地所有权分离理论看中国农村土地产权之争——对土地"公有"还是"私有"的经济史分析》，载《经济评论》2007年第2期。

[83] 杨继瑞:《中国农村集体土地制度的创新》,载《学术月刊》2010年第2期。

[84] 杨学成、赵瑞莹、岳书铭:《农村土地关系思考——基于1995~2008年三次山东农户调查》,载《管理世界》2008年第7期。

[85] 罗丹、严瑞珍、陈洁:《不同农村土地非农化模式的利益分配机制比较研究》,载《管理世界》2004年第9期。

[86] 宋旭明:《我国农村集体土地所有权制度之积弊及其改革》,载《江西社会科学》2009年第5期。

[87] 邓大才:《论农村土地所有权的归属》,载《财经问题研究》2002年第2期。

[88] 马小勇:《理性农民所面临的制度约束及其改革》,载《中国软科学》2003年第7期。

[89] 颜运秋、王泽辉:《国有化:中国农村集体土地所有权制度变革之路》,载《湘潭大学学报(哲学社会科学版)》2005年第2期。

[90] 陈锡文:《现行土地政策的症结》,载《中国改革》1998年第8期。

[91] 裴小林:《集体土地制:中国乡村工业发展和渐进转轨的根源》,载《经济研究》1999年第6期。

[92] 朱新华、马璐璐、张金明:《农村集体建设用地的最适产权安排——一个新制度经济学分析视角》,载《经济体制改革》2010年第1期。

[93] 郑雄飞:《从"他物权"看"土地换保障"——一个法社会学的分析》,载《社会学研究》2009年第3期。

[94] 温世扬、林晓镍:《集体所有土地诸物权形态剖析》,载《法制与社会发展》1999年第2期。

[95] 胡吕银:《集合共有:一种新的共有形式——以集体土地所有权为研究对象》,载《扬州大学学报(人文社会科学版)》2006年第1期。

[96] 丁关良、周菊香:《对完善农村集体土地所有权制度的法律思考》,载《中国农村经济》2000年第11期。

[97] 韩松:《论总同共有》,载《甘肃政法学院学报》2000年

第 4 期。

［98］陈甦：《城市化过程中集体土地的概括国有化》，载《法学研究》2000 年第 3 期。

［99］李国英、刘旺洪：《论转型社会中的中国农村集体土地权利制度变革——兼评〈物权法〉的相关规定》，载《法律科学（西北政法学院学报）》2007 年第 4 期。

［100］黄涛：《论集体土地所有权制度之完善：兼评物权法草案第八十八条》，载《甘肃政法学院学报》2001 年第 2 期。

［101］郑有贵：《村社区性集体经济组织是否冠名合作社——以福建省仙游县村经济合作社为例》，载《管理世界》2003 年第 5 期。

［102］陈剑波：《农地制度：所有权问题还是委托——代理问题?》，载《经济研究》2006 年第 7 期。

［103］史耀疆等：《选举提名方式与土地管理体制：村民对村领导行为及其绩效的评价》，载《经济研究》2004 年第 9 期。

［104］杨继瑞、帅晓林：《农村集体建设用地合理流转的支撑体系：权益分配抑或外部环境》，载《改革》2009 年第 12 期。

［105］李芳芳、包兴：《健全农地产权规范农村集体建设用地流转》，载《宏观经济管理》2010 年第 2 期。

［106］姜广辉等：《盘活存量集体建设用地的政策思考与措施设计》，载《农村经济》2003 年第 11 期。

［107］邵彦敏：《“主体”的虚拟与“权利”的缺失——中国农村集体土地所有权研究》，载《吉林大学社会科学学报》2007 年第 4 期。

［108］孙宪忠：《推进农地三权分置经营模式的立法研究》，载《中国社会科学》2016 年第 7 期。

［109］柯华庆：《法律经济学视野下的农村土地产权》，载《法学杂志》2010 年第 9 期。

［110］陶钟太朗、杨遂全：《农村土地经营权认知与物权塑造——从既有法制到未来立法》，载《南京农业大学学报（社会科学版）》2015 年第 2 期。

［111］张红宇：《农业规模经营与农村土地制度创新》，载《中国乡村发现》2013 年第 2 期。

［112］赖丽华：《基于“三权分置”的农村土地经营权二元法律制度构造》，载《西南民族大学学报（人文社科版）》2016 年第 11 期。

［113］高圣平：《新型农业经营体系下农地产权结构的法律逻辑》，载《法学研究》2014 年第 4 期。

［114］郑风田：《我国现行土地制度的产权残缺与新型农地制度构想》，载《管理世界》1995 年第 4 期。

［115］廖洪乐：《农村改革试验区的土地制度建设试验》，载《管理世界》1998 年第 2 期。

［116］黄祖辉、陈欣欣：《农地产权结构和我国的家庭农业》，载《农业经济问题》1998 年第 5 期。

［117］张红宇：《中国农村土地产权政策：持续创新——对农地使用制度变革的重新评判》，载《管理世界》1998 年第 6 期。

［118］谷书堂：《创建社会主义市场经济的产权理论》，载《经济学家》1999 年第 1 期。

［119］安慧、韩中豪：《土地经营权抵押融资风险研究综述与展望》，载《郑州轻工业学院学报（社会科学版）》2020 年第 6 期。

［120］李伟伟、张云华：《土地经营权流转的根本属性与权能演变》，载《改革》2015 年第 7 期。

［121］高飞：《农村土地“三权分置”的法理阐释与制度意蕴》，载《法学研究》2016 年第 3 期。

［122］高海：《论农用地“三权分置”中经营权的法律性质》，载《法学家》2016 年第 4 期。

［123］耿卓：《农地三权分置改革中土地经营权的法理反思与制度回应》，载《法学家》2017 年第 5 期。

［124］陈小君：《土地经营权的性质及其法制实现途径》，载《政治与法律》2018 年第 8 期。

［125］蔡立东、姜楠：《农地三权分置的法实现》，载《中国社会科学》2017 年第 5 期。

［126］肖卫东、梁春梅：《农村土地“三权分置”的内涵、基本要义及权利关系》，载《中国农村经济》2016 年第 11 期。

［127］朱广新：《土地承包权与经营权分离的政策意蕴与法制完

善》，载《法学》2015 年第 11 期。

［128］朱继胜：《“三权分置”下土地经营权的物权塑造》，载《北方法学》2017 年第 2 期。

［129］丁文：《论“三权分置”中的土地经营权》，载《清华法学》2018 年第 1 期。

［130］蔡立东、姜楠：《承包权与经营权分置的法构造》，载《法学研究》2015 年第 3 期。

［131］房绍坤、林广会：《土地经营权的权利属性探析——兼评新修订〈农村土地承包法〉的相关规定》，载《中州学刊》2019 年第 3 期。

［132］赵鲲、刘磊：《关于完善农村土地承包经营制度发展农业适度规模经营的认识与思考》，载《中国农村经济》2016 年第 4 期。

［133］申惠文：《法学视角中的农村土地三权分离改革》，载《中国土地科学》2015 年第 3 期。

［134］温世扬、吴昊：《集体土地“三权分置”的法律意蕴与制度供给》，载《华东政法大学学报》2017 年第 3 期。

［135］单平基：《“三权分置”中土地经营权债权定性的证成》，载《法学》2018 年第 10 期。

［136］高圣平：《农村土地承包法修改后的承包地法权配置》，载《法学研究》2019 年第 5 期。

［137］张红宇：《准确把握农地“三权分置”的深刻内涵》，载《学习时报》2017 年 4 月 3 日，第 1 版。

［138］李伟伟：《“三权分置”中土地经营权的性质及权能》，载《中国党政干部论坛》2016 年第 5 期。

［139］李龙洁等：《完善我国土地使用权抵押制度的几点立法思考》，载《中国土地科学》1999 年第 3 期。

［140］程啸：《论抵押权的实现程序》，载《中外法学》2012 年第 6 期。

［141］仝爱华、姜丽丽：《农村土地经营权抵押贷款抵押土地处置机制探讨》，载《农村金融研究》2016 年第 10 期。

［142］高圣平：《抵押权实现途径之研究——兼评〈中华人民共和

国物权法（草案）〉第220条》，载《浙江社会科学》2005年第2期。

［143］史卫民：《农地抵押贷款模式的比较考察与我国的路径选择》，载《现代经济探讨》2010年第9期。

［144］王朝明、朱睿博：《农村承包土地经营权抵押贷款的理论模型与实践经验》，载《河北经贸大学学报》2016年第5期。

［145］姜红利：《放活土地经营权的法制选择与裁判路径》，载《法学杂志》2016年第3期。

［146］冒佩华等：《农地经营权流转与农民劳动生产率提高：理论与实证》，载《经济研究》2015年第11期。

［147］冒佩华、徐骥：《农地制度、土地经营权流转与农民收入增长》，载《管理世界》2015年第5期。

［148］于丽红、李辰未、兰庆高：《农村土地经营权抵押贷款信贷风险评价——基于AHP法分析》，载《农村经济》2014年第11期。

［149］马雪彬、李玲玲：《土地承包经营权抵押处置机制构建的思考》，载《石家庄经济学院学报》2016年第4期。

［150］彭艳玲等：《农村土地经营权抵押、流动性约束与农户差异性创业选择研究——基于陕、甘、豫、鲁1465份入户调查数据》，载《农业技术经济》2016年第5期。

［151］张爱辉：《陕西省陕北地区农户土地抵押融资运行模式研究》，载《农村经济与科技》2017年第14期。

［152］曹璨、罗剑朝：《农户对农地经营权抵押贷款响应及其影响因素——基于零膨胀负二项模型的微观实证分析》，载《中国农村经济》2015年第12期。

［153］汪险生、郭忠兴：《承包型土地经营权抵押贷款的实践探索——基于对宁夏平罗县与同心县的比较分析》，载《农村经济》2016年第6期。

［154］丰雷、郑文博、张明辉：《中国农地制度变迁70年：中央—地方—个体的互动与共演》，载《管理世界》2019年第9期。

［155］陈妍：《吉林市农村承包土地经营权抵押贷款发展的瓶颈及政策建议》，载《吉林金融研究》2017年第2期。

［156］李雅静：《基于风险因素的农村土地经营权抵押融资博弈研

究》，西北农林科技大学2016年硕士学位论文。

[157] 陈燕、吴剑锋：《安徽省农地经营权抵押融资模式影响因素研究》，载《黑龙江八一农垦大学学报》2019年第2期。

[158] 王海涛、孙露雨、程金花：《基于规模与组织视角的农地承包经营权抵押融资意愿影响因素》，载《江苏农业科学》2019年第13期。

[159] 陈永清：《农村土地经营权抵押融资的风险因素分析》，载《上海经济研究》2016年第7期。

[160] 宋坤、张馨予：《农户分化视角下农地经营权抵押贷款信用风险因素识别与评估——基于四川成都的调研数据》，载《四川农业大学学报》2020年第3期。

[161] 陈菁泉、付宗平：《农村土地经营权抵押融资风险形成及指标体系构建研究》，载《宏观经济研究》2016年第10期。

[162] 占治民等：《农户承包土地经营权抵押融资政策风险影响因素经验解释》，载《统计与决策》2019年第3期。

[163] 吴征、蔡连军：《农村土地经营权抵押融资风险影响因素分析——基于东海县试点金融机构的实践》，载《金融纵横》2016年第9期。

[164] 刘屹轩、闵剑、刘忆：《“三权分置”下农地经营权抵押融资风险辨识与评价——基于结构方程模型的实证研究》，载《宏观经济研究》2019年第1期。

[165] 林建伟：《农地经营权抵押贷款的风险与防范》，载《福建农林大学学报（哲学社会科学版）》2016年第5期。

[166] 惠献波：《农村土地经营权抵押融资风险评价》，载《价格理论与实践》2015年第7期。

[167] 李泉、余珊：《农村土地经营权抵押贷款的风险防范刍议》，载《社科纵横》2019年第4期。

[168] 常露露、吕德宏：《农地经营权抵押贷款风险识别及其应用研究——基于重庆639个农户样本调查数据》，载《大连理工大学学报（社会科学版）》2018年第5期。

[169] 李宁：《农村土地经营权直接抵押融资模式风险控制》，载

《农业经济》2020 年第 2 期。

［170］余赟：《农村产权抵押融资法律制度问题探析》，载《金融经济》2014 年第 2 期。

［171］方达、郭研：《农地经营权抵押的马克思主义经济学分析——基于农业—金融资本运动模型》，载《财经科学》2020 年第 2 期。

［172］李伟、牛玉莲：《“两权”抵押贷款抵押物流转处置问题的思考》，载《清华金融评论》2016 年第 10 期。

［173］武亦文、杨勇：《论土地承包经营权处分之限制性规范的科学配置——基于司法裁判文书的整理和分析》，载《中国农村观察》2017 年第 6 期。

［174］田虹、杨玉凯：《农村土地承包经营权抵押法律制度问题剖析》，载《社会科学辑刊》2013 年第 2 期。

［175］林乐芬、俞涔曦：《家庭农场对农地经营权抵押贷款潜在需求及影响因素研究——基于江苏 191 个非试点村的调查》，载《南京农业大学学报（社会科学版）》2016 年第 1 期。

［176］于丽红、陈晋丽、兰庆高：《农户农村土地经营权抵押融资需求意愿分析——基于辽宁省 385 个农户的调查》，载《农业经济问题》2014 年第 3 期。

［177］韩松：《论农民集体土地所有权的管理权能》，载《中国法学》2016 年第 2 期。

［178］吴引引：《论抵押权实现的诉讼程序运作机制》，载《律师世界》1997 年第 12 期。

［179］崔建远：《“四荒”拍卖与土地使用权——兼论我国农用权的目标模式》，载《法学研究》1995 年第 6 期。

［180］李绍章：《“四荒”土地使用权论纲》，载《山东农业大学学报（社会科学版）》2001 年第 4 期。

［181］孟枫平、尹云松：《论培育“四荒”使用权流转市场》，载《中国农村经济》1997 年第 2 期。

［182］曹章艳：《集体四荒土地使用权抵押制度初探》，广西师范大学 2007 年硕士学位论文。

［183］杨俊、张晓云：《刍议集体土地使用权抵押制度》，载《农村经济》2011 年第 7 期。

［184］“农村土地问题立法研究”课题组：《农村土地法律制度运行的现实考察——对我国 10 个省调查的总报告》，载《法商研究》2010 年第 1 期。

［185］李林林：《农村集体建设用地使用权抵押制度研究》，中国政法大学 2011 年硕士学位论文。

［186］韩松：《坚持农村土地集体所有权》，载《法学家》2014 年第 2 期。

［187］吴穹：《试论我国集体建设用地使用权抵押制度的构建与法律完善》，2012 年第三届全国民商法学博士生学术论坛论文摘要集、中南财经政法大学中国农村土地法律制度研究中心会议论文集。

［188］陕西银监局政策法规处课题组：《陕西省集体林权抵押贷款业务的现状及制度分析》，载《西部金融》2010 年第 3 期。

［189］夏云娇、赵国威：《林权抵押贷款的法律问题探析》，载《理论月刊》2009 年第 9 期。

［190］邵元飞：《林权抵押二题》，载《北京航空航天大学学报（社会科学版）》2014 年第 5 期。

［191］张晓梅、尚立娜：《林权抵押融资中的林农利益保护问题研究——以物权法为视角》，载《农村经济》2010 年第 10 期。

［192］邹海林：《所有人抵押权的若干问题》，载《法学研究》1998 年第 2 期。

［193］高圣平、刘萍：《农村金融制度中的信贷担保物：困境与出路》，载《金融研究》2009 年第 2 期。

［194］陈霄、鲍家伟：《农村宅基地抵押问题调查研究》，载《经济纵横》2010 年第 8 期。

［195］吕军书：《从政法传统看我国农村宅基地抵押流转的必然性——兼论农村宅基地抵押流转的途径》，载《求实》2014 年第 1 期。

［196］何承斌：《我国农村宅基地使用权抵押贷款的困境与出路》，载《现代经济探讨》2014 年第 12 期。

［197］钟三宇：《困境与革新：宅基地使用权抵押融资的法律思

考——以宅基地使用权的物权属性为视角》，载《西南民族大学学报（人文社会科学版）》2014年第11期。

［198］刘云生：《农民身份注塑及其制度刚性——以农村地权构建为中心》，载《江西财经大学学报》2010年第3期。

［199］庞伟伟：《论土地承包经营权抵押制度之重构》，载《中国不动产法研究》2016年第1期。

［200］白昌前：《农村土地承包经营权抵押实现路径研究》，载《现代经济探讨》2015年第2期。

［201］杨璐璐：《农村土地经营权流转的现实困境与制度性原因分析》，载《西北大学学报（哲学社会科学版）》2015年第4期。

［202］张立：《土地承包经营权抵押制度障碍与重构》，西南财经大学2012年博士学位论文。

［203］刘云生：《农村土地使用权抵押制度刍论》，载《经济体制改革》2006年第1期。

［204］朱宝丽：《农村宅基地抵押的法律约束及地方经验存在的问题》，载《国土资源导刊》2013年第3期。

［205］刘守英：《中国的二元土地权利制度与土地市场残缺——对现行政策、法律与地方创新的回顾与评论》，载《经济研究参考》2008年第31期。

［206］丁文：《论土地承包权与土地承包经营权的分离》，载《中国法学》2015年第3期。

［207］贺雪峰：《城乡关系变动与乡村振兴的阶段》，载《贵州社会科学》2021年第8期。

［208］孟光辉：《承包土地经营权的抵押登记问题探析》，载《中国农村经济》2016年第10期。

［209］于丽红、陈晋丽：《农村土地经营权抵押贷款的经验与启示：昌图县案例》，载《农村经济》2014年第4期。

［210］丁屹：《铜陵县农村土地承包经营权抵押贷款工作的实践与思考》，载《安徽农学通报》2016年第6期。

［211］唐薇、吴越：《土地承包经营权抵押的制度“瓶颈”与制度创新》，载《河北法学》2012年第2期。

［212］ 陈旭：《安徽省农户土地承包经营权抵押贷款试点县模式分析》，载《农村经济与科技》2017 年第 14 期。

［213］ 崔建远：《抵押权探微》，载《法学》2004 年第 4 期。

［214］ 刘堃：《刍议贷款重组》，载《新金融》2004 年第 7 期。

［215］ 焦富民：《“三权分置”视域下承包土地的经营权抵押制度之构建》，载《政法论坛》2016 年第 5 期。

［216］ 陆剑、彭真明：《农村产权交易的制度建构——基于成都、武汉农村产权交易所的实证研究》，载《农村经济》2010 年第 9 期。

［217］ 曾小春、田清旺、邓晓兰：《产权交易中心的经济学分析》，载《中国软科学》2001 年第 8 期。

［218］ 陈明：《农村集体经营性建设用地入市改革的评估与展望》，载《农业经济问题》2018 年第 4 期。

［219］ 叶兴庆、张云华、伍振军：《农村产权流转交易市场：现状与问题》，载《中国农村金融》2015 年第 2 期。

［220］ 张鹏：《当前农村集体经营性建设用地制度改革若干构想》，载《苏州大学学报（哲学社会科学版）》2014 年第 3 期。

［221］ 陈清明、马洪钧、谌思：《农村产权交易市场发育现状及绩效评价——基于重庆市土地流转问卷调研》，载《调研世界》2015 年第 5 期。

［222］ 张四梅：《集体经营性建设用地流转制度建设研究——基于优化资源配置方式的视角》，载《湖南师范大学社会科学学报》2014 年第 3 期。

［223］ 程欣炜、林乐芬：《农村产权市场化创新机制效应分析——来自全国农村改革试验区东海农村产权交易所的实践模式》，载《华东经济管理》2014 年第 9 期。

［224］ 王德福：《农村产权交易市场的运行困境与完善路径》，载《中州学刊》2015 年第 11 期。

［225］ 王文：《农村集体经营性建设用地使用权权益及其价值研究》，载《中国土地科学》2015 年第 7 期。

［226］ 石鲁夫：《先买权法律效力研究——兼论对先买权人的法律救济》，载《社会科学研究》2011 年第 2 期。

［227］赖淑春：《优先购买权的法理分析及在执行程序中的适用》，载《法学论坛》2009 年第 2 期。

［228］常鹏翱：《论优先购买权的法律效力》，载《中外法学》2014 年第 2 期。

［229］茆艺宗：《从“同等条件”看优先购买权制度的价值取向——兼论在我国民法典体系内构建新的优先购买权制度》，载《安徽农业大学学报（社会科学版）》2004 年第 5 期。

［230］许尚豪、阚英：《论优先购买权价值功能与法理基础的统一性》，载《政法论丛》2008 年第 1 期。

［231］张鹏：《按份共有人优先购买权制度的经济分析》，载《法商研究》2016 年第 1 期。

［232］廖焕国、严浩：《先买权制度论纲——兼评我国物权法草案建议稿中的先买权制度》，载《法学评论》2003 年第 6 期。

［233］李锡鹤：《论民事优先权的概念》，载《法学》2004 年第 7 期。

［234］孙宇、冯向辉：《宅基地优先购买权初探》，载《中国农村观察》2007 年第 5 期。

［235］王立争、马艳辉：《集体经济组织成员优先权的法律构造》，载《河北学刊》2014 年第 6 期。

［236］常鹏翱：《论优先购买权的行使要件》，载《当代法学》2013 年第 6 期。

［237］付俊伟：《试论承租人优先购买权》，载《苏州大学学报（哲学社会科学版）》2015 年第 2 期。

［238］史浩明、张鹏：《优先购买权制度的法律技术分析》，载《法学》2008 年第 9 期。

［239］戴孟勇：《论按份共有人优先购买权的行使规则》，载《法学杂志》2020 年第 9 期。

［240］杨遴杰、周文兴：《中国政府土地优先购买权功能分析》，载《中国土地科学》2011 年第 2 期。

［241］周珺：《承租人优先购买权否定论》，载《政法论丛》2014 年第 6 期。

[242] 韩丽欣、陶红红:《承租人优先购买权制度变迁中的公平与效率价值》, 载《南昌航空大学学报(社会科学版)》2014 年第 2 期。

[243] 肖鹏、王丹:《试论土地经营权租赁合同的完善——基于 102 个家庭农场的调研》, 载《中国土地科学》2015 年第 10 期。

[244] 吴兴国、兰松:《土地承包经营权流转中集体组织成员优先权行使问题》, 载《法治论丛》2009 年第 1 期。

[245] 韦福:《农村土地承包经营权抵押关系主体及其权利义务的立法构思》, 载《广西社会科学》2012 年第 6 期。

[246] 王全兴、王甜甜:《我国政府优先购买权的功能审视与制度重构》, 载《现代法学》2017 年第 2 期。

[247] 钱佳:《法定优先购买权在法经济学视角下的进退》, 载《太原学院学报(社会科学版)》2016 年第 4 期。

[248] T. J., Besley, K. B., Burchardi, M., Ghatak, Incentives and the De Soto Effect, The Quarterly Journal of Economics, 127 (1): 237 - 282 (2012).

[249] 朱文钰、罗必良:《农地价格幻觉:由价值评价差异引发的农地流转市场配置"失灵"——基于全国 9 省(区)农户的微观数据》, 载《中国农村观察》2018 年第 5 期。

[250] 李韬、罗剑朝:《农户土地承包经营权抵押贷款的行为响应——基于 Poisson Hurdle 模型的微观经验考察》, 载《管理世界》2015 年第 7 期。

[251] 罗兴、马九杰:《不同土地流转模式下的农地经营权抵押属性比较》, 载《农业经济问题》2017 年第 2 期。

[252] 彭澎、刘丹:《三权分置下农地经营权抵押融资运行机理——基于扎根理论的多案例研究》, 载《中国农村经济》2019 年第 11 期。

[253] 周其仁:《产权界定与产权改革》, 载《科学发展》2017 年第 6 期。

[254] Alechina A., *Some Economics of Property Rights*, Politico, Vol. 30, p. 816 - 829 (1965).

[255] 刘守英、路乾:《产权安排与保护:现代秩序的基础》, 载

《学术月刊》2017 年第 5 期。

[256] 周其仁：《中国农村改革：国家和所有权关系的变化（上）——一个经济制度变迁史的回顾》，载《管理世界》1995 年第 3 期。

[257] 罗必良：《农地流转的市场逻辑——“产权强度—禀赋效应—交易装置”的分析线索及案例研究》，载《南方经济》2014 年第 5 期。

[258] 邓大才：《中国农村产权变迁与经验——来自国家治理视角下的启示》，载《中国社会科学》2017 年第 1 期。

[259] 喻奉庆、蔡运龙：《耕地资源价值重建与农业补贴——一种解决“三农”问题的政策取向》，载《中国土地科学》2004 年第 1 期。

[260] 周建春：《中国耕地产权与价值研究——兼论征地补偿》，载《中国土地科学》2007 年第 1 期。

[261] 陈志刚、周建春、黄贤金：《产权价值区域征收农地价格评估模型及应用》，载《农业工程学报》2008 年第 12 期。

[262] 臧俊梅等：《农地发展权在土地权利体系中的地位及其相互关系研究》，载《国土资源科技管理》2009 年第 5 期。

[263] 高艳梅、刘海英、李景刚：《基于产权价值的区域农地承包经营权流转价格评估研究——以广州市为例》，载《华中农业大学学报（社会科学版）》2012 年第 2 期。

[264] 杨蕾、王雄：《农用地流转价值与征地价值的对比分析》，载《中国国土资源经济》2013 年第 4 期。

[265] 王利明、周友军：《论我国农村土地权利制度的完善》，载《中国法学》2012 年第 1 期。

[266] 吴一恒等：《如何提高农地经营权作为抵押品的有效性？——基于外部治理环境与内部治理结构的分析》，载《中国农村经济》2020 年第 8 期。

[267] 米运生、罗必良：《功能主义视角下的农地集体所有权制度改革——〈农村土地承包法〉的政治经济学解读》，载《中国农村经济》2021 年第 9 期。

[268] 于丽红：《美国农场信贷体系及其启示》，载《农业经济问

题》2015 年第 3 期。

[269] 吴海峰:《推动农地经营权流转加快农业现代化进程——关于河南省促进农村土地规模集约经营的调查和思考》，载《中国乡村发现》2012 年第 4 期。

[270] 凌斌:《土地流转的中国模式：组织基础与运行机制》，载《法学研究》2014 年第 6 期。

[271] 李昌平:《扩大农民地权》，载《中国土地》2008 年第 12 期。

[272] 张晓都:《论特定物与不特定物、代替物与不代替物及相关法律问题》，载《现代法学》2000 年第 4 期。

[273] 胡凌啸、顾庆康:《土地托管与农地收益抵押的协同发展研究》，载《农村经济》2019 年第 12 期。

[274] 吕军书、豆芳芳：《农村宅基地使用权抵押流转的路径选择——基于河南省新乡市 190 家农户的调查》，载《吉首大学学报（社会科学版)》2014 年第 2 期。

[275] 马蔚华：《关于修改〈中华人民共和国商业银行法〉的议案》，载《中国金融家》2003 年第 2 期。

[276] 刘志云、史欣媛:《新发展理念与〈商业银行法〉的修改》，载《财经法学》2021 年第 4 期。

[277] 文龙娇、马昊天:《农村土地经营权入股模式比较与路径优化研究》，载《农业经济》2020 年第 11 期。

[278] 荣振华：《农民理性对土地经营权入股决策及制度建构影响——以 2018 年〈农村土地承包法〉为分析对象》，载《重庆大学学报（社会科学版)》2020 年第 1 期。

[279] 徐刚:《探索土地经营权用活放活新路径——六部委关于开展土地经营权入股发展农业产业化经营试点的指导意见解读》，载《农村经营管理》2019 年第 1 期。

[280] 王琳琳:《土地经营权入股法律问题研究》，载《中国政法大学学报》2020 年第 6 期。

[281] 梁清华、王洲:《论土地经营权入股保底收益的法律实现路径》，载《宏观经济研究》2020 年第 6 期。

［282］罗剑朝、庸晖、庞玺成：《农地抵押融资运行模式国际比较及其启示》，载《中国农村经济》2015 年第 3 期。

［283］郭家虎、于爱芝：《土地承包经营权抵押制度创新的约束条件及破解》，载《财政研究》2010 年第 5 期。

［284］张俊：《论改革开放后党的三农政策的法治化进程》，载《农业经济》2010 年第 7 期。

［285］耿卓：《农民土地财产权保护的观念转变及其立法回应——以农村集体经济有效实现为视角》，载《法学研究》2014 年第 5 期。

［286］江平等：《土地流转制度创新六人谈——重庆土地新政争议引出的思考讨论》，载《河南省政法管理干部学院学报》2007 年第 6 期。

［287］韦福：《论农村土地承包经营权抵押权实现的法律规制》，载《农业经济》2012 年第 5 期。

［288］童江欣、陈向春：《农用地转用审批对耕地保护的缺陷分析》，载《国土资源》2006 年第 4 期。

［289］唐仁健：《扎实推进乡村全面振兴》，载《农村工作通讯》2021 年第 20 期。

［290］吕德宏、张无坷：《农地经营权抵押贷款信用风险影响因素及其衡量研究——基于 CreditRisk + 模型的估计》，载《华中农业大学学报（社会科学版）》2018 年第 4 期。

［291］惠献波：《农地经营权抵押融资风险控制研究——基于直接抵押融资模式的视角》，载《地方财政研究》2018 年第 1 期。

［292］李宏伟：《农村产权融资的出路》，载《中国金融》2015 年第 8 期。

［293］封明川：《基于银行视角的农村承包土地经营权抵押贷款研究——以贵州省 381 家县级银行为例》，载《区域金融研究》2016 年第 6 期。

［294］杨奇才、谢璐、韩文龙：《农地经营权抵押贷款的实现与风险：实践与案例评析》，载《农业经济问题》2015 年第 10 期。

［295］陆晋文、邱和阳、彭洁敏：《农地经营权抵押贷款存在的问题及对策》，载《现代农业科技》2019 年第 23 期。

[296] 李宁等:《农地产权结构、生产要素效率与农业绩效》,载《管理世界》2017 年第 7 期。

[297] 洪银兴、王荣:《农地“三权分置”背景下的土地流转研究》,载《管理世界》2019 年第 10 期。

[298] 吕晓等:《基于内容分析法的集体建设用地流转政策演进分析》,载《中国土地科学》2015 年第 4 期。

[299] 马战军、于永昂:《农村产权抵押贷款“杨凌模式”显成效》,载《西部金融》2011 年第 6 期。

[300] 杨璐璐:《农村土地经营权流转的阶段性特征与政策选择》,载《经济体制改革》2015 年第 4 期。

[301] 韩松:《新农村建设中土地流转的现实问题及其对策》,载《中国法学》2012 年第 1 期。

[302] 郭继:《土地承包经营权抵押的实践困境与现实出路——基于法社会学的分析》,载《法商研究》2012 年第 5 期。

[303] 郭明瑞:《关于农村土地权利的几个问题》,载《法学论坛》2012 年第 1 期。

[304] 王铁:《建立农村土地银行的战略构想》,载《管理世界》2008 年第 11 期。

[305] 郭骊、陈少强、孙艳丽:《论建设中国特色农村土地银行》,载《中央财经大学学报》2010 年第 4 期。

[306] 陈霄、鲍家伟:《农村土地银行创设研究——基于提高重庆户籍制度改革绩效的视角》,载《经济体制改革》2011 年第 6 期。

[307] 谭庆康、潘智慧:《论我国村的民事法律地位——对我国农村产权制度的构想》,载《法学》2003 年第 3 期。

[308] 孟勤国:《物权法开禁农村宅基地交易之辩》,载《法学评论》2005 年第 4 期。

[309] 伍振军、张云华、孔详智:《土地经营权抵押解决贷款问题运行机制探析——宁夏同心县土地抵押协会调查》,载《农业经济与管理》2011 年第 1 期。

[310] 张文新等:《重庆市燕坝村农地流转中的土地管理问题研究》,载《中国土地科学》2012 年第 1 期。

[311] 蒋永穆、杨少垒、杜兴端：《土地承包经营权流转的风险及其防范》，载《福建论坛（人文社会科学版）》2010 年第 6 期。

[312] 季秀平：《论土地承包经营权抵押制度的改革与完善》，载《南京社会科学》2009 年第 1 期。

[313] 贵珍：《推行农村土地承包经营权抵押贷款的可行性研究》，载《金融理论与实践》2008 年第 10 期。

[314] 刘璐荡、冯宗容：《推行农地承包经营权抵押贷款制度的制约因素及对策探析》，载《经济体制改革》2010 年第 5 期。

[315] 肖诗顺、高锋：《农村金融机构农户贷款模式研究——基于农村土地产权的视角》，载《农业经济问题》2010 年第 4 期。

[316] 马浩青、俞凯：《对于农村土地承包经营权抵押的探讨》，载《法制与社会》2011 年第 5 期。

[317] 高圣平：《从完善土地承包经营权权能的视角看土地承包经营权的抵押》，载《南昌大学学报》2009 年第 1 期。

[318] 林乐芬、赵倩：《推进农村土地金融制度创新——基于农村土地承包经营权抵押贷款》，载《学海》2009 年第 5 期。

[319] 梁新奕：《抵押物转让价金物上代位性研究》，载《现代法学》2003 年第 6 期。

[320] 杨国平、蔡伟：《农村土地承包经营权抵押贷款模式探讨》，载《武汉金融》2009 年第 9 期。

[321] "农村土地问题立法研究"课题组：《农村土地法律制度运行的现实考察——对我国 10 个省份调查的报告》，载《法商研究》2010 年第 1 期。

### （三）报刊类

[322] 冯华、陈仁泽：《农村土地制度改革，底线不能突破——专访中央农村工作领导小组副组长、办公室主任陈锡文》，载《人民日报》2013 年 12 月 5 日，第 2 版。

[323] 冯海发：《对十八届三中全会〈决定〉有关农村改革几个重大问题的理解》，载《农民日报》2013 年 11 月 18 日，第 1 版。

[324] 林远：《全国农地流转面积已达四分之一》，载《经济参考

报》2014 年 1 月 14 日，第 1 版。

［325］赵海：《建立健全农地经营权抵押配套制度》，载《农民日报》2014 年 11 月 7 日，第 3 版。

［326］孟祥舟、林家彬：《集体建设用地抵押：缘何叫好难叫座——对江苏省海门市农村集体建设用地抵押试点工作的调研》，载《中国国土资源报》2013 年 2 月 27 日，第 9 版。

［327］刘建华：《非农化非粮化倾向必须遏制》，载《人民日报》2014 年 2 月 11 日，第 20 版。

［328］于哲：《我市产权抵押融资风险补偿资金池累计涉农贷款突破亿元》，载《潍坊日报》2016 年 7 月 13 日，第 6 版。

［329］李强、段豫川：《降低农用地承包经营权流转的交易成本》，载《光明日报》2014 年 1 月 1 日，第 5 版。

［330］许红洲：《网络平台为土地流转增效提速》，载《经济日报》2016 年 9 月 20 日，第 11 版。

［331］赵旭东：《股东优先购买权的裁判规范及其法理逻辑》，载《人民法院报》2017 年 9 月 4 日，第 2 版。

［332］张谷：《种类物与特定物的区别及意义》，载《人民法院报》2003 年 10 月 24 日，第 4 版。

［333］高圣平：《土地经营权的设权与赋权》，载《光明日报》2019 年 2 月 12 日，第 11 版。

［334］高长岭：《河南试水城乡用地同权同价——长垣县试点农村集体经营性建设用地入市调查》，载《河南日报》2016 年 8 月 28 日，第 3 版。

［335］吴红军：《从“试水”到“试点”——安徽铜陵率先推进农村产权抵押融资综述》，载《金融时报》2013 年 1 月 10 日，第 10 版。

［336］陈锡文：《土地承包权宅基地不能抵押》，载《人民日报》2008 年 10 月 24 日，第 4 版。

［337］田俊荣：《土地承包经营权、宅基地使用权抵押贷款试点开闸》，载《人民日报》2010 年 7 月 29 日，第 4 版。

# 附　录

## 附录1 《农村集体土地权益抵押融资管理办法》（立法建议稿）

### 农村集体土地权益抵押融资管理办法（立法建议稿）

#### 第一章　总　　则

**第1条**　为适应农业农村改革发展需要，规范农村集体土地权益抵押融资业务，防范借贷风险，维护借贷双方合法权益，根据《民法典》《土地管理法》《农村土地承包法》等法律法规，制定本办法。

**第2条**　开展农村集体土地权益抵押融资工作，应当坚持依法合规、惠农利民、平等自愿、公平诚信、风险可控原则。

**第3条**　本办法所称农村集体土地权益，是指林地使用权、集体经营性建设用地使用权、土地经营权、宅基地使用权与房屋所有权和集体资产股权等。

**第4条**　农村集体土地权益抵押融资是指借款人以本人或第三人依法拥有的农村集体土地权益作为抵押，向债权人融资的行为。包括借款人或第三人以其依法拥有的农村集体土地权益向专业担保公司提供反担保，获得专业担保公司为借款人向债权人申请借款提供保证担保的行为。

#### 第二章　农村集体土地权益抵押基本规定

**第5条**　农村集体土地权益抵押的，依附于该地上土地权益的种植物、养殖物、建筑物或其他附着物应一并抵押。

以农民房屋所有权作抵押的，该房屋占用范围内的建设用地使用权应当一并抵押。

**第6条**　同一权证上的所有农村集体土地权益应全部抵押。用于抵押的农村集体土地权益有多个共有人的，所有共有人均为抵押人。

**第7条**　农村集体土地权益可为以下用途的贷款提供抵押担保：

（一）农业生产、加工、经销、流通等；

（二）购买农业机械设备、生产资料、人工等费用；

（三）失地农民、返乡农民工创业、就业；

（四）农民集中居住建房；

（五）农民一次性缴纳社保；

（六）购买耐用消费品、旅游、教育、临时生活资金周转等一般性消费和住房装修、购买汽车、房产等大宗消费；

（七）其他农业生产经营用途。

**第8条**　农村集体土地权益抵押贷款额度应根据借款人实际资金需求、承贷能力以及抵押物的评估价值确定，同时不超过贷款期间借款人农业生产经营收入现金流的50%。

**第9条**　农村集体土地权益抵押贷款的期限，应根据借款人的农业生产经营活动周期、信用状况和贷款用途等因素合理确定。流动资金贷款原则上最长不超过3年，消费贷款最长不超过3年，项目投资贷款最长不超过5年。

土地经营权抵押贷款，不得超过土地经营权的剩余使用年限。

债权人为非金融机构的，借款期限从其约定。

**第10条**　办理抵押融资业务的相关机构，应适当降低农村集体土地权益抵押贷款利息及担保、评估、抵押登记等有关费用，切实降低融资成本。

银行业金融机构应当参考同期同档次基准利率，综合考虑借款人的实际情况，合理确定农村集体土地权益抵押贷款的利率，在同等条件下优惠5%～10%。对担保机构提供担保的贷款，应进一步加大利率优惠幅度。

债权人为非金融机构的，借款利息在法律法规保护限度内从其约定。

**第 11 条** 具有下列情形之一的农村集体土地权益不得抵押：

（一）权属不清、存在争议或未取得相关权证的；

（二）依法被查封、扣押、监管或者受其他形式限制的；

（三）被依法纳入拆迁征地范围的；

（四）擅自改变用途的；

（五）其他不得办理抵押的情形。

**第 12 条** 金融机构应当综合考虑借款人的资信状况、偿债能力、贷款期限以及抵押土地权益的使用年限、地理位置、权利变现难易程度、规划和用途等因素，确定农村集体土地权益的抵押率。

抵押率 = 贷款金额（授信金额）÷ 抵押农村产权评估价值 × 100%。

**第 13 条** 借款人应按照贷款人要求，提供用于农村集体土地权益抵押融资的相关材料。

**第 14 条** 在符合信贷基本条件的基础上，金融机构可以对借款人从事农业生产经营时间、种植面积等提出要求。

**第 15 条** 抵押人应对抵押物的权属状况、抵押状况、同意依法处置抵押物等作出书面承诺。

用于抵押的农村集体土地权益有多个共有人的，共有人应共同出具愿意抵押、处置的书面证明。

以农村集体土地权益抵押，依法应履行集体经济组织内部决策程序的，抵押人应当提供书面决议。

**第 16 条** 抵押物灭失，抵押权人可在抵押物所担保债权范围内，就保险金、赔偿金、补偿金等行使优先受偿权。

## 第三章 抵押物价值评估

**第 17 条** 农村集体土地权益设定抵押时，其价值可由抵押双方协商确定，也可由借贷双方认可的具有农村集体土地权益评估资质的机构评估确定。

**第 18 条** 以抵押双方商定的价值作为抵押登记依据的，应签订农村集体土地权益价值确认书。

**第 19 条**　在认定抵押物评估价值时，要综合考虑农村集体土地权益的使用年限、地理位置、规划和用途等因素。

**第 20 条**　根据农村集体土地权益类型、租金缴纳方式、流转市场发育等情况，选用适当的评估方法进行评估测算。

**第 21 条**　农村集体土地权益交易市场应建立担保、资产评估、会计、法律、公证等中介机构入库制度，为农村集体土地权益流转、抵押提供中介服务。结合业务量、规范性和专业性等因素，中介机构库实施优胜劣汰、动态名单制管理。

## 第四章　抵 押 登 记

**第 22 条**　登记机构应当为抵押双方提供信息查询、抵押登记等相关服务，协调做好农村集体土地权益抵押融资工作。

**第 23 条**　办理抵押融资时，必须到当地有权登记部门对设置抵押的农村集体土地权益进行抵押登记。抵押合同自登记之日生效。当事人未办理抵押物登记的，不得对抗第三人。

抵押登记权证应交由贷款人保管。

**第 24 条**　抵押当事人申请办理抵押登记的，应当向登记部门提交下列材料：

（一）抵押登记申请书；

（二）抵押人与抵押权人签订的抵押合同；

（三）双方当事人的身份证明；

（四）资产评估报告；

（五）抵押登记部门要求的其他材料等。

**第 25 条**　经审核符合抵押登记条件的，原则上登记机关应于受理登记申请材料之日起 7 个工作日内办结登记手续，核发《农村集体土地权益他项权证》。

**第 26 条**　抵押合同发生变更或者终止时，经抵押权人同意，抵押人应当在变更或者终止之日起 5 日内，到原登记机关办理变更或者注销抵押登记手续。

**第 27 条**　实现抵押权后，当事人应当及时到相关登记机关办理农村集体土地权益变更登记。

## 第五章　抵押融资风险防控

**第28条**　已抵押的农村集体土地权益价值贬损，不足以覆盖所担保的债权剩余本息时，抵押权人可以要求借款人提供其他合法、足值的担保，或要求借款人提前归还部分或全部贷款。

**第29条**　发生以下情形时，金融机构应当按规定及时预警、采取相应的风险控制和化解措施，并向试点地区银行业监督管理机构和国土资源行政主管部门报告：

（一）国家法律法规、城乡建设规划及土地市场供求等因素发生重大变化，对抵押财产价值稳定性产生不利影响或导致其流转权能受限的；

（二）抵押财产对应的农村集体土地权益被列入土地征收征用或拆迁范围的；

（三）抵押人未经有权机关批准，擅自改变土地用途的；

（四）借款人涉及诉讼或抵押财产被司法机关查封，可能影响借款安全的；

（五）发生其他重大风险变化的情形。

**第30条**　鼓励各地方成立政府性融资担保公司，为农村集体土地权益抵押融资提供增信服务。

**第31条**　鼓励地方政府建立风险补偿机制。对承办农村集体土地权益抵押融资的金融机构当年新增的农村集体土地权益抵押贷款中的不良贷款，由风险补偿基金给予合理风险补偿。

由省级财政设立农村集体土地权益抵押融资风险补偿专项，对风险基金给予补助。

**第32条**　抵押权存续期间，未经抵押权人同意，抵押人不得擅自转让或处分已抵押的农村集体土地权益，但受让人愿意代为清偿债务以消灭抵押权的除外。

**第33条**　抵押人违反规定，采取重复抵押、提供虚假证明等欺诈手段骗取抵押贷款的，或者未按借款合同、抵押合同规定使用贷款的，由登记机关注销登记，抵押权人可提前收回贷款本息。

**第34条**　规范农村集体土地权益抵押登记档案信息管理，各地方逐步建立全省统一的农村集体土地权益抵押登记管理网络信息系统。

## 第六章　抵押权实现与抵押物处置

**第35条**　当借款人不履行或者无能力履行到期债务，或者发生当事人约定的实现抵押权的情形，抵押权人可以与抵押人达成协议，以抵押的农村集体土地权益折价或者依法以拍卖、变卖该农村集体土地权益所得的价款优先受偿。

抵押权人与抵押人协议不成的，抵押权人可以请求人民法院依法拍卖、变卖抵押的农村集体土地权益。

**第36条**　借款人以土地经营权作为抵押，在贷款到期后，确实无力偿还的，也可以采取以下措施处置已抵押的土地经营权：

（一）与借款人商定，在当地农村集体土地权益交易中心挂牌交易，将抵押的农村土地承包经营权转让给他人；

（二）与村委会、中介组织协商，由当地村集体经济组织或其他具有资质的合法中介组织按基准价格收购抵押的土地经营权；

（三）由农村产权抵押融资风险基金按基准价格收购。

**第37条**　借款人以集体经营性建设用地使用权作为抵押，在贷款到期后，确实无力偿还的，可以采取以下措施处置抵押物：

（一）由抵押权人所在地市、县（区）土地储备中心按集体经营性建设用地最低保护价收购；

（二）由集体经营性建设用地所有权人收购。

**第38条**　抵押的农村集体土地权益处置时，其地上定作物一并处置。

**第39条**　以农村集体土地权益作抵押，在抵押物折价或者以依法拍卖、变卖抵押物实现抵押权时，抵押物的受让对象不限于抵押人所在集体经济组织成员。

**第40条**　土地所有权人在同等条件下享有使用权优先购买权。

抵押权人以折价、拍卖、变卖、流转等方式实现抵押权的，在同等条件下，本集体经济组织成员享有优先权。

**第41条**　以农村集体土地权益抵押的，实现抵押权后，未经法定程序不得改变土地所有权性质和土地用途。

## 第七章　附　　则

**第 42 条**　本办法自印发之日起试行。

# 附录2　农村土地经营权抵押贷款情况调查问卷（面向金融机构）

## 农村土地经营权抵押贷款情况调查问卷（面向金融机构）

您好！这是一份关于土地经营权抵押贷款的问卷，您所提供的信息只作为学术研究使用，不作其他用途。调研结论将提交给有关政府部门作为决策参考。感谢您的配合与支持！

**一、您所在单位及开展农地经营权业务的基本情况**

Q1：您所在的单位是：

1. 城商银行
2. 农村信用合作社
3. 邮政储蓄银行
4. 国有五大银行
5. 其他银行或金融机构：________________

Q2：您所在单位是否接受农村土地经营权抵押贷款业务？

1. 不接受
2. 接受

Q3：若接受农村土地经营权抵押贷款业务，是基于市场原因还是行政原因？

1. 市场原因
2. 行政原因
3. 其他原因：________________

Q4：您所在单位每年用于发放农村土地经营权抵押贷款的额度一般是多少？

1. 50 万元及以下

2. 50 万 ~ 100 万元

3. 100 万 ~ 200 万元

4. 200 万 ~ 500 万元

5. 500 万 ~ 1000 万元

6. 1000 万元及以上

7. 无额度限制

**二、如果接受农村土地经营权抵押贷款业务，基本情况是？**

Q5：抵押贷款人是（可多选）：

1. 农地承包经营户

2. 通过流转取得农地经营权的专业大户

3. 通过流转取得农地经营权的家庭农场

4. 专业合作社

5. 通过流转取得农地经营权的农业龙头企业

Q6：抵押贷款人所在地区是否为国家确定的农村土地经营权抵押融资改革试点地区：

1. 不是

2. 是

3. 不清楚

Q7：抵押贷款人的性别是：

1. 女

2. 男

Q8：抵押贷款人的年龄是（可多选）：

1. 50 岁以上

2. 30 ~ 50 岁

3. 30 岁及以下

Q9：抵押贷款人文化程度是（可多选）：

1. 小学及以下

2. 初中

3. 高中

4. 大专

5. 本科

6. 硕士及以上

Q10：抵押贷款人家庭总资产（年）是：

1. 5 万元及以下

2. 5 万～10 万元

3. 10 万～20 万元

4. 20 万～50 万元

5. 50 万～100 万元

6. 100 万元及以上

Q11：用于抵押的农地经营面积是（可多选）：

1. 50 亩及以下

2. 50～100 亩

3. 100～300 亩

4. 300～500 亩

5. 500～1000 亩

6. 1000 亩及以上

Q12：用于抵押的农地经营期限是（可多选）：

1. 1 年以下

2. 1～3 年

3. 3～5 年

4. 5～8 年

5. 8～15 年

6. 15 年以上

Q13：除农地经营权之外是否必须有其他担保（如联保等）？

1. 否

2. 是

Q14：农村土地经营权抵押登记机构是：

1. 未办理登记

2. 农村产权交易中心

3. 自然资源和规划管理部门

4. 农业农村管理部门

5. 其他：________________

Q15：有无政府贴息？

1. 无

2. 有

Q16：有无政府的风险保障与补偿机制？

1. 无

2. 有

Q17：有无配套农业保险制度？

1. 无

2. 有

Q18：抵押贷款人征信评价的高低？

1. 低

2. 高

Q19：当地社会保障水平的高低？

1. 低

2. 高

Q20：对农地抵押贷款政策的了解情况？

1. 不了解

2. 了解

Q21：开展农地经营权抵押贷款业务时，当地政府是否有明确的政策以支持和鼓励金融机构接受农村土地经营权抵押贷款？

1. 没有

2. 有

Q22：在接受农村土地经营权抵押融资业务时，农地经营权价值一般是由（　　　　　　　）主导评估。

1. 抵押人

2. 抵押人聘请的专业评估机构

3. 当地政府主导，双方协商确定

4. 金融机构聘请的专业评估机构

5. 金融机构

6. 其他：________________

**三、如果接受农村土地经营权抵押贷款业务，基本情况是：**

Q23：贷款期限：

1. 3个月及以内

2. 3～6个月

3. 6个月至1年

4. 1～2年

5. 2～3年

6. 3年及以上

Q24：贷款利率：

1. 0～3%

2. 3%～5%

3. 5%～8%

4. 8%～10%

5. 10%～12%

6. 12%及以上

Q25：抵押率通常为：

1. 50%及以上

2. 30%～50%

3. 30%及以下

**四、土地经营权抵押权行使情况及其他**

Q26：已发放的农村土地经营权抵押贷款中，因债务人到期不能还款，行使抵押权的部分占抵押贷款总额的比例为？

1. 50%及以上

2. 30%～50%

3. 10%～30%

4. 10%及以下

Q27：若有行使抵押权的情况，抵押权是否已实现？

1. 否

2. 是

Q28：若抵押权已实现，是通过何种方式实现的？（用于抵押的农村土地经营权的处置方式）（可多选）

1. 其他联保方受让（设定抵押时由抵押人提供若干农户共同联保，约定当金融机构需要行使抵押权时，由联保户受让农村土地经营权，以实现金融机构债权。）

2. 农村土地经营权所在村集体回购

3. 地方政府风险分担基金回购

4. 在农地产权交易平台上流转

5. 通过司法拍卖、变卖

6. 其他：________________

Q29：在农村土地经营权抵押贷款中遇到的困难是：（可多选）

1. 土地承包户与流转户利益难协调

2. 土地经营权价值评估难

3. 用于抵押的土地经营权不便于处置

4. 农地抵押合同面临法律风险

5. 土地经营权抵押贷款政策不稳定

6. 其他：________________

Q30：如果农村土地经营权抵押贷款要成为一种金融机构的完全市场化行为，需要什么样的制度环境和制度配套？（可以多选）

1. 建立完善的农村土地价值评估体系

2. 建立高效的农村土地流转交易市场

3. 地方政府在农村土地经营权抵押贷款中发挥更大的作用

4. 修改完善农村土地相关法律制度，给抵押双方更多法律保障，降低土地经营权抵押贷款的法律风险

5. 其他：________________

## 附录3　农村土地经营权抵押融资现状调查问卷（面向土地经营权人）

### 农村土地经营权抵押融资现状调查问卷（面向土地经营权人）

尊敬的农户（土地经营权人）您好！我们是郑州轻工业大学的老

师（学生），为了深入了解农村土地经营权抵押贷款政策在河南省的推行现状及农户（土地经营权人）借贷需求情况，特展开此次调查。本项调查所获得的所有资料仅作学术研究之用，不会对您造成任何影响，请您根据实际情况作答，谢谢您的支持和帮助！

Q1：户主的性别是：（单选）

1. 男

2. 女

Q2：户主的年龄是：（单选）

1. 30 岁以下

2. 30 ~ 39 岁

3. 40 ~ 49 岁

4. 50 ~ 59 岁

5. 60 岁以上

Q3：户主的文化程度是：（单选题）

1. 小学及以下

2. 初中（含职中、技校）

3. 高中（含职高）

4. 大专及以上

Q4：您的家庭人口数是：（单选题）

1. 1 ~ 2 人

2. 3 ~ 4 人

3. 5 ~ 6 人

4. 7 人及以上

Q5：您家庭的土地经营面积是：（单选题）

1. 5 亩及以下

2. 5 ~ 10 亩

3. 10 ~ 15 亩

4. 15 ~ 20 亩

5. 20 亩及以上

Q6：您家庭的年经济收入属于下列哪个区间？（单选题）

1. 3 万元以下

2. 3 万～5 万元

3. 5 万～10 万元

4. 10 万～20 万元

5. 20 万元以上

Q7：您家的自有资产有哪些？（多选题）

1. 存款

2. 住房

3. 厂房

4. 机器设备

5. 交通工具

6. 一般零售商品

7. 其他

Q8：您家庭主要的收入来源是：（单选题）

1. 农业生产

2. 家庭养殖

3. 外出打工

4. 个体工商户营业收入

5. 工资性收入

6. 其他收入

Q9：您和家人参加了哪些保险？（多选题）

1. 城镇企业职工基本养老保险

2. 新型农村社会养老保险

3. 农村合作医疗保险

4. 商业保险

5. 农业保险

6. 其他

Q10：您家有借款的经历吗？（单选题）

1. 有

2. 无

Q11：如果有的话，您家一般会选择从哪里借钱？（单选题）

1. 银行

2. 信用社
3. 亲戚朋友
4. 金融公司
5. 私人贷款
6. 其他

Q12：如果您需要筹借资金，您考虑的首要因素是：（单选题）

1. 手续是否方便
2. 借款利息
3. 借款时长
4. 其他

Q13：目前您家是否有贷款的需要？（单选题）

1. 需要
2. 不需要

Q14：您家借款打算用于以下哪些方面？（多选题）

1. 农业经营
2. 工商业
3. 家庭生活
4. 子女教育
5. 医疗、保险支出
6. 其他

Q15：您家目前耕种的土地，是否有流转？（单选题）

1. 没有流转
2. 有流入
3. 有流出

Q16：若有土地的流入或流出，是以下哪些方式？（多选题）

1. 转包
2. 租赁
3. 入股
4. 代耕
5. 互换
6. 其他

Q17：请问土地流转给了谁？（多选题）

1. 自家亲戚

2. 本村村民

3. 企业

4. 其他

Q18：请问您将土地流转后，租金的形式是哪种？（单选题）

1. 不收取任何租金

2. 粮食补偿

3. 现金补偿

4. 其他

Q19：您是否听说过农村土地经营权抵押贷款的相关信息？（单选题）

1. 是

2. 否

Q20：如果您听说过这项信息，了解途径是：（多选题）

1. 他人介绍

2. 电视、网络等媒体

3. 政府部门

4. 银行等金融机构

5. 其他

Q21：您家那边有给农户贷款的金融公司（或村镇银行）吗？（单选题）

1. 是

2. 否

3. 不清楚

Q22：请问给农户贷款的金融公司（或村镇银行），它的最长贷款期限是：（单选题）

1. 6 个月以下

2. 6 个月至 1 年

3. 1 ~ 2 年

4. 2 年以上

Q23：请问给农户贷款的金融公司（或村镇银行），它一次的最高贷款是多少？（单选题）

1. 5 万元以下

2. 5 万 ~ 10 万元

3. 10 万 ~ 30 万元

4. 30 万 ~ 50 万元

5. 50 万元以上

Q24：如果有需要，您是否愿意使用农地经营权抵押贷款？（单选题）

1. 是

2. 否

Q25：如您需要借款，希望金额为多少？（单选题）

1. 3 万元以下

2. 3 万 ~ 10 万元

3. 10 万 ~ 20 万元

4. 20 万 ~ 30 万元

5. 30 万元以上

Q26：如您需要借款，希望贷款期限为多少？（单选题）

1. 3 年以下

2. 3 ~ 5 年

3. 5 ~ 7 年

4. 7 ~ 10 年

5. 10 年以上

Q27：如果您需要借款，你们家可以向金融机构提供何种担保？（单选题）

1. 房产抵押

2. 土地使用权抵押

3. 他人保证

4. 信用贷款

Q28：如您曾向金融机构借贷，您对贷款期限的评价是：（单选题）

1. 合理

2. 一般

3. 不合理

Q29：如果您曾向金融机构借款，您对借款手续的评价是：（单选题）

1. 合理

2. 一般

3. 不合理

Q30：如果您曾向金融机构借款，您对借款利率的评价是：（单选题）

1. 合理

2. 一般

3. 不合理

Q31：您对银行，农村信用社支农情况的评价是：（单选题）

1. 非常满意

2. 满意

3. 比较满意

4. 一般

5. 不满意

Q32：如果国家进一步开放土地经营权抵押贷款的市场，您有没有意愿将自家土地抵押获得贷款？（单选题）

1. 有

2. 没有

3. 看情况

Q33：您认为农地土地经营权抵押贷款，对于您家庭解决资金需求是否会有帮助？（单选题）

1. 帮助非常小

2. 帮助较小

3. 一般

4. 帮助较大

5. 帮助非常大

Q34：您对政府开展土地经营权抵押贷款业务提供的相关服务，如

推广宣传、手续办理、政策支持等服务满意吗？(单选题)

1. 不满意
2. 较满意
3. 非常满意
4. 不知道

Q35：假设有一些原因使自己土地经营权抵押获得的贷款无法偿还，银行对自己的土地拍卖、变卖或折价出售时，您会怎么办？(填空题)

______________________________

Q36：您认为土地经营权抵押贷款最需要解决哪些问题？(多选题)

1. 做好中介工作，提供多种服务
2. 简化抵押贷款手续
3. 提供更多的土地经营权抵押贷款的优惠政策
4. 提供土地流转和土地评估的信息
5. 其他

# 附录4

**附表1　部分省级土地经营权抵押价值评估规范**

| 序号 | 规范文件 | 土地经营权抵押价值评估相关规定 | |
|---|---|---|---|
| 1 | 2011年海南省《农村土地承包经营权抵押融资管理办法》 | 评估委托人 | 农户；规模经营业主；外来承包户 |
| | | 评估模式 | 抵押当事人协商确定；由抵押当事人认可的具有资质的评估机构评估确定 |
| | | 评估主体 | 抵押当事人；具有资质的专业评估机构 |
| | | 评估客体权属要求 | 农村土地承包经营权权属清晰，已依法办理登记，不存在其他不得抵押的受限情形 |
| | | 评估程序 | 未规定 |
| | | 影响因素 | 抵押价值不得低于市县（区）政府公布的同期、同地区、同类型农村土地承包经营权基准价格 |
| | | 评估方法 | 未规定 |
| | | 评估费用 | 未规定 |

续表

| 序号 | 规范文件 | 土地经营权抵押价值评估相关规定 | |
|---|---|---|---|
| 2 | 2014年甘肃省《农村土地承包经营权抵押贷款管理办法（试行）》 | 评估委托人 | 承包农户；专业大户、家庭农场、农民专业合作社、农业产业化龙头企业等新型农业经营主体 |
| | | 评估模式 | 贷款额度在30万元（含）以下的，由借贷双方参照当地市场价格协商确定或者由评估小组根据市场行情和土地附着物价值共同协商确定；贷款额度在30万元以上的，由具备专业资质的评估机构进行评估 |
| | | 评估主体 | 借贷双方协商；由乡镇农经部门、村两委以及经办金融机构组成的评估小组；专业评估机构 |
| | | 评估客体权属要求 | 农村土地承包经营权权属清晰，已取得权属证明，不存在其他不得抵押的受限情形 |
| | | 评估程序 | 未规定 |
| | | 影响因素 | 地面作物预期收入、地面附着物价值、国家和地方财政补贴以及土地流转成本、人工成本、生产资料成本 |
| | | 评估方法 | 未规定 |
| | | 评估费用 | 未规定 |
| 3 | 2015年安徽省《关于开展农村承包土地的经营权和农民住房财产权抵押贷款试点的实施意见》 | 评估委托人 | 未规定 |
| | | 评估模式 | 建立“两权”抵押价值评估制度，一次评估、三年有效，减轻农民负担；探索建立“两权”价值评估中介服务机构，引入独立的第三方评价机制 |
| | | 评估主体 | 第三方评估机构 |
| | | 评估客体权属要求 | 农地承包经营权权属清晰，已取得权属证明，不存在其他不得抵押的受限情形 |
| | | 评估程序 | 未规定 |
| | | 影响因素 | 未规定 |
| | | 评估方法 | 未规定 |
| | | 评估费用 | 未规定 |

续表

| 序号 | 规范文件 | 土地经营权抵押价值评估相关规定 | |
|---|---|---|---|
| 4 | 2015 年山东省《关于贯彻国发〔2015〕45 号文件做好农村承包土地经营权和农民住房财产权抵押贷款试点工作的实施意见》 | 评估委托人 | 未规定 |
| | | 评估模式 | 以农村产权交易中心为依托，引入专业的评估机构进行评估；依托现有资源，提供简易免费评估，评估机构可吸纳村“两委”成员和专业评估人员参加；试点县（市、区）通过各级农村产权交易市场，及时发布各类农村产权交易的指导价格 |
| | | 评估主体 | 专业评估机构；简易免费评估的评估机构成员可以吸纳“两委”成员和专业评估人员 |
| | | 评估客体权属要求 | 农村土地承包经营权权属清晰，已取得土地承包经营权证 |
| | | 评估程序 | 未规定 |
| | | 影响因素 | 未规定 |
| | | 评估方法 | 未规定 |
| | | 评估费用 | 免费评估 |
| 5 | 2016 年广东省《农村承包土地的经营权和农民住房财产权抵押贷款试点实施方案》 | 评估委托人 | 未规定 |
| | | 评估模式 | “两权”价值评估以县为单位，乡镇、村集体经济组织参加，每个试点县或试点所在的地级市可引进或推荐 2 家至 3 家具备资质条件的评估中介机构，合理确定农村土地产权价值 |
| | | 评估主体 | 专业评估机构 |
| | | 评估客体权属要求 | 农地承包经营权权属清晰，已取得权属证明 |
| | | 评估程序 | 未规定 |
| | | 影响因素 | 未规定 |
| | | 评估方法 | 未规定 |
| | | 评估费用 | 未规定 |

续表

| 序号 | 规范文件 | 土地经营权抵押价值评估相关规定 | |
|---|---|---|---|
| 6 | 2016年宁夏回族自治区《“两权”抵押贷款试点工作实施方案》 | 评估委托人 | 未规定 |
| | | 评估模式 | 根据各试点县（区）实际情况，采取委托第三方评估机构评估、贷款人自评估或借贷双方协商等方式，公平、公正、客观、合理开展“两权”抵押价值评估 |
| | | 评估主体 | 第三方评估机构；贷款人自评估；借贷双方协商 |
| | | 评估客体权属要求 | 农地承包经营权 |
| | | 评估程序 | 未规定 |
| | | 影响因素 | 土地位置、质量、流转价格、流转便利性、地上附着物预期收益 |
| | | 评估方法 | 未规定 |
| | | 评估费用 | 未规定 |
| 7 | 2016年陕西省《关于开展农村承包土地的经营权和农民住房财产权抵押贷款试点的实施意见》 | 评估委托人 | 未规定 |
| | | 评估模式 | 建立有各方参与、公信力强的评估委员会；探索建立“两权”价值评估中介服务机构，引入独立的第三方评价机制，农业、国土资源等部门应对评估机构资质准入、评估方式等进行规范 |
| | | 评估主体 | 评估委员会；第三方专业评估机构 |
| | | 评估客体权属要求 | 农地承包经营权权属清晰，已取得权属证明 |
| | | 评估程序 | 未规定 |
| | | 影响因素 | 未规定 |
| | | 评估方法 | 未规定 |
| | | 评估费用 | 未规定 |

续表

| 序号 | 规范文件 | 土地经营权抵押价值评估相关规定 | |
|---|---|---|---|
| 8 | 2016年湖南省《关于开展农村承包土地的经营权和农民住房财产权抵押贷款试点的实施意见》 | 评估委托人 | 专业大户、家庭农场、农民合作社、农业龙头企业等新型农业经营主体 |
| | | 评估模式 | 借贷双方可采取委托第三方评估机构评估；银行自行评估；借贷双方协商等方式。农村产权评估机构编制和发布“两权”基准价格，对难以协商认定或授信额较大的，原则上应由具备资质条件的评估机构进行评估 |
| | | 评估主体 | 第三方评估机构评估；金融机构自行评估；借贷双方协商 |
| | | 评估客体权属要求 | 农地承包经营权权属清晰，已取得权属证明 |
| | | 评估程序 | 试点县市要积极培育农村产权评估机构，探索制定“两权”价值评估标准和操作流程，编制和发布“两权”基准价格 |
| | | 影响因素 | 农用地分等定级估价成果、土地已付租金、平均预期纯收入、经营权剩余年限以及地上（含地下）附着物 |
| | | 评估方法 | 未规定 |
| | | 评估费用 | 未规定 |
| 9 | 2016年重庆市《农村承包土地的经营权和农民住房财产权抵押贷款试点工作方案》 | 评估委托人 | 未规定 |
| | | 评估模式 | 完善以政策性评估为主体、商业性评估为补充的农村产权价值评估体系，积极扩大“两权”价值评估服务覆盖面。金融机构、担保机构、借款主体等市场主体采取自主协商、委托第三方专业机构等进行价值评估；支持商业性评估机构在试点区县（自治县）开展价值评估业务 |
| | | 评估主体 | 市场主体自主协商；第三方专业机构；商业性评估机构（重庆兴农价格评估有限公司） |
| | | 评估客体权属要求 | 农地承包经营权以原承包户同意抵押的流转合同或农村产权流转交易鉴证书作为抵押登记的有效权属证明 |
| | | 评估程序 | 未规定 |
| | | 影响因素 | 未规定 |
| | | 评估方法 | 未规定 |
| | | 评估费用 | 根据“两权”评估业务特点适度降低评估收费 |

续表

| 序号 | 规范文件 | 土地经营权抵押价值评估相关规定 | |
|---|---|---|---|
| 10 | 2016年四川省《农村承包土地的经营权和农民住房财产权抵押贷款试点实施方案》 | 评估委托人 | 专业大户、家庭农场、农民合作社、农业产业化龙头企业等新型农业经营主体、农村土地股份合作社 |
| | | 评估模式 | 采用评估机构评估、银行自行评估、委托有关专家测算或者借贷双方协商等方式开展农村产权抵押价值评估，科学制定评估依据和标准，并根据市场变化实行动态调整；试点县（市、区）建立农村产权联合评估机构和专家库，成立评估专家组，制定不同地区、不同农村产权的价值参考表，定期更新，对借贷双方价格协商提供价格指导 |
| | | 评估主体 | 专业评估机构；银行；测算专家组成的评估专家组；借贷双方 |
| | | 评估客体权属要求 | 农地承包经营权权属清晰，有相关主管部门颁发的农村土地承包经营权证、农村土地经营权证等权属证明 |
| | | 评估程序 | 未规定 |
| | | 影响因素 | 未规定 |
| | | 评估方法 | 未规定 |
| | | 评估费用 | 未规定 |

**附表2　部分市、县土地经营权抵押价值评估规范**

| 序号 | 规范文件 | 土地经营权抵押价值评估相关规定 | |
|---|---|---|---|
| 1 | 2012年甘肃省定西市《农村土地承包经营权抵押贷款确权及价值评估办法（试行）》 | 评估委托人 | 农户、专业大户、农民专业合作社、农业产业化龙头企业 |
| | | 评估模式 | 由各县区农村经营管理部门组建评估小组评估。县区农村经营管理部门专业技术人员2名、土地所在地乡镇干部、村干部和村民代表各1名组成评估小组 |
| | | 评估主体 | 评估小组 |
| | | 评估客体权属要求 | 承包农户需提供农业承包合同、农村土地承包经营权证；规模经营业主需提供农村土地承包经营权流转合同、农村土地流转经营权证 |
| | | 评估程序 | 组建评估小组；评估前期调查；评估价值确定；出具抵押价值评估（测算）证明 |

续表

| 序号 | 规范文件 | 土地经营权抵押价值评估相关规定 | |
|---|---|---|---|
| | | 影响因素 | 土地的类型、等级、主栽作物品种、产量、产值、当地土地年租金 |
| | | 评估方法 | 根据近3年当地主栽作物平均产量和平均价格或者根据当地土地年平均租金计算土地年均价值；土地经营权总价值=年均价值×经营期限×土地面积+土地附着物价值 |
| | | 评估费用 | 较低标准收取评估费 |
| 2 | 2014年安徽省含山县《农村土地承包经营权抵押物价值认定评估办法（试行）》 | 评估委托人 | 农户、专业大户、家庭农场、农民专业合作社 |
| | | 评估模式 | 专家评估小组评估，委托人与镇（园区）农村经营管理部门签订评估委托合同。评估小组由县农委、财政、经办行等部门的5人组成，评估人员具有中级或中级以上职称 |
| | | 评估主体 | 专家评估小组 |
| | | 评估客体权属要求 | 土地承包经营权产权关系清晰，已取得县人民政府颁发的农村土地承包经营权权属证书，流转的土地经营权必须依法登记 |
| | | 评估程序 | 镇（园区）农村经营管理部门组织并协助县专家评估小组开展评估工作；评估实地调查；评估价值确定；出具评估报告书 |
| | | 影响因素 | 经济作物考虑正常定植标准、作物长势、管理水平、市场行情；粮食作物考虑产量、市场行情；温室大棚等附着物考虑建造价和折旧情况 |
| | | 评估方法 | 评估小组各成员独立评估作价，按照简单算术平均数，作为最终计价结果。农村土地承包经营权抵押物价值=经营权面积×每亩（种植或养殖）净收益（扣除流转租金等）×剩余承包或流转年限 |
| | | 评估费用 | 免收评估费用 |

续表

| 序号 | 规范文件 | 土地经营权抵押价值评估相关规定 | |
|---|---|---|---|
| 3 | 2014年浙江省长兴县《关于深化农村土地承包经营权抵押贷款试点工作的实施意见》 | 评估委托人 | 未规定 |
| | | 评估模式 | 农村土地承包经营权价值评估中介机构评估；县农业局组织有关专家和银行工作人员，共同对抵押价值进行测算并出具相关证明 |
| | | 评估主体 | 价值评估中介机构；有关专家和银行工作人员 |
| | | 评估客体权属要求 | 未规定 |
| | | 评估程序 | 未规定 |
| | | 影响因素 | 考虑承包经营权及租金实际支付剩余期限、流转价款、支付价款、地面作物预期收入 |
| | | 评估方法 | 未规定 |
| | | 评估费用 | 未规定 |
| 4 | 2015年安徽省和县《农村土地承包经营权抵押物价值认定评估办法（试行）》 | 评估委托人 | 农户、专业大户、家庭农场、农民专业合作社 |
| | | 评估模式 | 专家评估小组评估。评估小组由县农委、财政、经办行等部门的5人组成，评估人员具有中级或中级以上职称 |
| | | 评估主体 | 专家评估小组 |
| | | 评估客体权属要求 | 农村土地承包经营权产权关系清晰，已取得县人民政府颁发的农村土地承包经营权权属证书，流转的土地经营权必须依法登记 |
| | | 评估程序 | 镇农村经营管理部门组织安排，并协助县专家评估小组开展评估工作；评估实地调查；评估价值确定；出具评估报告书 |
| | | 影响因素 | 经济作物考虑正常定植标准、作物长势、管理水平、市场行情；粮食作物考虑产量、市场行情等；温室大棚等附着物考虑建造价和折旧情况 |
| | | 评估方法 | 评估小组各成员独立评估，按简单算术平均计算结果。农村土地承包经营权抵押物价值 = 经营权面积 × 每亩（种植或养殖）净收益（扣除流转租金等）× 剩余承包或流转年限 |
| | | 评估费用 | 免收评估费用 |

续表

| 序号 | 规范文件 | 土地经营权抵押价值评估相关规定 | |
|---|---|---|---|
| 5 | 2017年北京市平谷区《农村承包土地经营权抵押贷款暂行实施办法》 | 评估委托人 | 未规定 |
| | | 评估模式 | 第三方评估机构评估；贷款人自评估；借贷双方协商 |
| | | 评估主体 | 第三方评估机构；贷款人；借贷双方 |
| | | 评估客体权属要求 | 未规定 |
| | | 评估程序 | 未规定 |
| | | 影响因素 | 未规定 |
| | | 评估方法 | 未规定 |
| | | 评估费用 | 未规定 |
| 6 | 2017年浙江省缙云县《农村承包土地经营权抵押物价值认定评估办法（暂行）》 | 评估委托人 | 农户、专业大户、家庭农场、农民专业合作社、农业龙头企业 |
| | | 评估模式 | 专业机构评估；贷款人自行评估；通过借贷双方协商。鼓励贷款人自行评估或借贷双方协商确定土地经营权价值 |
| | | 评估主体 | 专业资产评估机构；县农村土地承包经营权收储中心；借贷双方共同认可的其他第三方评估机构 |
| | | 评估客体权属要求 | 土地承包经营权产权关系清晰，已取得农村土地承包经营权权属证书或由县农业行政主管部门核发的农村土地流转经营权证书 |
| | | 评估程序 | 聘请评估机构；评估实地调查；评估价值确定；出具评估报告书 |
| | | 影响因素 | 经济作物考虑正常定植标准、作物长势、管理水平、市场行情；粮食作物考虑产量、市场行情；温室大棚等附着物考虑根据建造价和折旧 |
| | | 评估方法 | 已流转的承包土地经营权价值 = 贷款期限内已支付的流转费用 + 贷款期限内农作物预期纯收入 |
| | | 评估费用 | 未规定 |

续表

| 序号 | 规范文件 | 土地经营权抵押价值评估相关规定 | |
|---|---|---|---|
| 7 | 2020年江西省抚州市《农村承包土地经营权抵押贷款价值评估指导办法》 | 评估委托人 | 自主经营农民和种养大户、家庭农场、农民合作社、农业产业化龙头企业等新型农业经营主体 |
| | | 评估模式 | 面积小于500亩（含）的，由借贷双方参考市场区域平均价格协商；面积500亩以上3000亩以下的，从县级专家库中抽取专家（5名）组成评估小组评估；面积大于3000亩（含）的，由具有资质的第三方专业评估机构评估 |
| | | 评估主体 | 借贷双方；专家评估小组；专业评估机构 |
| | | 评估客体权属要求 | 农村土地承包经营权权属清晰，已办理农村土地承包经营权证、农村流转土地经营权证、农村承包土地经营权流转合同及转让交易确认书 |
| | | 评估程序 | 选择评估方式；专家评估小组前期调查 ；评估小组通过查阅资料、实地调查等方式，依据基本情况及评估参数形成评估调查材料；出具由评估人员签名的书面评估意见及专业报告 |
| | | 影响因素 | 土地的地形地貌、耕作类型、土肥率等级、作物品种、产量产值、水利灌溉、气候状况及其他农业经营综合条件 |
| | | 评估方法 | 未规定 |
| | | 评估费用 | 不收取评估费用；参照市场评估标准确定评估费用，由申请对象和银行等额共同支付 |
| 8 | 2021年辽宁省岫岩满族自治县《农村土地经营权及农业设施（附属物）抵押融资管理办法（试行）（讨论稿）》（征求意见稿） | 评估委托人 | 未规定 |
| | | 评估模式 | 农村土地经营权及农业设施（附属物）的价值可由抵押当事人协商确定，也可由具有资质的评估机构评估确定 |
| | | 评估主体 | 借贷双方；专业评估机构 |
| | | 评估客体权属要求 | 未规定 |
| | | 评估程序 | 未规定 |
| | | 影响因素 | 抵押物的价值不得低于同期、同地区、同类型农村土地经营权及农业设施（附属物）基准价格 |
| | | 评估方法 | 未规定 |
| | | 评估费用 | 未规定 |

续表

| 序号 | 规范文件 | 土地经营权抵押价值评估相关规定 | |
|---|---|---|---|
| 9 | 2021 年北京市《农村承包土地经营权抵押贷款实施办法（试行）》 | 评估委托人 | 未规定 |
| | | 评估模式 | 第三方评估机构评估；金融机构自评估；借贷双方协商 |
| | | 评估主体 | 第三方评估机构；金融机构；借贷双方 |
| | | 评估客体权属要求 | 未规定 |
| | | 评估程序 | 未规定 |
| | | 影响因素 | 未规定 |
| | | 评估方法 | 未规定 |
| | | 评估费用 | 未规定 |
| 10 | 2022 年山东省蒙阴县《农村土地承包经营权价值评估办法》 | 评估委托人 | 农户或专业大户、家庭农场、农民合作社、农业产业化龙头企业等新型农业经营主体 |
| | | 评估模式 | 由抵押人和抵押权人双方当事人协商选择：抵押权人自行评估；双方当事人协商评估；委托有资质的第三方评估机构评估。公布农村土地经营权抵押贷款评估标准和农村土地流转指导价格 |
| | | 评估主体 | 抵押权人（金融机构）；双方当事人；第三方评估机构 |
| | | 评估客体权属要求 | 农村土地承包经营权产权清晰，已办理土地承包经营权证、农村土地经营权证、农村土地承包经营权流转合同 |
| | | 评估程序 | 评估前期调查；评估价值确定；出具由评估人员签名的评估意见 |
| | | 影响因素 | 主栽作物根据近 3 年当地平均产量和平均价格计算土地年均价值或者根据当地土地年平均租金作为土地年均价值；果树林木考虑正常定植标准、作物长势、管理水平、市场行情；温室大棚等附着物考虑建造价、折旧 |
| | | 评估方法 | 土地经营权总价值 = 年均价值 × 经营期限 × 土地面积 + 土地附着物价值 |
| | | 评估费用 | 自行评估、协商评估不收费；第三方评估机构评估按不高于最低收费标准的 1/3 收取 |

**附表3　部分金融机构关于土地经营权抵押价值评估的规范**

| 序号 | 规范文件 | 土地经营权抵押价值评估相关规定 | |
|---|---|---|---|
| 1 | 2014年青岛市《农村土地承包经营权抵押贷款管理办法（试行）》 | 评估委托人 | 农户、新型农业经营主体指专业大户、家庭农场、农民专业合作社、农业产业化龙头企业和新型职业农民 |
| | | 评估模式 | 申请农村土地承包经营权抵押贷款额在30万元以上的，可由具有评估资质的评估机构和人员进行评估，也可自行评估，确定抵押物评估价值；申请农村土地承包经营权抵押贷款额在30万元（含）以下的，可以参照当地市场价格自行评估，不得向借款人收取评估费 |
| | | 评估主体 | 具有评估资质的机构和人员；银行业金融机构 |
| | | 评估客体权属要求 | 承包方农户应具有完全民事行为能力，合法取得农村土地承包经营权证，取得发包方同意抵押的书面证明；规模经营业主应提供农村土地承包经营权流转合同、农村土地经营权证取得发包方和承包方农户同意抵押的书面证明；企业法人应出具同意抵押的有效内部决议等证明文件 |
| | | 评估程序 | 未规定 |
| | | 影响因素 | 地面作物预期收入、地面附着物价值、国家和地方财政补贴以及土地流转成本、人工成本、生产资料成本等。综合考虑借款人的资信状况、偿债能力、信贷业务的期限、风险度，抵押物变现难易程度、变现贬值可能、变现费税等因素 |
| | | 评估方法 | 未规定 |
| | | 评估费用 | 金融机构自行评估不得向借款人收取评估费 |
| 2 | 2014年湖南省永兴县《农村土地承包经营权抵押融资管理办法（试行）》 | 评估委托人 | 农户、承包人、规模经营业主 |
| | | 评估模式 | 由抵押当事人协商确定；由抵押当事人认可的具有资质的评估机构评估确定 |
| | | 评估主体 | 抵押当事人；专业评估机构 |
| | | 评估客体权属要求 | 承包农户已取得发包方同意抵押的书面证明、农村土地承包经营权证；规模经营业主已取得农村土地承包经营权流转合同、发包方和承包方农户同意抵押的书面证明 |
| | | 评估程序 | 未规定 |
| | | 影响因素 | 抵押物的价值不得低于县政府公布的同期、同地区、同类型农村土地承包经营权基准价格 |
| | | 评估方法 | 未规定 |
| | | 评估费用 | 未规定 |

续表

| 序号 | 规范文件 | 土地经营权抵押价值评估相关规定 | |
|---|---|---|---|
| 3 | 2014年中国农业银行《农村土地承包经营权抵押贷款管理办法（试行）》 | 评估委托人 | 农业生产经营的专业大户、家庭农场、农民合作社、农业企业及家庭承包经营农户等农业经营主体 |
| | | 评估模式 | 农村土地承包经营权价值评估以内部评估为主；当地已建立规范评估机制的，可采取外部评估方式。外部评估机构由一级分行准入，实施动态名单制管理 |
| | | 评估主体 | 金融机构内部评估；一级分行准入的外部评估机构 |
| | | 评估客体权属要求 | 农村土地承包经营权已取得他项权利证书或相关证明材料 |
| | | 评估程序 | 评估调查；评估审核；评估确认 |
| | | 影响因素 | 未规定 |
| | | 评估方法 | 农村土地承包经营权流转市场发育较充分且县级（含）以上政府按年编制流转（抵押）参考价格的地区采用市价法；农村土地承包经营权市场交易较少或县级（含）以上政府没有公布统一价格的地区，属拍卖、流转和协议承包的采用成本法，属家庭承包直接经营的采用收益法 |
| | | 评估费用 | 未规定 |
| 4 | 2014年四川省《关于开展农村产权抵押融资试点工作的意见》 | 评估委托人 | 未规定 |
| | | 评估模式 | 县（市、区）农业、林业、国土等行政主管部门联合设立农村产权价值评估机构，培养专业评估人员，分类制定农村产权价值评估管理办法，科学制定评估依据和标准，并根据市场变化实行动态调整；鼓励社会主体设立农村产权价值评估专业中介机构，开展社会化的评估服务；建立农村产权抵押评估信息系统，在一定范围内实现信息公开与共享；对市场价值明确的抵押物，由邮储银行、借款主体协商确定价值 |
| | | 评估主体 | 行政主管部门联合设立的价值评估机构；社会主体设立价值评估专业中介机构；金融机构与借款主体 |
| | | 评估客体权属要求 | 未规定 |

续表

| 序号 | 规范文件 | 土地经营权抵押价值评估相关规定 | |
|---|---|---|---|
| | | 评估程序 | 未规定 |
| | | 影响因素 | 未规定 |
| | | 评估方法 | 未规定 |
| | | 评估费用 | 评估收费要明显低于市场标准 |
| 5 | 2021年广西壮族自治区梧州市《农村承包土地经营权抵押贷款管理办法（试行）》 | 评估委托人 | 未规定 |
| | | 评估模式 | 借贷双方可采取委托第三方评估机构评估、贷款人自评估或者借贷双方协商等方式确定农村承包土地经营权价值；由梧州市农村产权交易中心作为鉴证方组织资产评估机构开展评估工作 |
| | | 评估主体 | 第三方专业评估机构；贷款人；借贷双方 |
| | | 评估客体权属要求 | 未规定 |
| | | 评估程序 | 未规定 |
| | | 影响因素 | 鼓励因地制宜开展农村抵押物价值评估，考虑区域地理条件、物价因素、农作物生产成本、经济效益 |
| | | 评估方法 | 成本法、收益法、市场价格法 |
| | | 评估费用 | 未规定 |